Maritime Policy of the European Union and Law of the Sea

edited by
Peter Ehlers, Rainer Lagoni

Schriften zum See- und Hafenrecht

herausgegeben von

Rainer Lagoni

(Universität Hamburg)

Band 13

LIT

Maritime Policy of the European Union and Law of the Sea

edited by

Peter Ehlers, Rainer Lagoni

LIT

Gedruckt mit Unterstützung der Edmund Siemers-Stiftung und der Stiftung zur Förderung des Instituts für Seerecht und Seehandelsrecht der Universität Hamburg.

Bibliographic information published by the Deutsche Nationalbibliothek
The Deutsche Nationalbibliothek lists this publication in the Deutsche Nationalbibliografie; detailed bibliographic data are available in the Internet at http://dnb.d-nb.de.

ISBN 978-3-8258-0493-0

A catalogue record for this book is available from the British Library

Auslieferung/Verlagskontakt:
Fresnostr. 2 48159 Münster
Tel. +49 (0)251–62 03 20 Fax +49 (0)251–23 19 72
e-Mail: lit@lit-verlag.de http://www.lit-verlag.de

Distributed in the UK by: Global Book Marketing, 99B Wallis Rd, London, E9 5LN
Phone: +44 (0) 20 8533 5800 – Fax: +44 (0) 1600 775 663
http://www.centralbooks.co.uk/acatalog/search.html

Distributed in North America by:

Transaction Publishers
New Brunswick (U.S.A.) and London (U.K.)

Transaction Publishers
Rutgers University
35 Berrue Circle
Piscataway, NJ 08854

Phone: +1 (732) 445 - 2280
Fax: + 1 (732) 445 - 3138
for orders (U. S. only):
toll free (888) 999 - 6778
e-mail:
orders@transactionspub.com

Preface

As a continent Europe has an historic relationship with the sea, beginning in ancient times this remains just as pertinent today. Its shores are bathed by the North Sea, the Baltic Sea, the Mediterranean Sea and the Black Sea, as well as by the Atlantic Ocean and the Arctic Ocean. Europe boasts many ports, and the sea surrounding this continent is a fairway for trade and navigation both among European states and overseas. It is a fishing ground for fishery communities and a working place for offshore-industries. Almost half of the European Union's population lives less than 50 km from the sea and the European peoples seek recreation at its shores. All European states go to great lengths to protect the environment of their waters and several international conventions on the protection of the marine environment have been adopted by them.

However, when the European Economic Community (EEC), as it was originally known, was established in 1951 and 1957, comparatively little international attention was paid to the sea. The Community had exclusive competence for the conservation and management of sea fishing resources, which was considered to be an aspect of agriculture, and it shared competence with its Member States in the field of sea transport. When environmental protection was later included in the European Community Treaty, the competence in this field was also shared. Gradually though, a change from a "green Community" to a "blue Community" looking to the sea took place. The Community adopted rules and regulations on maritime matters and in the field of the marine environment, and became a member of several international conventions. When it signed the United Nations Convention on the Law of the Sea in 1984, the EEC declared that its Council had adopted one Decision and seven Directives on various matters dealt with in

UNCLOS and that it was a party to three other international conventions and two protocols on the law of the sea. By 1998 this had increased to three Council Decisions, 35 Directives and three Regulations in the fields of maritime safety and the protection and preservation of the marine environment, and the European Community (EC) was a party to seven conventions and four protocols. Since then these numbers have increased further.

As the problems of ocean space are closely interrelated and need to be considered as a whole, as the Preamble of the Law of the Sea Convention rightly states, considering the patchwork of Council Decisions, Directives and Regulations in this field, which owe their existence to the split competence of the EC and the organisational division of its Commission in different Directorates General, in June 2006 the Commission published its so-called "Green Paper" under the title: "Towards a future Maritime Policy for the Union. A European vision for the oceans and seas." In February 2006, looking ahead to this emerging vision we organised a seminar on "Law of the Sea and Maritime Policy of the EC" at the Faculty of Law, University of Hamburg. As in our preceding seminar in 2005 on "International Maritime Organisations and their Contribution towards a Sustainable Development of the Seas", participants were graduate scholars of the International Max Planck Research School for Maritime Affairs (IMPRS) at the University of Hamburg and graduate students.

The two-day seminar, held in English and German, took place on the premises of the International Tribunal for the Law of the Sea (ITLOS); we thank President *Rüdiger Wolfrum* for this opportunity. The participants were from China, Germany, Russia, Taiwan and Turkey. Their papers published here cover various legal and policy issues ranging from the maritime policy of the European Union relating to the "Erika III Package", EMSA, security for ships and port facilities, the failed Port Package II, different aspects of fisheries management and law to sanctioning violations of MARPOL through criminal law.

In September 2006 the Seminar participants undertook a three-day excursion to Brussels, where the participants welcomed the opportunity to have informative and inspiring discussions with Dr *Georg Jarzembowski*, MEP, Dr *Thomas Engelke* from the Hanse Office, Mr *Jacques Michaux* from the DG TREN, Mr *Paul Nemitz* from the DG Fisheries and Maritime Affairs, Mr *Patrick Verhoeven*, Secretary General of the European Sea Ports Organisation (ESPO) and Mr *Alfons Guinier*, Secretary General of the European Community Shipowners' Association – our thanks go to each of them.

The excursion to Brussels did not however conclude this seminar. The participants went on to analyse the Green Paper in several sessions over the ensuing months and submitted a statement on this European vision to the DG Fisheries and Maritime Affairs in February 2007. That statement, which the Commission has published on its homepage, is also included in this publication.

The publication of the seminar papers has been made possible due to a generous financial contribution of the Edmund Siemers-Stiftung, Hamburg, and the Stiftung zur Förderung des Instituts für Seerecht und Seehandelsrecht der Universität Hamburg. The University of Hamburg, together with the International Max Planck Research School for Maritime Affairs at the University of Hamburg (IMPRS), provided funding for the excursion to Brussels, which was an essential part of this seminar. As editors we wish to express our sincere gratitude for all this support. The preparation of the papers for this publication and the organisation of the excursion was once again in the hands of *Sicco Rah* and *Tilo Wallrabenstein*, doctoral candidates and assistants at the Law of the Sea and Maritime Law Institute, University of Hamburg. We are most grateful for this.

Peter Ehlers and Rainer Lagoni

Hamburg, November 2007

Table of Contents

Die Maritime Politik der Europäischen Union

Lydia Rudolph

1. Einleitung

Zu den europäischen Meeren gehören traditionell der Nordostatlantik, die Ostsee und das Mittelmeer. Im Anschluß an eine weitere Erweiterungsrunde der EU zum 1. Januar 2007 fällt seitdem (aufgrund der Mitgliedschaft von Bulgarien und Rumänien) teilweise auch das Schwarze Meer in den Einflussbereich der Europäischen Union.

Das Gebiet der Europäischen Union ist von einer 89.000 km langen Küstenlinie umschlossen. Die Meere dienen als Transportwege, als Ort der Freizeitgestaltung, als Rohstoffquelle und als Lebensraum. Die Nutzung der Meere durch den Menschen ist vielfältig und hat nicht selten eine Bedrohung der Meeresumwelt zur Folge. Aber auch die Begrenztheit der Ressourcen der Meere birgt ein Konfliktpotential. Aus diesen unterschiedlichen Nutzungsmöglichkeiten ergeben sich Interessenkonflikte, welche die EU zu lösen sucht.

Im März 2005 veröffentlichte die Europäische Kommission das Communiqué „Towards a future Maritime Policy for the Union: A European vision for the oceans and seas“ von Kommissar für Fischerei und maritime Angelegenheiten Joe Borg und Kommissionspräsident José E. Barroso. Diese „Vision für die Ozeane und Meere“ leitete einen Politikprozess ein, welcher in einer integrierten und nachhaltigen europäischen Meerespolitik münden soll.

Die Veröffentlichung des Grünbuches unter dem gleichen Titel „Towards a future Maritime Policy for the Union: A European vision for the oceans and seas" im Juni 2006 manifestierte die Absicht der Europäischen Kommission für eine Revision der bisherigen Meerespolitik, wie sie bereits im Dokument der Strategieplanung für die laufende Amtszeit der Europäischen Kommission: „Strategische Ziele 2005-2009, Europa 2010: Eine Partnerschaft für die Erneuerung Europas; Wohlstand, Solidarität und Sicherheit",[1] zum Ziel erklärt wurde. Demnach sollen neben streng umweltpolitischen auch soziale und ökonomische Überlegungen mit in eine umfassende neue Meerespolitik einbezogen werden.

Mag auch der Ansatz einer integrierten, nachhaltigen Meerespolitik neu sein – der Wunsch nach Regulierung der menschlichen Tätigkeiten in und auf den Meeren ist es nicht. Bestimmungen auf völkerrechtlicher, regionaler und nationaler Ebene stellen teilweise rechtlich bindende Rahmenbedingungen und andererseits Vorschläge und Verhaltensempfehlungen für den Umgang mit den europäischen Meeren dar.

Hier soll untersucht werden, in welchem rechtlichen und politischen Rahmen eine neue europäische Meerespolitik entsteht und auf welche Weise diese ausgestaltet werden soll. Zunächst wird gezeigt, welche Bedeutung den Meeren auf politischer Ebene innerhalb der Union beigemessen wird, die aus den gesellschaftlichen und kommerziellen Interessen an den Meeren resultiert. Dies wird anschließend kurz erörtert. Im Folgenden wird das Augenmerk auf die Rahmenbedingungen der europäischen Meerespolitik gelegt. Hierzu gehört zunächst die Einbettung in völkerrechtliche Bestimmungen zu den Meeren und bestehende regionale Übereinkommen. Daran anschließend gilt es die handlungsleitenden übergeordneten Prinzipien, wie sie sich aus dem europäischen Primärrecht ergeben, zu bestimmen.

Die Europäische Kommission ist als Initiatorin im europäischen legislativen Prozess das Ziel der Bemühungen vielfältiger (z.B. wirtschaftlicher) Einflussnahme auf die Politik. Sie schlägt außerdem konkrete Instrumente zur Umsetzung einer europäischen Meerespolitik vor. Beides wird dargestellt, bevor eine inhaltliche Auseinandersetzung mit dem Grünbuch Aufschluss über die Ziele der Kommission geben soll.

---

[1] KOM(2005) 12 endgültig, S. 10.

2. Die Meere als europäisches Politikfeld

Das Communiqué bzw. das darauf aufbauende Grünbuch „Towards a future Maritime Policy for the Union: A European vision for the oceans and seas" leitet einen neuen Politikprozess in der Europäischen Kommission ein. Das Grünbuch stellt dabei das Fundament dar, auf welchem nach Beendigung des Konsultationsprozesses im Juni 2007 eine neue integrierte europäische Meerespolitik entstehen soll – ganz im Sinne des populären Begriffs der „Nachhaltigkeit".

Laut Kommission ist die Bedeutung des Meeres nicht nur im globalen Rahmen kaum hoch genug zu bewerten, sondern gerade für die Europäische Union von enormer Bedeutung, die eine Küstenlinie der siebenfachen Länge der Küstenlinie der USA und der vierfachen Länge derer Russlands hat.[2] In dem Dokument ‚Strategische Ziele 2005-2009'[3] benennt die Europäische Kommission die prioritären Aufgaben für die Dauer ihres Mandats. Hier wird betont, dass eine umfassende ‚Seeverkehrspolitik' (maritime policy) entwickelt werden soll, welche auf die Entwicklung einer prosperierenden maritimen Wirtschaft in ökologisch nachhaltiger Weise abzielt. Basieren soll eine solche Politik auf Exzellenz in meereswissenschaftlicher Forschung, Technologie und Innovation.

Für die Politik der Europäischen Union sind der wirtschaftliche Faktor Meer und die zahlreichen Nutzungsinteressen an den Meeren Anlass für die Integration unterschiedlicher Politikfelder. So sind an der Entwicklung der neuen Meerespolitik elf Generaldirektionen beteiligt. Diese decken folgende Politikbereiche ab: Beschäftigung, soziale Angelegenheiten und Chancengleichheit, Fischerei und maritime Angelegenheiten, Forschung, Gesundheit und Verbraucherschutz, Justiz, Freiheit und Sicherheit, Regionalpolitik, Umwelt, Unternehmen und Industrie, Verkehr und Energie, Wettbewerb sowie die Außenbeziehungen der EU. Die Einbeziehung dieser großen Zahl an Generaldirektionen in den Politikprozess soll eine Interessenabwägung befördern und es ermöglichen, eine europäische Meerespolitik ganzheitlich unter Berücksichtigung aller Aspekte der Meere zu entwickeln. Es soll vor allem gelingen, das volle ökonomische Potential der Meere zu sichern, welches eine intakte Meeresumwelt voraussetzt.[4]

[2] Barroso, José/ Borg, Joe: Communication to the Commission: Towards a future Maritime Policy for the Union: A European vision for the Oceans and Seas, 2005, http://jpn.cec.eu.int/data/current/maritime_051202.pdf, zuletzt eingesehen am 9. Februar 2007, Punkt 4.1.

[3] KOM(2005) 12 endgültig, S.10.

[4] KOM(2006) 275 endgültig (7. Juni 2006), S.10 (deutsche Fassung).

3. Nutzung und Schutz der europäischen Meere

Die europäischen Meere unterliegen den unterschiedlichsten Nutzungsmöglichkeiten durch den Menschen. Gegenüber stehen sich zunächst das kommerzielle Interesse an der langfristigen Nutzung der Meere und seiner Ressourcen einerseits und das gesellschaftliche Interesse an der Erhaltung des Ökosystems Meer auf der anderen Seite. Um die Komplexität des Regelungsbedürfnisses erfassen zu können, sollen hier die wesentlichen Nutzungsarten und deren problematische Auswirkung auf die Meere dargestellt werden. Zu unterscheiden sind in erster Linie die Nutzung vom Lande aus und die Nutzung, welche direkt auf dem Meer stattfindet.

3.1 Landwärtige Nutzung

Als landwärtige Nutzung bezeichnet man die Nutzung der Meere, welche zwar nicht vorrangig in oder auf den Meeren passiert, welche aber trotzdem Einfluss auf das Meeresumfeld hat. Hierzu gehören vor allem die Industrie, die Landwirtschaft und der Tourismus.

Industriestandorte werden bevorzugt an den Küsten des Meeres gewählt, da sich hieraus ein Standortvorteil für den Handelstreibenden ergibt und die Ressource Wasser häufig für die Produktion benötigt wird. So finden sich in Küstenregionen *Industrien*, welche von der Eisen- und Stahlproduktion über Elektro- und Chemieindustrien bis hin zur Nahrungsmittelproduktion reichen. Auch für den Handel und den Transport von Waren bilden die Gewässer ein wichtiges Medium. Die Häfen und mit der Schifffahrt verbundene Industrien (Schiffsbau, Reedereien etc.) bilden in der EU einen wesentlichen Wirtschaftsfaktor.

Problematisch ist hierbei die häufige Einleitung von für die Meeresumwelt teilweise gefährlichen Stoffen. Schwermetalle wie Kupfer, Quecksilber und Blei können auf die Meeresbewohner toxisch wirken und gelangen so in der Nahrungskette letztendlich zum Menschen.[5] Weitere gefährliche Stoffe sind die Persistenten Organischen Schadstoffe (die sog. POPs), welche auf das Hormonsystem von Lebewesen wirken und zu deren Unfruchtbarkeit führen können.

---

[5] OSPAR: Quality Status Report 2000, S.94, www.ospar.org/eng/html/welcome.html, eingesehen am 26. Februar 2007.

Ein weiterer Einflussfaktor auf die Meeresumwelt ist die in diesem Zusammenhang häufig unterschätzte *Landwirtschaft*. Durch die Düngung der Böden gelangt eine erhöhte Nährstoffzufuhr in europäische Flüsse und schließlich in die Meere. Die Abwässer der Landwirtschaft oder von Haushalten können zur Eutrophierung von Gewässern führen, welche eine Veränderung des Ökosystems (häufig durch vermehrte Algenbildung oder Beeinträchtigungen der Wasser- und Sedimentqualität) nach sich zieht. Sinnvolle Maßnahmen zur Eindämmung dieser Schädigung der maritimen Umwelt sind hinreichend bekannt, die Umsetzung scheitert aber zumeist an den hohen Kosten. Ein großes Problem stellt außerdem die Zuordnung eines bestimmten Umweltphänomens zu einem bestimmten Verursacher dar, da die Quellen häufig zu diffus sind, um die eigentlich Verantwortlichen zur Rechenschaft ziehen zu können.[6]

Eine dritte landwärtige Nutzungsart stellt der *Tourismus* dar. Die bedeutendsten Touristenregionen Europas liegen an Küsten. Vor allem die hohe Konzentration von Menschen, die in den Sommermonaten an den Küsten leben, stellt die Ökosysteme dieser Regionen auf eine Probe. Die vom Tourismus ausgehenden Verschmutzungsquellen sind diffus. Sie reichen von erhöhten Abwasseraufkommen über Schäden durch Taucher bis hin zur Verdrängung von Arten durch die Errichtung neuer Yachthäfen oder durch den Sportbootverkehr.

3.2 Seewärtige Nutzung

Einen wesentlichen Teil der europäischen Meeresnutzung bildet nach wie vor der *Fischfang*. Die EU Mitgliedstaaten produzieren ca. 6 Mio. Tonnen Fisch jährlich, 87% davon durch Fischfang. Gleichzeitig wurde die Fischfangflotte innerhalb von acht Jahren bis 2003 um 15% reduziert. Etwa 230.000 EU-Bürger sind im voll- und teilzeitlichen Fischfang beschäftigt.[7]

Trotz der gemeinsamen Fischereipolitik der EU bestehen noch erhebliche Probleme auf dem Wege zu einer nachhaltigen Fischerei. So liegt in der Nordsee und im Nordostatlantik ca. die Hälfte aller Fischarten unter der biologisch sicheren

---

[6] Vgl. Grigalunas, Thomas, et. al.: Eutrophication in the Northeast Shelf Large Marine Ecosystem: Linking Hydrodynamic and Economic Models for Benefit Estimation, in: Hennessey, Timothy/ Sutinen, Jon (Hg.): Sustaining Large Marine Ecosystems: The Human Dimension, Amsterdam 2005, S.229 f.

[7] Generaldirektion Fischerei und maritime Angelegenheiten: Facts and Figures on the CFP, http://ec.europa.eu/fisheries/publications/facts/pcp06_en.pdf, S. 11 f., eingesehen am 11. Februar 2007.

Bestandsgrenze.[8] Überfischung und Beifang gefährden die Fischbestände ebenso wie das Einsetzen von Grundschleppnetzen. Außerdem sind auch Säugetiere und Vögel davon bedroht, als Beifang in die Fischernetze zu geraten. Von der EU festgelegte Fangquoten sind häufig aus Angst vor dem Verlust von Arbeitsplätzen deutlich höher, als von der Wissenschaft im Sinne eines nachhaltigen Fischfangs empfohlen. Gleichzeitig werden diese Quoten in der Praxis häufig überschritten.[9]

Des Weiteren bildet die *Nutzung maritimer Transportwege* einen erheblichen Wirtschaftsfaktor innerhalb der Europäischen Union. 90% des Außenhandels sowie 45% des innereuropäischen Warenverkehrs werden über europäische Wasserwege verschifft. 2,5 Mio. EU-Bürger sind in Häfen, im Schiffsbau und verwandten Industrien beschäftigt.[10] Es gilt also, im Rahmen einer umfassenden europäischen Meerespolitik die Wettbewerbsfähigkeit zu erhalten, um Arbeitsplätze und Wirtschaftskraft zu sichern.

Umweltrisiken ergeben sich aus der Luftverschmutzung (durch Emissionen), aus der Nutzung von Antifouling-Farben und der Zuführung nicht beheimateter Arten durch die Einleitung von Ballastwasser in die Meere.[11] Außerdem stellen der Verlust von Schiffen oder deren Ladung (z.B. Pestizide oder Öl) eine Bedrohung der Meere dar.

Jedoch gefährden nicht nur Tankerunglücke die Meere, vielmehr sind es die (trotz des Verbotes durch das MARPOL-Übereinkommen) bewusst *eingeleiteten Altölreste* von Schiffen, welche die Meeresumwelt erheblich belasten. Problematisch ist auch, dass die Kosten für eine Ölschlammentsorgung im Hafen zum Teil die erhobenen Strafgelder im Falle einer Anzeige übersteigen können.[12]

---

[8] OSPAR: Quality Status Report 2000, S. 86, www.ospar.org/eng/html/welcome.html, eingesehen am 26. Februar 2007.
[9] OSPAR: ebd., S. 87 f.
[10] Generaldirektion Fischerei und maritime Angelegenheiten: Towards a European Union maritime policy, maritime transport, www.europa.eu.int/comm/fisheries/maritimefich3_en.pdf, eingesehen am 6. Januar 2006.
[11] OSPAR: Quality Status Report 2000, S. 91, www.ospar.org/eng/html/welcome.html, eingesehen am 26. Februar 2007.
[12] Proelß, Alexander, Meeresschutz im Völker- und Europarecht - Das Beispiel des Nordostatlantiks, Berlin 2004, S. 64.

Neben Fischerei und Schifffahrt bildet die *Aquakultur* eine relativ neue ökonomisch relevante Größe in der Meeresnutzung. Der Begriff bezeichnet die Aufzucht von Fischen, Muscheln, Krebsen und Wasserpflanzen. Bereits 19% der europäischen Fischprodukte werden im Wege der Aquakultur hergestellt.[13]

Problematisch kann diese Art der Lebensmittelproduktion aufgrund des Einsatzes von Chemikalien zur Parasitenbekämpfung sowie Antibiotika und Impfstoffe sein, um die Aufzucht der Lebewesen zu unterstützen. Bedenken bestehen außerdem bei möglichen Kreuzungen zwischen wilden und kultivierten Fischen. Möglicherweise kann es hier zu genetischen Veränderungen des Wildbestandes (z.B. beim atlantischen Lachs) kommen. Bei einer Ansiedlung nicht einheimischer Fischarten ist außerdem eine Einschleppung von Krankheiten und Parasiten denkbar, die das natürliche Gleichgewicht der Flora und Fauna gefährden.[14] Für die Aufzucht werden hauptsächlich tierische Proteine, die ihrerseits aus Fisch gewonnen werden, verfüttert. Es mangelt somit an einer Effizienz der Produktion von Fischen durch Aquakultur; gleichzeitig bestehen erhebliche potentielle Risiken für die Meeresumwelt.[15]

Eine weitere Nutzungsform der Meere besteht in der *maritimen Rohstoffgewinnung*. Gefördert werden vor allem Kohlenwasserstoffe, insbesondere Erdöl und Erdgas, sowie Kies und Sand. Allein in der Nordsee und im Nordostatlantik werden jährlich 43 Mio. m³ Sand und Kies entnommen.[16] Die Abtragung des Meeresbodens, z.B. für den Küstenschutz, stört und zerstört die Flora und Fauna des Meeresbodens.

Der Abbau von Erdöl und Erdgas findet vornehmlich in der Nordsee statt. Bisher sind im Nordostatlantik ca. 800 Plattformen in Betrieb, von denen vermutlich einige innerhalb der nächsten zwanzig Jahre aufgrund versiegender Ölquel-

---

[13] Generaldirektion Fischerei und maritime Angelegenheiten: Facts and Figures on the CFP, http://ec.europa.eu/fisheries/publications/facts/pcp06_en.pdf, S. 16, zuletzt eingesehen am 11. Februar 2007.

[14] OSPAR: Quality Status Report 2000, S. 88, www.ospar.org/eng/html/welcome.html, eingesehen am 26. Februar 2007.

[15] Vgl. Upton, H.F./ Sutinen, J.G.: Fish Habitat: A Valuable Ecosystem Asset, in: Hennessey, Timothy/ Sutinen, Jon (Hg.): Sustaining Large Marine Ecosystems: The Human Dimension, Amsterdam 2005, S. 203.

[16] OSPAR: Quality Status Report 2000, S. 90, www.ospar.org/eng/html/welcome.html, eingesehen am 26. Februar 2007.

len still gelegt werden.[17] Auch eine Entsorgung der bestehenden Bohrplattformen könnte ein Verschmutzungsrisiko bergen.

Die Gewinnung alternativer Energien hingegen wird sowohl im Nordostatlantik, in der Nord- als auch in der Ostsee politisch forciert, beispielsweise durch die Errichtung von Offshore- Windparks. Auch hier gilt es, mögliche negative Randeffekte, wie die Gefährdung von Vögeln durch die Rotorblätter der Windkraftanlagen, zu bedenken.

3.3 Europäische Meere als Ökosysteme

Nach einem Bedeutungswandel der Weltmeere, ausgelöst durch die erste Weltkonferenz der UN in Rio im Jahr 1992 und der zweiten in Johannesburg im Jahr 2002, werden die Meere nunmehr als Ganzes, als Habitat für zahlreiche Spezies, deren Umwelt und deren Wechselbeziehungen begriffen. Für die politische Dimension kommen zu den ökologischen Verflechtungen die Interdependenzen zwischen den Lebens- und Nutzungsformen hinzu.

Wie oben gezeigt, werden die europäischen Meere in vielfacher Hinsicht genutzt. Neben der unmittelbaren Nutzung des Meeresbodens, des Wassers und seiner Bewohner, wird das Meer auch vom Lande aus nutzbar gemacht, was zu einer Gefährdung des Gleichgewichts der Meere und seiner Lebewesen führen kann.
Die Zuführung von Chemikalien oder auch radioaktiven Stoffen bedroht das Ökosystem Meer. Es sind also häufig umweltpolitische Maßnahmen, die es zu ergreifen gilt, um eine langfristige Nutzung der Meere für alle Beteiligten zu sichern.
Gleichzeitig ist auch nicht zu übersehen, dass gerade die Vielzahl der Nutzungsmöglichkeiten und die ständige Perfektionierung der Ausbeutungsmethoden zu einer Konkurrenzsituation führen. Die Ressourcen der Meere sind nicht unbegrenzt und nicht für jedermann verfügbar. Demnach kommt der Politik eine Ordnungsfunktion zu. Es geht darum, die wirtschaftlichen, gesellschaftlichen und ökologischen Interessen gegeneinander abzuwägen und durch eine ganzheitliche Meerespolitik in Einklang zu bringen.

---

[17] OSPAR: Quality Status Report 2000, S. 89, www.ospar.org/eng/html/welcome.html, eingesehen am 26. Februar 2007.

Nicht allein die Europäische Union hat sich den Schutz des Ökosystems Meer (als Grundlage wirtschaftlicher Tätigkeit) zur Aufgabe gemacht, auch auf internationaler Ebene bemühte und bemüht man sich um eine Regulierung der Aktivitäten und eine Klärung der Kompetenzbereiche auf den Meeren.

4. Völkerrechtliche und regionale Einbettung der europäischen Meerespolitik

Die EU ist in meerespolitischen Belangen an das internationale öffentliche Seerecht gebunden. Die bedeutendste Rechtsquelle (neben dem Genfer Seerechtsübereinkommen von 1958 und dem Völkergewohnheitsrecht) ist die so genannte ‚Verfassung der Meere', das Seerechtsübereinkommen der Vereinten Nationen (SRÜ), welches 1982 abgeschlossen wurde und 1994 in Kraft trat. Das Übereinkommen etablierte durch sein Inkrafttreten ein Meeresschutzregime, bezieht sich aber auch auf nahezu alle weiteren seerechtlichen Aspekte.

Allgemeine Bestimmungen, wie das Recht der friedlichen Durchfahrt, oder auch die Möglichkeit einer Errichtung einer Ausschließlichen Wirtschaftszone (AWZ) und die Definition der Hoheitsrechte der Küstenstaaten etablieren einen rechtlichen Rahmen für die Zuständigkeiten auf den Meeren. Für die Europäische Union ist dies besonders in Bezug auf die Souveränitätsrechte der Mitgliedstaaten von Bedeutung. Nach Art.3 SRÜ kann jeder Staat die Grenze seines Küstenmeeres (mit einer Maximalbreite von 12 Seemeilen ab der Basislinie) festlegen, in welcher er volle Souveränität genießt.[18] Eine AWZ kann bis zu 200 Seemeilen von der Basislinie umfassen und vom Küstenstaat proklamiert werden, solange die AWZ nicht mit der eines anderen Staates kollidiert. Art. 56 Abs. 1 SRÜ benennt die einzelnen souveränen Rechte, welche dem Küstenstaat eingeräumt werden, zu denen u.a. die Erforschung und Ausbeutung, Erhaltung und Bewirtschaftung der lebenden und nichtlebenden natürlichen Ressourcen der Gewässer und des Meeresbodens gehören.

An die jeweilige AWZ schließt sich die Hohe See an, auf der völkerrechtlich die Freiheit der Hohen See gilt. Diese zeichnet sich durch das Fehlen territorialer Souveränität und das Verbot staatlicher Okkupation aus.[19]

---

[18] Vgl. Vitzthum, Wolfgang Graf (Hg.): Handbuch des Seerechts, München 2006, S. 111.
[19] Vgl. Hafner, Gerhard: Hohe See und Tiefseeboden (Gebiet), in: Vitzthum, Wolf Graf (Hg.): Handbuch des Seerechts, München 2006, S. 295.

Eine europäische Meerespolitik bezieht sich also auf die hoheitlichen Gebiete der Mitgliedstaaten der Europäischen Union. Hierzu gehören zum einen das Territorium, zum anderen die Schiffe, welche unter der Flagge eines Mitgliedsstaates fahren oder im Eigentum einer natürlichen oder juristischen Person mit der Staatsangehörigkeit eines EU-Mitgliedes sind. Innerhalb dieser Gebiete kann die Union, je nach ihrer Kompetenz in dem jeweiligen Politikbereich, für jeden Teil ihres Meeres Verordnungen oder Richtlinien erlassen und unterschiedliche Mittel zur Erreichung der Ziele einsetzen.[20]

Zusätzlich zu den Bestimmungen des Internationalen Seevölkerrechts und denen des Europäischen Seerechts sind die Mitgliedstaaten der Union an regionale Übereinkommen gebunden. Als Beispiele seien hier nur das Oslo-Paris-Übereinkommen (OSPAR) für die Nordsee und den Nordatlantik, das Helsinki-Übereinkommen (HELCOM) für die Ostsee und die Barcelona-Konvention (BARCON) angeführt. Die Kommissionen, die auf der Grundlage dieser Übereinkommen entstanden sind, setzen sich vorrangig für den Schutz der Meeresumwelt ein. Im Vorteil sind die genannten regionalen Kommissionen gegenüber der EU zum einen aufgrund der (vor allem im Falle der BARCON) großen Zahl an Mitgliedern, die auch Staaten außerhalb der Europäischen Union umfassen. Zum anderen können die Kommissionen teilweise auf eine 30jährige Erfahrung im Umgang mit der Meeresumwelt zurückgreifen und sind mit den Besonderheiten der jeweiligen Gewässer bestens vertraut. Vor allem in Bezug auf die Sammlung und Bereitstellung von Daten sind die bestehenden regionalen Kommissionen für eine künftige europäische Meerespolitik unverzichtbar.

5. Der Weg zu einer neuen Meerespolitik für die Union

Ein wesentlicher Vorteil gegenüber jeglichen völkerrechtlichen Übereinkommen ist die Durchsetzbarkeit von europäischen Vereinbarungen.
So bestehen für Regelungen auf Völkerrechtsebene bei möglichen Vertragsverletzungen keine vergleichbar konkreten Sanktionsmöglichkeiten wie für solche auf EU-Ebene. Resultieren aus der neuen Meerespolitik europäische Richtlinien und Verordnungen, so werden diese zu sekundärem europäischen Recht. Das

[20] Vgl. Vitzthum, Wolfgang Graf (Hg.): Handbuch des Seerechts, München 2006, S. 43.

Sekundärrecht erlaubt die Vertragsverletzungsklage und eröffnet damit ein konsequentes Mittel zur Wahrung der Vorgaben über eine Regulierung der Meere.[21] Europäische Meerespolitik wird folglich nicht allein auf europäischer Ebene gemacht. Die Meere sind sowohl Teile von nationalen Territorien als auch integraler Bestandteil von Regionen. Gleichzeitig umspannen sie den Planeten, so dass es ein globales Interesse sowohl an der Nutzung als auch am Schutz der Meere gibt. Das Seevölkerrecht mit seiner ‚Verfassung', dem Seerechtsübereinkommen, bilden den Rahmen innerhalb dessen jegliches europäisches Vorgehen stattfindet.

Eine neue europäische Meerespolitik entsteht also innerhalb der internationalen Rechtsordnung. Aber auch innerhalb der Union rahmen etablierte Grundsätze die Belange der Meere ein. Das Primärrecht der Europäischen Union sowie politische Grundsätze geben (häufig am Umweltschutz orientiert) Leitlinien vor, die helfen können, einer erst im Entstehen begriffenen neuen europäischen Meerespolitik Konturen zu verleihen. Diese Leitlinien gilt es im folgenden Abschnitt zu benennen.

5.1 Ziele und Prinzipien

Eine Reihe von politischen Prinzipien bildet einen Rahmen für eine mögliche neue Meerespolitik. Diese Prinzipien sind zum einen grundlegende Leitbilder aus dem Vertrag zur Gründung der Europäischen Gemeinschaft (EG) und dem Vertrag über die Europäische Union (EUV). Eine kurze Betrachtung dieser Prinzipien soll dazu dienen, die übergeordneten Prämissen zu verdeutlichen, auf welchen auch eine neue Meerespolitik begründet ist.

Explizites Ziel einer neuen Meerespolitik soll die Berücksichtigung der Prinzipien für eine *nachhaltige Entwicklung* sein. Nachhaltige Entwicklung ist laut des so genannten ‚Brundtland-Reports' der Weltkommission für Umwelt und Entwicklung von 1987 auf eine Integration von Ökonomie und Ökologie unter Berücksichtigung sozialer Aspekte (wie z.B. denen der Gerechtigkeit) in Entscheidungsprozessen und im legislativen Prozess angewiesen.[22] Im europäischen Recht wird sowohl in Art. 2 EG, als auch in der siebten Erwägung der Präambel

[21] Vgl. Holzwarth, Fritz: EU-Strategie zum Meeresschutz und die Zukunft der Meereskonventionen in: Bundesamt für Seeschifffahrt und Hydrographie (Hrsg.): Meeresumweltsymposium, Hamburg 2003, S. 26 f.

des EUV auf die Verbindung der drei Dimensionen der nachhaltigen Entwicklung hingewiesen: wirtschaftliches Wachstum, Schutz der Umwelt und sozialer Fortschritt.

Das Nachhaltigkeitskonzept stellt somit einen essentiellen Bestandteil des Europarechts dar. Eine genauere Definition dieses populären und geradezu inflationär genutzten Begriffes bleiben sowohl EG als auch EUV jedoch schuldig, so dass eine explizite Ausdifferenzierung des Begriffs und die Erläuterung seiner Implikationen in Bezug auf die Entwicklung einer neuen Meerespolitik durch die Europäische Kommission unverzichtbar erscheinen.

Des Weiteren lassen sich aus den Grundsätzen der umweltrechtlichen Bestimmungen des Art. 174 Abs. 2 EG Rahmenprinzipien für die Meerespolitik ableiten. Hierzu gehören das Vorsorge- und Vorbeugungsprinzip, der Ursprungsgrundsatz und das Verursacherprinzip. Die Grundsätze der *Vorbeugung und Vorsorge* zielen zum einen auf eine Gefahrenabwehr, zum anderen auf eine vorausschauende Fürsorge ab, während der *Ursprungsgrundsatz* eine Bekämpfung von Umweltbeeinträchtigungen an der Quelle bedeutet.[23] Das *Verursacherprinzip* nimmt auf die Verantwortlichkeit von Verursachern von Umweltschäden Bezug. Optimalerweise soll ein allgemeiner Verhaltenskodex entstehen, dessen Nichtbeachtung für den Verursacher Missbilligung und sozialen Druck zur Folge hat.[24]

Das *Best-practice-Prinzip* ist eine weitere Leitlinie, die sich jedoch nicht aus dem Europarecht sondern vielmehr aus der politischen Praxis ableiten lässt. Der EU-Kommissar für Fischerei und maritime Angelegenheiten, Joe Borg, betonte in einer Rede, dass Problemlösungsansätze von Pionierländern, die bereits über eine ausgefeilte funktionierende Meerespolitik verfügen, übernommen werden sollen.[25]

---

[22] World Commission on Environment and Development (1987): Our Common Future, Kapitel 2, Nr. 80.

[23] Frenz, Walter/ Unerstall, Herwig: Nachhaltige Entwicklung im Europarecht, Theoretische Grundlagen und rechtliche Ausformung, Baden-Baden 1999, S. 159.

[24] Frenz/ Unnerstall, ebd., S. 193.

[25] Borg, Joe: A maritime policy: national and regional experiences, prospects and emerging practices, Rede auf der internationalen Konferenz zur integrierten Meerespolitik am 11. Oktober 2005 in Lissabon, http://ec.europa.eu/maritimeaffairs/speeches/speech82_en.html, zuletzt eingesehen am 11. Februar 2007.

Ein wesentlicher europäischer Grundsatz ist das *Subsidiaritätsprinzip* (Art. 5 Abs. 2 EG), welches auch in Bezug auf die Meerespolitik zum Tragen kommen soll.[26] Demnach sollen Probleme auf der niedrigst möglichen Ebene, beispielsweise auf regionaler Ebene, behandelt werden. Für ein Eingreifen der EU ist zwar deren Kompetenz eine Mindestvoraussetzung, jedoch ist das Subsidiaritätsprinzip auch in solchen Bereichen anzuwenden, in denen eine Kompetenz der EU vorliegt. Die EU soll also im Sinne der Subsidiarität nur dann tätig werden, wenn die Maßnahmen der Mitgliedstaaten nicht zur Erlangung des Zieles ausreichen. Eine Kompetenz der EU zur Regelung der Meeresfragen lässt sich, zumindest für bestimmte Meeresnutzungen, aus primärvertraglichen Normen ableiten (z.B. für die Seeschifffahrt aus Art. 80 Abs. 2 EG oder für den Umweltschutz aus Art. 2 i.V.m. Art. 174 EG). Das Subsidiaritätsprinzip soll, laut Borg, vor allem dann zur Geltung kommen, wenn es darum geht, die regionalen Besonderheiten der einzelnen Küstenregionen zu berücksichtigen.[27]

5.2 Instrumente und Akteure

Die Vielzahl der Akteure auf den unterschiedlichen Ebenen (international, regional, national, lokal) läßt die maritime Politik undurchsichtig wirken. Kompetenzüberlagerungen und mögliche doppelte Regulierungen sind wahrscheinlich und schaden nicht nur der Transparenz, sondern auch der Effizienz der Meerespolitik. Regionalen Organisationen, wie die oben genannten OSPAR-, HELCOM- und BARCON- Kommissionen, stehen zwölf Organisationen der Vereinten Nationen gegenüber, welche sich mit maritimen Belangen befassen. Als bedeutendste sei hier nur die Internationale Seeschifffahrtsorganisation (IMO) angeführt.

Hinzu kommen Nichtregierungsorganisationen (NGOs) und Lobbygruppen, die von Umweltbelangen bis zu speziellen Interessen von Reedern oder Betreibern von Seehäfen versuchen, auf die Kommission einzuwirken.

Auf europäischer Ebene zeichnet sich die politische Situation durch eine Vielzahl an Akteuren aus, die ihre unterschiedlichen und manches Mal gegensätzlichen Interessen in der europäischen Meerespolitik umgesetzt wissen wollen. Al-

[26] KOM(2006) 275 endgültig, S. 6.

[27] Borg, Joe: The Future Maritime Policy and the Regions, Rede vor dem Ausschuss der Regionen am 2. Dezember 2005 in Brüssel,

lein der politische Entscheidungsprozess innerhalb der EU umfasst mehrere Ebenen und mehrere Akteure. Besondere Bedeutung kommt der Kommission durch ihr Initiativrecht im legislativen Prozess und die Ausarbeitung von Politikvorschlägen (Art. 211 EG) zu, wodurch sie wesentlich zur Gestaltung der europäischen politischen Agenda beiträgt. Am legislativen Prozess sind neben der Kommission die EU-Organe Europäisches Parlament (EP) und der Ministerrat (Rat) beteiligt. Jedes dieser Organe prüft in Expertengruppen bzw. Ausschüssen den zu regulierenden Politikbereich.

Unabhängig davon, ob durch die Kommission rechtliche Gemeinschaftsakte oder Politikdiskussionen angeregt werden, kommen zudem andere Akteure ins Spiel. Die Mitgliedstaaten, die Regionen und Kommunen sind nicht zuletzt an der Implementation von Richtlinien, Verordnungen und Politiken beteiligt und somit auch wesentliche Akteure in Bezug auf eine neuen Meerespolitik.

Eine weiter Gruppe von Akteuren bildet der europäische Verwaltungsapparat, der sich mit Organisationen wie z.B. der Europäischen Agentur für die Sicherheit des Seeverkehrs (EMSA) in Lissabon oder der Europäischen Fischereiaufsichtsagentur in Vigo sektoral mit Aufgaben wie der Bereitstellung von Daten und der Überwachung der Umsetzung maritimer Politiken und Vorschriften befasst.

Aufgrund der Vielzahl an Akteuren, welche sich mit Meeresfragen innerhalb der EU befassen, sind transparente Kompetenzzuweisungen unerlässlich. Eine künftige Meerespolitik muss es sich zur Aufgabe machen, die Aufgabenfelder den Akteuren klar zuzuweisen, um eine unnötige Aufblähung des Bürokratieapparates zu vermeiden und eine effiziente Meerespolitik zu gewährleisten.

Ist die Frage der Kompetenzen und Zuständigkeiten geklärt, stellt sich die Frage nach den Instrumenten, mit welchen die EU ihre Ziele in der Meerespolitik umsetzen will. Zahlreiche Instrumente stehen der Union zur Umsetzung ihrer meerespolitischen Vorstellungen offen. Zum einen soll der europäische Status in internationalen Organisationen vermehrt dazu genutzt werden, sich einzubringen und an Einfluss zu gewinnen.[28] Die Kommission sieht die EU als Vorbild in der

---

http://ec.europa.eu/maritimeaffairs/speeches/speech90_en.html, S. 3, zuletzt eingesehen am 11. Februar 2007.

[28] KOM(2006) 275 endgültig, S. 47.

Anwendung wirksamer Regierungsinstrumente vor allem in der Umsetzung internationaler Regelungen, welche die EU an Drittstaaten weitergeben kann.[29]

Selbstverständlich kann die EU eigene Vorschriften erlassen, diese unterliegen allerdings dem Subsidiaritätsprinzip (s.o.) und sind in ihrer Wirkung auf den EU-Raum beschränkt. In diesem Rahmen besteht auch die Möglichkeit zur Einwirkung auf die maritime Politik in den europäischen Mitgliedstaaten durch die Einführung eines Bonus-Malus-Systems.[30] Hierzu könnten – wie im Grünbuch angeregt – Preise verliehen werden, z.B. für die Umsetzung einer integrativen maritimen Tätigkeit.[31] Gleichzeitig sind Strafen für ein nicht nachhaltiges Verhalten oder die Nichteinhaltung von Grenzwerten denkbar.

Als besonders wirksames Instrument kann von europäischer Seite die Selbstregulierung von Unternehmen (Corporate Social Responsibility) angeregt und gefördert werden.[32] Sinn und Zweck einer freiwilligen industriellen Verpflichtung ist eine effektive Sicherung von Umweltstandards, die durch eine gesteigerte Motivation durch die Eigenverantwortlichkeit gewährleistet werden soll.

Diese vagen Beschreibungen von Zielen, Prinzipien, Instrumenten und Akteuren können allenfalls aufzeigen, in welchem groben Rahmen sich die europäische Meerespolitik bewegt. Das Grünbuch hingegen soll inhaltlich Aufschluss über die von der Kommission identifizierten Handlungsfelder geben.

6. Das Grünbuch und die Vision einer integrierten und nachhaltigen Meerespolitik

Ziel der Veröffentlichung des Grünbuches ist die Auslösung eines europäischen Diskussionsprozesses, an dem alle Interessierten, seien es Bürger, Organisationen, Verwaltungen usw., teilnehmen können. Tatsächlich gibt es über die Homepage der Generaldirektion Fischerei und maritime Angelegenheiten eine Möglichkeit, Stellungnahmen zum Grünbuch zu veröffentlichen.[33] Diese Form fördert zwar weniger den Austausch von Argumenten und gegenseitige Bezugnahme der Diskussionsteilnehmer, als die Abgabe deren einseitiger Stellung-

[29] KOM(2006) 275 endgültig, S. 45.
[30] KOM(2006) 275 endgültig, S. 24.
[31] KOM(2006) 275 endgültig, S. 52.
[32] KOM(2006) 275 endgültig, S. 24.
[33] http://ec.europa.eu/maritimeaffairs/contrib_rc_en.html, zuletzt eingesehen am 5. Februar 2007.

nahme zum Grünbuch, ist aber als allgemeine und freie Form der Partizipation grundsätzlich sehr zu begrüßen.

Inhaltlich fällt zunächst ins Auge, dass das Grünbuch viele Fragen aufwirft. Es ist weniger als konkrete Handlungsleitlinie, sondern vielmehr als eine Aufzählung von Handlungsfeldern zu verstehen, welche in die neue Meerespolitik integriert werden sollen.[34]

Zahlreiche Politikbereiche werden abgedeckt und es werden Überlegungen zu zahlreichen Ausprägungen maritimer Wirtschaft, wie der Generierung von regenerativer Energie, der Ausbeutung von Rohstoffen, dem Seeverkehr und der Schiffbau, der Hafenwirtschaft und dem Küstentourismus angestellt. Es geht vor allem darum, das wirtschaftliche Potential effektiv und effizient auszunutzen, ohne dabei der Meeresumwelt zu schaden.[35] Die zwei wesentlichen Ziele sind zum einen die Schaffung einer integrierten, allumfassenden Meerespolitik, welche zum anderen den Voraussetzungen nachhaltiger Entwicklung entsprechen soll.

Wie genau eine integrierte Meerespolitik zu gestalten ist bleibt jedoch offen. Allein die Zusammenarbeit der unterschiedlichen Generaldirektionen am Grünbuch und die Eröffnung einer Diskussionsplattform im Internet[36] scheint für eine integrierte Politik kaum ausreichend. Sollen zukünftig alle beteiligten Generaldirektionen (nach dem Vorbild des Entstehungsprozesses des Grünbuchs) an meerespolitischen Vorschlägen zusammenarbeiten? Soll es gar eine eigene Generaldirektion geben, die zukünftig alle Fragen, welche die Meere betreffen, behandelt, bzw. werden die Aufgabengebiete der Generaldirektion Fischerei und maritime Angelegenheiten um die anderen Politikbereiche erweitert?

Auch die Formulierung, eine richtige Balance zwischen der ökonomischen, ökologischen und sozialen Dimension der nachhaltigen Entwicklung finden zu wollen, scheint zu ungenau, um als Leitbild für eine neue Meerespolitik fungieren zu können. Ein derart häufig und inflationär genutzter Begriff wie der der

[34] KOM(2006) 275 endgültig , S. 4.
[35] KOM(2006) 275 endgültig, S. 10.
[36] Diskussionsplattform der Generaldirektion für Fischerei und maritime Angelegenheiten, http://ec.europa.eu/maritimeaffairs/contrib_rc_en.html, zuletzt eingesehen am 5. Februar 2007.

‚Nachhaltigkeit' bedürfte doch einer näheren Ausführung, um als Diskussionsgrundlage oder gar als Leitlinie dienen zu können.

Weitere Schlagworte neben denen des integrierten Ansatzes und der nachhaltigen Entwicklung sind ‚sektorübergreifend' und ‚mulitidisziplinär'.[37] Grundpfeiler der neuen Politik soll zum einen die Lissabon-Strategie für mehr Wachstum und mehr Beschäftigung in der EU sein. Zum anderen soll der Meeresschutz von der Säule des erst 2005 vorgelegten Vorschlages für eine Richtlinie des europäischen Parlaments und des Rats zur Schaffung eines Ordnungsrahmens für Maßnahmen der Gemeinschaft im Bereich der Meeresumwelt (Meeresstrategie-Richtlinie) getragen werden.

Trotz der zumeist vagen Formulierungen, die mehr Fragen stellen als Antworten geben, werden einige wenige konkrete Ziele deutlich. Hierzu gehört, dass zukünftig die Meeresumwelt als Ökosystem betrachtet und die so genannte Meeresstrategie-Richtlinie[38] als ‚Umweltsäule' mit in die künftige Meerespolitik aufgenommen werden soll. Als wesentlicher Mangel wird die Verfügbarkeit von Daten über die Meere empfunden. An zahlreichen Stellen wird im Grünbuch darauf hingewiesen, dass eine Sammlung von Daten und deren koordinierte Bereitstellung für eine zukünftige Meerespolitik unerlässlich sind.[39] Nicht zuletzt der Wissenschaft und Forschung soll deswegen eine verstärkte finanzielle Förderung zukommen. Zusätzlich sollen neue Technologien Lösungen für Probleme wie Ressourcenknappheit und die Deckung des Energiebedarfs erbringen.[40] Außerdem sollen Forschung und Technologie einer künftigen Politik als Grundlage für politische Entscheidungen dienen.[41]

7. Fazit

Die europäischen Meere haben sowohl in wirtschaftlicher Hinsicht als auch als Ökosystem sowie als Ort für Beschäftigung und Freizeitaktivitäten zentrale Bedeutung für die europäische Gesellschaft. Die Europäische Kommission hat mit der Veröffentlichung des Grünbuchs ein wesentliches Zeichen zur Anerkennung dieser Bedeutung gesetzt.

---

[37] KOM(2006) 275 endgültig, S. 5.
[38] Vorschlag zur Meeresstrategierichtlinie KOM(2005) 505.
[39] KOM(2006) 275 endgültig, S. 9, 27, 34, 36, 39.
[40] KOM(2006) 275 endgültig, S. 17.

Um das wirtschaftliche Potential der Meere langfristig nutzbar zu machen, müssen im Anschluss an den Konsultationsprozess, welcher im Juni 2007 endet, Abwägungen zwischen Nutzungs- und Schutzinteressen getroffen werden. Es gilt herauszustellen, an welchen Stellen nicht auf einen rigiden Umweltschutz verzichtet werden kann (z.B. in Bezug auf Fischfangquoten) und an welchen Punkten gewisse Einschränkungen des Ökosystems Meer zugunsten wirtschaftlicher Aktivitäten hingenommen werden sollen (z.B. in Bezug auf die Emissionen durch die Schifffahrt).

Es wäre in diesem Zusammenhang wünschenswert gewesen, bereits im Rahmen des Grünbuches eine Definition des Begriffes der Nachhaltigkeit als solide Diskussionsbasis für den Konsultationsprozess aufzustellen. Gleichzeitig bleibt auch der im Grünbuch verwendete Begriff des ganzheitlichen Ansatzes schemenhaft.

Eine Vielzahl von Generaldirektionen ist am Entstehungsprozess der neuen Meerespolitik beteiligt. Diese weitreichende Beteiligung der Generaldirektionen soll auf die Ganzheitlichkeit des neuen Ansatzes hindeuten. Die Beteiligung der Generaldirektion Justiz, Freiheit und Sicherheit dient der Berücksichtigung der Problematik illegaler Immigration. Es erscheint jedoch wenig einleuchtend, dieses Thema mit ökonomischen und ökologischen Fragen der Meere integriert zu behandeln. Demgegenüber steht die mangelnde Beteiligung der Generaldirektion Landwirtschaft. Die überdurchschnittliche Belastung der Meeresumwelt durch die Zuführung von Düngemitteln wird auch im Grünbuch anerkannt.[42] Eine Einbeziehung der Generaldirektion Landwirtschaft wäre deshalb Voraussetzung für einen ganzheitlichen Ansatz.

Es ist unerlässlich, dass bei dem komplexen Akteursgefüge, welches auf internationaler, regionaler und nationaler Ebene Interessen an den europäischen Meeren aufweist, eine klare Kompetenzverteilung vorgenommen wird, um überflüssige Bürokratie zu vermeiden. Es ist dabei auch wichtig, bestehende Kompetenzen und Erfahrungen, wie sie regionale Kommissionen wie HELCOM und OSPAR vorweisen können, als Wissenskapital einzusetzen.

---

[41] KOM(2006) 275 endgültig, S. 13.

[42] KOM(2006) 275 endgültig, S. 32.

Es muss eine große Anstrengung erfolgen, die immer wieder angemahnten Lücken im Wissen um die Meere zu schließen.[43] Zu begrüßen ist daher der Ruf nach verstärkter Förderung von Forschung und Entwicklung im Grünbuch der Kommission. Besonders die Sammlung und die Bereitstellung von Daten sind für eine solide umfassende Meerespolitik maßgeblich.

Trotzdem scheint ein übertriebener Technologieoptimismus kaum angebracht. Eine Politik sollte nicht auf möglichen zukünftigen Technologien (z.B. zur Erschließung von Ressourcen oder zum Export von Technologien zur Verringerung der Auswirkungen der maritimen Wirtschaft auf das Klima[44]), sondern auf bestehenden Tatsachen aufbauen und bei veränderten Gegebenheiten reformiert werden.

Es bleibt festzuhalten, dass der Schritt zu einer integrierten, nachhaltigen Meerespolitik einen wichtigen Beitrag zur Schaffung einer Öffentlichkeit für die Belange der Meere leistet. So kann das öffentliche Bewusstsein für die Gefährdungssituation der europäischen Meere und die kollidierenden Interessen durch das Grünbuch und die dadurch angestoßene Debatte gestärkt werden. Ein öffentliches Interesse vermag nicht nur eine europäische Regulierung zu legitimieren, sondern vermag auch den Druck auf politische Akteure für eine rasche und effiziente Handlungsweise zu erhöhen.

- Abstract -

The European seas are a major economic factor for the European Union. Shipping, fishing, the generation of energy and tourism are important industries and significant employers. The use of the seas can, however, pose an environmental risk to the marine ecosystems. It is therefore necessary to weigh up the different interests in the European waters and to assure a sustainable development of the seas.

---

[43] Vgl. OSPAR: Quality Status Report 2000, www.ospar.org/eng/html/welcome.html, zuletzt eingesehen am 26. Februar 2007.

[44] KOM(2006) 275 endgültig, S. 16 f.

In June 2006 the European Commission issued a Green Paper (KOM (2006) 275 final) which addresses the problem of balancing the different claims of the European seas. The aim is to develop a new maritime policy which integrates the existing policy areas affecting maritime issues. A discussion process was launched which is to terminate in June 2007. All natural and legal persons have the chance to comment on the Green Paper and to make suggestions for a future maritime policy.

This paper examines the different interests in the European waters and the conflicts that might arise. The fundamental question is: what are the aims of the new maritime policy and how can they be implemented? The circumstances are illustrated under which the new maritime policy is to be developed. This includes the basic principles of European policy making and the policy-instruments available to the European Commission.

The 2004 Report of the United States Commission on Ocean Policy – a Prototype for a European Maritime Policy?

Philipp Wendel

The idea of a wholistic European maritime policy as expressed in the Green Paper "Towards a future Maritime Policy for the Union: A European vision for the oceans and seas"[1], is not quite as original as it may seem. First, European Commission President José Manuel Barroso, the former Prime Minister of Portugal, was definitely influenced by the creation of a Portuguese maritime policy when he initiated the process toward the Green Paper.

Furthermore, both Canada and Australia had even before established comprehensive maritime policies which attracted a certain degree of admiration by other States, many of them European. However, even more relevant for the work of the European Commission could turn out to be the 2004 Report drafted by the United States Commission on Ocean Policy (USCOP)[2] since this report was written in more or less the same timeframe as the Maritime Policy Green Paper and therefore based on similar scientific knowledge. Furthermore, there could be certain similarities in the maritime and marine problems the United States and the European Union are facing.

This article will therefore, in a first part, look at the different procedures leading to the USCOP Report and the Maritime Policy Green Paper (I.). In a second part, it will compare the different starting points underlying the two documents (II.) before this study will analyze ideas expressed in these documents to face

[1] COM(2006) 275 final (7 June 2006), hereinafter Maritime Policy Green Paper.
[2] U.S. Commission on Ocean Policy, "A blueprint for the 21st century" (September 2004), available at http://www.oceancommission.gov, hereinafter USCOP Report.

comparable issues such as the fragmentation of decision-making (III.), the reconciliation of economic growth and the protection of the environment (IV.) and the relationship to neighbouring States (V.). In a final part, this article will attempt to forecast which of the two documents will be more successful in achieving its ambitious goals (VI.).

I. The different procedures towards proposals of a new maritime policy

The heading of this part insinuates a formalistic approach with no great material value. However, if one looks at the different procedures toward maritime policies in the United States and the European Union, one easily becomes aware of different levels of expertise, different involvement by stakeholders and divergent chances of having the new ideas translated into a new effective policy.

In the United States, Congress adopted the so-called "Oceans Act" on 25 July 2000. According to this piece of legislature, Congress called for the creation of a U.S. Commission on Ocean Policy in order to make recommendations for a coordinated and comprehensive national ocean policy. The U.S. President then appointed 16 commissioners with diverse backgrounds in science, economy, civil society and public administration. As chairman, the President appointed the retired admiral and president of the Consortium for Oceanographic Research and Education (CORE), James D. Watkins. The commission then worked from September 2001 to September 2004. It conducted nine regional meetings and 18 additional site visits in every coastal region of the United States and the Great Lakes. Furthermore, the Commission heard testimony from 445 experts of all kinds of background. After consideration of this extensive information, USCOP published a preliminary report and after some feedback to this report, the final report was published in September 2004. USCOP relied heavily on its website, which stakeholders frequently used to post their feedback.[3]

The final report of September 2004 is a 676-page-document including 212 quite precise recommendations to be implemented by the U.S. government. USCOP utilized very articulate language and often recurred to pictures, charts, explanations of terms and summaries in order to render the report understandable to a wide public.

[3] On the work of USCOP see further USCOP Report, pp. 55-59.

Shortly after the publication of the USCOP Report, the European Commission decided to launch a consultation process on a future European maritime policy and created a Maritime Policy Task Force chaired by the Commissioner for Fisheries and Maritime Affairs, Joe Borg.[4] The members of this task force were selected from all kinds of directorates general of the European Commission having a certain link to maritime affairs. The task force then consulted different stakeholders, predominantly on conferences and in committee meetings. This phase ended with the publication of the Green Paper on 7 June 2006. This 58-page-document does not contain any detailed recommendations to the European Commission or to the European Council, but instead focuses on asking questions to the public to be answered in the next consultation phase running from 7 June 2006 to 30 June 2007. Thus, it follows a much more cautious approach as compared to the USCOP Report.

Even though the Green Paper has been published in a very reader-friendly version with charts and images, the language utilized often recurs to abbreviations and technical terms only known to experts. Therefore it seems questionable whether the Green Paper will be able to reach a wider public. This difference might have been caused by the composition of the task force (members of the EU administration) as compared to the heterogeneous USCOP.

After the second consultation phase, the European Commission could adopt a White Paper on a new European maritime policy. Such a White Paper, if adopted, would usually initiate a legislative process leading to new EU directives or regulations. Hence, the Green Paper seems to be well integrated into the European legislative bodies while the USCOP Report rather resembles a piece of external advice. Apparently, there is thus a greater chance of the ideas expressed in the Maritime Policy Green Paper to be transformed into new legislation.

II. The common starting point: The importance of the seas

The underlying idea of both the USCOP Report and the Maritime Policy Green Paper is that the seas and oceans represent a significant value and thus need better protection and a coherent management. If one takes into account the exclu-

---

[4] Communication to the Commission from the President and Mr Borg, "Towards a future Maritime Policy for the Union: A European vision for the oceans and seas", available at http://ec.europa.eu/maritimeaffairs/press/pdf/ com_maritime_en.pdf

sive economic zones of the United States and EU member States, both maritime zones are bigger than the respective land territories.[5] In both the United States and in the European Union, more than 2 million persons are employed in the maritime industry.[6] Both regions heavily (by 80 to 90 percent) rely on maritime transport for external trade and about half of the respective region's Gross Domestic Product is generated in coastal areas.[7] While both reports underline these numbers, they also mention the non-market value of the seas because of a perceived greater quality of living in coastal regions and because of a certain affection toward a healthy ocean.

Those are the major similarities between the United States and the European Union. However, one must not neglect that different areas of maritime policy have a different scope in the two regions, not only due to the European coastline being seven times longer than that of the United States. First, some member States of the European Union such as Cyprus, Malta, but also Germany, represent important flag States with large commercial fleets. The role of the United States flag in relation is rather negligible. Not surprisingly, the Maritime Policy Paper therefore lays great emphasis on international conventions dealing with flag State jurisdiction.

Furthermore, the different geographical situation may be of relevance for the future maritime policies of the regions. The United States shares maritime borders only with Canada, Mexico and some Caribbean States, while the member States of the European Union have a multitude of neighbouring coastal States in the Mediterranean, the Black, the Baltic and the North Sea. As will be seen, this translates into a greater necessity to cooperate with other States. Also, the United States maritime policy will most likely focus on the two oceans, while most coastal regions of the European Union border much smaller and shallower seas with less ability to exchange water. If one considers this geographical setting, the similar economic scope of the seas for the two regions may even seem surprising.

---

[5] USCOP Report, pp. 30-31; Maritime Policy Green Paper, para. 1.
[6] USCOP Report, p. 31.
[7] USCOP Report, pp. 31-32; Maritime Policy Green Paper, para. 1.

III. Challenging the fragmentation of decision-making

Both reports accentuate the need for a wholistic, all-embracing maritime policy because both in the United States and the European Union,[8] a great variety of different institutions has competence to make important decisions in different matters of maritime policy.

In the United States, "eleven of fifteen [federal] cabinet-level departments and four independent agencies play important roles in the development of ocean and coastal policy."[9] They need to cooperate with one another and with state, territorial, tribal, and local authorities, which often leads to contradictory decisions. Furthermore, three entities within the Executive Office of the U.S. President have some responsibilities relevant to the oceans.[10]

The USCOP Report therefore proposes to bundle the supervision over all federal agencies with competences in maritime policy in a National Ocean Council within the Executive Office of the U.S. President, chaired by an Assistant to the President and composed of cabinet secretaries of departments and administrators of independent agencies with relevant ocean- and coastal-related responsibilities.[11] The great challenge for a coherent U.S. maritime policy will however be the cooperation with and between local and State agencies. The USCOP proposes the voluntary (but federally financially supported) creation of regional councils by States interested in cooperation and hopes that other States will in the end realize that cooperation and sometimes subordination is necessary to protect the oceans.[12]

Another great challenge in the United States will most likely be the implementation by private stakeholders. Some maritime stakeholders such as fishermen are more freedom-minded than other private individuals and care little about legislation adopted by a distant congress. The USCOP Report therefore recommends a radical bottom-up approach wherever this is possible.[13] The National Ocean Council is not to govern by issuing prohibitions and permissions, but should instead supervise, collect information and recommend policy changes.

---

[8] USCOP Report, pp. 77-85; Maritime Policy Green Paper, para. 1.

[9] USCOP Report, p. 5.

[10] *Ibid.*

[11] *Ibid.*, p. 79.

[12] *Ibid.*, p. 87.

[13] *Ibid.*, pp. 87-91.

The European Union faces quite similar problems with competences in maritime matters spread over different directorates general of the European Commission, ministries of member States and, depending on the degree of centralization in the respective member State, various decision-makers at local levels. The Maritime Policy Green Paper nevertheless remains quite vague as far as it concerns answering this challenge. The underlying idea of the Maritime Green Paper, a wholistic, integrated maritime policy, is not translated into the recommendation toward a directorate general for Maritime Policy. Furthermore, the Green Paper only mentions the idea of a European Coast Guard, but indicates no sign of support for it.[14] Thus, the Task Force which drafted the Green Paper probably preferred to wait for input by stakeholders in the current consultation phase.

An issue linked to the question of fragmentation is the need for an ecosystem-based management of the ocean. Both reports recognize the urgency to consider all species in an ecosystem while managing the use of resources in that zone. This issue is most evident in the United States where the Environmental Protection Agency, the Fish and Wildlife Service and the Army Corps of Engineers all have divergent regions underlying different management. The USCOP Report therefore proposes the establishment of ten Large Marine Ecosystems (LME's) common to the management by any agency competent for maritime policy.[15] For example, the Gulf of Mexico constitutes one such ecosystem in the view of USCOP. The establishment of such LME's would require an intrusion into States' rights to govern their maritime zones and thus, there has been some critical feedback by the governors of Alaska and Florida.[16]

The Maritime Policy Green Paper likewise considers ecosystem-based management to be of overwhelming importance for the protection of the seas. Instead of proposing such ecosystems, the Green Paper refers to the work leading to the Marine Strategy Directive.[17] This directive attributes the maritime zones of the EU member States to three marine regions (the Baltic Sea, the Mediterranean and the North-East Atlantic) with eight subregions.[18] According to this directive,

---

[14] Maritime Policy Green Paper, para. 5.2.
[15] USCOP Report, p. 64.
[16] *Juda*, Lawrence, "The Report of the U.S. Commission on Ocean Policy: State Perspectives", 34 Coastal Management (2006), pp. 1-16, at 4.
[17] Maritime Policy Green Paper, para. 1.
[18] Marine Strategy Directive, Art. 3, paras. 1, 2, COM(2005) 505 final.

the member States are obliged to consider consequences of their decisions for the whole subregion and, predominantly, the affected marine region.

Thus, the European Union seems to be ahead of the United States as far as it concerns ecosystem-based management, at least relating to existing legislation. However, one must consider that the implementation of the Marine Strategy Directive remains far from complete and that, in spite of the recognition of the Marine Strategy Directive in the Maritime Policy Green Paper, the early adoption of the directive might have undermined efforts to establish a wholistic maritime policy for the European Union.

IV. How to reconcile economic growth and environmental protection?

In recognizing the economic value of the oceans, both reports underline the diversity of different uses of the ocean. These different uses may easily collide with each other or may in their combination cause harm to the marine environment as such. The need for a sustainable development, emphasised by both reports, is not unique to maritime policy, but could turn out to be the cornerstone of public administration in the 21st century. Both reports, however, clearly show the difficulties in defining and implementing the noble idea of sustainable development.

The USCOP Report recommends the U.S. government to follow a precautionary approach instead of strictly adhering to the precautionary principle. While the precautionary principle, as commonly defined, does not allow an activity to proceed when the potentially adverse effects of this proposed activity to the environment are not fully understood, such a strict management would, according to USCOP, prevent most activities from proceeding. Pursuant to the "precautionary approach" as proposed by USCOP, however, "[w]here threats of serious or irreversible damage exist, lack of full scientific certainty shall not be used as a justification for postponing action to prevent environmental degradation."[19] Instead, "[m]anagement plans and actions … should include scientific assessments, monitoring, mitigation measures to reduce environmental risk where needed, and periodic reviews of any restrictions and their scientific bases."[20]

[19] USCOP Report, p. 65.
[20] *Ibid.*

This approach reflects a certain attitude in the United States, sceptical of environmental protection whenever it hinders economic activity. One must nevertheless mention that this recommendation by USCOP has been heavily criticized in the United States by members of the Pew Oceans Commission, a non-governmental commission composed predominantly of scientists which aimed to influence USCOP by the publication of an own report.[21]

The Maritime Policy Green Paper, on the other hand, has been extremely hesitant to pronounce itself on the issue of sustainability. While the notion of sustainability appears in many parts of the Green Paper,[22] it does not explain how a conflict between different uses of the ocean is to be resolved and how the precautionary principle is to be applied. One could argue that such explanation would have come too early before the current consultation had started, but there is a certain danger that discussions in the current consultation period will turn out to be unfruitful because they cannot be based on a more or less controversial, but unequivocal, position of the European Commission.

V. Multilateralism or unilateral legislation: The interaction with third States

Finally, the different geographical situations of, on the one hand, the United States with basically only two neighbouring States plus some Caribbean island States, and, on the other, the European Union with a multitude of neighbours with their own coastlines and maritime zones, might be reflected in a divergent need for cooperation expressed in the two reports.

The United States, dominating their neighbourhood in international relations, lays little emphasis on international conventions. Therefore, these only play a marginal role in the USCOP Report. Nevertheless, the report advises the U.S. Government to finally ratify the 1982 United Nations Convention for the Law of the Sea (LOSC)[23] and thus supports the view of the Bush administration against some sceptical conservative voices in the U.S. Senate. USCOP argues that without ratification of the LOSC, the United States will be isolated from interna-

---

[21] Pew Oceans Commission, "America's Living Oceans: Charting a Course for Sea Change" (June 2003), available at http://www.pewtrusts.org. *Cf.* in particular p. 90 of this report.

[22] The term appears 58 times in the whole Green Paper and thus in the average more than once on every page.

[23] USCOP Report, pp. 444-445.

tional decision-making relevant to the protection of the oceans, such as, for example, the work of the United Nations Commission on the Limits of the Continental Shelf.[24]

Furthermore, the USCOP even sees a role for the United States to push other States toward the ratification of international conventions such as the 1995 Fish Stocks Agreement. It recommends the U.S. government to condition access of fishing vessels to U.S. maritime zones to vessels under the jurisdiction of a flag State which has ratified the Fish Stocks Agreement.[25] Thus, the USCOP Report is much more inclined toward international cooperation than the impression the U.S. administration has in the past years been giving.

However, if one compares the USCOP Report with the Maritime Policy Green Paper, as far as it concerns international cooperation, one easily becomes aware that international treaties play a more significant role to the European Commission than to the U.S. Government. In Chapter 5.3. of the Green Paper, the European Commission strongly expresses its desire to play a more important role in international bodies competent for maritime policy. Generally, the European Commission considers cooperation with third States of overwhelming importance, but finds it necessary to find an unequivocal position of all member States before the European Union as one player will negotiate with third States. Furthermore, the Maritime Policy Green Paper does not explicitly mention unilateral efforts of the European Commission to go beyond widely ratified international conventions with its legislation and thus underlines the willingness of the European Commission to seek multilateralism.

In order to cooperate with neighbouring States, the Green Paper proposes to follow the example of the Council of the Baltic Sea States (CBSS) and to consider similar structures for the Mediterranean.[26]

---

[24] *Ibid.*, at p. 445.

[25] *Ibid.*, at p. 301.

[26] Maritime Policy Green Paper, para. 5.4.

VI. Conclusion

Both the United States and the European Union now have more or less comprehensive outlines of wholistic maritime policies reflecting a greater appreciation of the seas as immeasurable assets. While the USCOP has published an extensive and detailed report with explicit recommendations for the U.S. Government, the European Commission preferred a more moderate approach describing the current situation and focusing on general questions to the civil society. USCOP had already consulted stakeholder befores the USCOP Report was published.

If one looks at this different approach, it becomes difficult to predict the chances of these two reports to be implemented. In the United States, it seems unlikely that the U.S. President or Congress will in the near future adopt a major part of the recommendations.[27] Instead, the U.S. President will most likely focus on some specific measures attracting great publicity such as declaring the Hawaiian Islands a marine sanctuary[28] or demanding a world-wide ban on bottom-trawling.[29] Without trivializing these initiatives, they fall far short of a wholistic national maritime policy.

The perspectives of the Maritime Policy Green Paper could be better because there seems to exist a great willingness among commissioners and high ranking officials of the European Commission to adopt a wholistic maritime policy. Doubts only come up because of the uncertain future of the European Union with the deadlocked constitution and a considerable scepticism in many member States concerning a further integration of the European Union. Therefore, it seems unlikely that the Maritime Policy Green Paper will turn into a White Paper with comprehensive legislative initiatives.

Thus, even though the status of the oceans is alarming, both the USCOP Report and the Maritime Policy Green Paper face a significant risk of ending up as new studies with little substantial significance.

---

[27] *Cf. Juda*, Lawrence, "The Report of the U.S. Commission on Ocean Policy: State Perspectives", 34 Coastal Management (2006), pp. 1-16, at pp. 12-13.

[28] *Cf.* "Hawaiian Marine Reserve To Be World's Largest", The Washington Post, 15 June 2006, p. A01.

[29] "U.S. seeks high-seas ban on bottom trawling", Seattle Times, 4 October 2006.

The Contribution of the EC to Maritime Safety in view of the "Third Maritime Safety Package" of the European Commission

Sara Vatankhah

I. Introduction

In theory, proof of "*maritime safety*" is required prior to the admission of a ship to ocean traffic.[1] This term encompasses in a broad sense both measures for the protection of the marine environment and for the safety of shipping.[2] In practice, a large number of so-called "*sub-standard ships*" are registered in flag States that have not secured proper application of international safety and environmental standards.[3] These ships still operate on the world's oceans despite extensive maritime safety measures by the International Maritime Organization (IMO).[4]

---

[1] *G. Kiehne*, Schiffssicherheit - Die Entwicklung aus der Sicht der deutschen Seeschifffahrt, Schiff & Hafen 2001, Vol. 53, No. 1, pp. 13-15, at p. 13; compare Art. 94 para. 3 UNCLOS.

[2] *P. K. Mukherjee*, The Human Factor in Maritime Safety and Environmental Protection, Presentation, European Parliament, Temporary Committee on Improving Safety at Sea, Brussels, 18 February 2004, available at: <www.europarl.eu.int/comparl/tempcom/mare/pdf/040218_mukherjee_en.pdf>, p. 2. All internet-links were last visited on 31 January 2007.

[3] So-called "*flags of convenience*", see *D. König*, Port State Control: An Assessment of European Practice, in: P. Ehlers/E. Mann-Borgese/R. Wolfrum (ed.), Marine Issues – From a Scientific, Political and Legal Perspective, The Hague, London, New York 2002, pp. 37-54, at p. 39; *ibid*, The Enforcement of the International Law of the Sea by Coastal and Port States, ZaöRV 2002, Vol. 62, pp. 1-15, at p. 4; *M. Schroeder*, Die technischen Regeln zur Erhöhung der Sicherheit von Öltankern, in: C. Tomuschat (ed.), Schutz der Weltmeere gegen Öltankerunfälle - Das rechtliche Instrumentarium, Berlin 2005, pp. 49-77, at p. 74.

[4] 167 States are members of the IMO. The IMO has established around 30 Conventions, supplemented by around 40 EU-Regulations and Directives, see *U. Jenisch*, Statement, Statement, MARE Temporary Committee on Improving Safety at Sea, Brussels, 22 January 2004,

Maritime safety is, by its very nature, a problem of international dimension.An example of this can be seen with the accident of the "*Erika*". In December 1999 the 25 year old single-hull tanker broke in two in stormy weather 40 nautical miles off the coast of Brittany. Approximately 20,000 tonnes of oil were spilled and 400 km of coastline was polluted.[5] The ship was registered under the Maltese flag; the charterer was French; the owner was Italian and the crew were Indian. The "*Erika*" slipped through all international safety nets even though a number of European players were involved. It carried the required certificates, was under class and had been inspected by port States, flag States and industry inspectors on several occasions.[6]

The European Union (EU) is now more than ever a major sea power. Over 90 % of the EU`s external trade and more than 40 % of its internal trade goes by sea. With its enlargement to 27 Member States the EU`s share of the world fleet according to flag State registration amounts to more than 25 %. Over 90 % of the EU`s oil-trade is seaborne and more than 1 billion tons of oil transit through EU ports and waters every year.[7] These facts result in international obligations and responsibilities for the EU. While the IMO is the recognized organisation for the setting of international maritime safety standards, the EU has introduced a number of legislative measures at the European level to combat "*flags of convenience*", especially since the "*Erika*"-disaster.

---

available at:
<www.europarl.eu.int/comparl/tempcom/mare/pdf/040122_jenisch_de.pdf>, p. 2;
for an update see: <www.imo.org>.

[5] Data according to the *International Tanker Owners Pollution Federation LTD (ITOPF)*, Oil Tanker Spill Statistics 2005, available at:
<www.itopf.com/stats05.pdf>, p. 4.

[6] *Z. O. Özçayir*, The Erika and its Aftermath, Int.M.L. 2000, Vol. 7, No. 7, pp. 230-240, available at:
<www.turkishpilots.org.tr/ingilizcedernek/DOCUMENTS/Oya_Ozcayir_The_Erika_And_Its_Aftermath.htm>.

[7] Data according to the *European Commission*, COM(2005) 585 final of 23 November 2005, Communication from the Commission to the European Parliament and the Council, *Third Package of Legislative Measures on Maritime Safety in the European Union* ("*Erika III-Package*"), available at:
<ec.europa.eu/transport/maritime/safety/doc/package3/en/communication_en.pdf>, p. 3,
and Commission Staff Working Paper, Preliminary Version, "Content of the Third Maritime Safety Package", available at:
<ec.europa.eu/transport/maritime/safety/doc/package3/en/working_ paper_en.pdf>, p. 1.
So far a united "*European flag*" does not exist.

The European Commission recently submitted its "*Third package of legislative measures to increase maritime safety in the European Union*", also known as the "*Erika III-package*".[8] Legally, maritime safety rules must fall within the boundaries set by the United Nations Convention on the Law of the Sea (UNCLOS),[9] the so-called international "constitution of the oceans", which guarantees the principal *freedom of navigation* in Article 87 paragraph 1 (a). In Article 211 paragraph 1 UNCLOS reference is made to the IMO as the "competent international organization" to implement the relevant international rules and standards to protect against vessel-source pollution.[10] Economically, the strengthening of maritime safety rules at the EU level is always connected with costs and can therefore lead to *competitive distortion* in relation to third countries.[11]

This seminar paper shall provide a brief historic overview of the European maritime safety measures. It will further introduce a selection of topics, covered by the present "*Erika III-package*" of the European Commission. This is followed by an examination of its general compliance with the international law of the sea. The role of the EU vis-à-vis the IMO will be investigated and arguments for and against European as opposed to IMO action in the maritime safety sector will be presented.[12] It will be argued that the new safety package serves as proof

---

[8] COM(2005) 586 final, COM(2005) 587 final, COM(2005) 588 final, COM(2005) 589 final, COM(2005) 590 final, COM(2005) 592 final and COM(2005) 593 final, all of 23 November 2005, see "Presentation of a Third Set of Community Legislative Measures in favour of Maritime Safety", available at:
<www.eu.int/comm/transport/maritime/safety/2005_package_3_en.htm>.
The seven proposals of the "*Erika III-Package*" are:
1.) Directive on compliance with *flag State* requirements;
2.) Amendment of the Directive on *classification societies*;
3.) Amendment of the *port State control* Directive;
4.) Amendment of the *traffic monitoring* Directive;
5.) Directive on *accident investigations*;
6.) Regulation on *liability and compensation for damage of passengers* in the event of maritime accidents;
7.) Directive on the extra-contractual *liability of shipowners*.

[9] Of 10 December 1982, 21 ILM 1261 (1982).

[10] The EU is a signatory of UNCLOS; other than the European Member States, which are all IMO-members, the European Commission only has observer status in the IMO; the EU is also not a member of any of the IMO-Conventions. According to Art. 4 of the Convention on the IMO of 6 March 1948, United Nations, Treaty Series, Vol. 289, p. 3, and Vol. 1520, p. 297, "membership in the Organization shall be open to all *States*", i.e. not to the EU.

[11] *R. Lagoni*, Umwelt und Schiffssicherheit im Völkerrecht und im Recht der Europäischen Gemeinschaften, AVR 1994, Vol. 32, pp. 382-404, at p. 395; *A. Werbke*, Kommentar: Umwelt und Schiffssicherheit: Recht der Europäischen Gemeinschaften contra Völkerrecht, AVR 1994, Vol. 32, pp. 405-421, at p. 405.

[12] For a discussion on this topic see e.g., *H.-J. Koch/C. Ziehm*, Schiffssicherheit und Meeres-

that the European Commission - as a powerful supranational institution - is on its way to become an *enforcement organ* of the IMO at the European level rather than a unilateral player in the global field of maritime safety.[13]

In this context, the extent to which the EU can support the implementation of internationally agreed maritime safety standards will be examined. The regulatory powers of the EU in relation to its Member States as flag, coastal and port States on the one hand, and in relation to third countries on the other, will be argued as being limiting factors.[14] Finally, it will be considered whether the proposals can be regarded as a coherent set of rules or a mere "drop in the ocean" that increases the quantity of international safety-rules without further improvement of their quality.[15]

II. European Union Legislation on Maritime Safety

1. The first two "*Erika-Packages*" and the "*Prestige-Communication*"

The history of EU maritime safety is a history of "post-catastrophe action". The EU did not really act in this sector until 1993 when it adopted the European Commission's first Communication on maritime safety: "*A Common Policy on Safe Seas*"[16] as a result of a series of oil-tanker disasters along European coasts. On the basis of this programme the Commission presented its different proposals. Inter alia, it introduced Directives on *classification societies* and *port State*

umweltschutz, ZUR 2005, Vol. 16, No. 1, pp. 16-21, at p. 19.

[13] For this view prior to the new safety package see *J. de Dieu*, EU Policies Concerning Ship Safety and Pollution Prevention Versus International Rule-Making, in: H. Ringbom (ed.), Competing Norms in the Law of Marine Environmental Protection, London, The Hague, Boston 1997, pp. 141-163, at p. 151, and *W. Graf Vitzthum*, Schiffssicherheit: Die EG als potentieller Durchsetzungsdegen der IMO/Maritime Safety: The European Community as a Potential Enforcement Organ of the International Maritime Organisation, ZaöRV 2002, Vol. 62, pp. 163-182, at p. 180.

[14] *H. Schult*, Das völkerrechtliche Schiffssicherheitsregime - Eine Analyse der Kompetenzen von Küsten-, Hafenstaaten, regionalen Organisationen und Europäischer Gemeinschaft zum Schutz der Meere vor Verschmutzung durch Öltankerfälle, Berlin 2005, pp. 336-346, contains a detailed analysis of these categories.

[15] For an overview of the EU- and IMO-measures in this sector see *U. Jenisch*, Neue Maßnahmen für die Sicherheit in Nordsee und Ostsee, HANSA 2004, Vol. 141, No. 2, pp. 16-22, available at:
<www.hansa-online.de/print.asp?artikelID=385>.

[16] COM(1993) 66 final of 24 February 1993, Communication from the Commission, *A Common Policy on Safe Seas*, available at:
<aei.pitt.edu/4929/01/003175_1.pdf>.

control.[17] The first "*Erika-Package*",[18] submitted by the Commission in March 2000, included the amendment of these Directives, together with a new Regulation on the accelerated phasing out of single-hull oil tankers.[19] Both Directives were adopted in December 2001 and entered into force in July 2003. The Regulation entered into force in September 2002, after an agreement on a phase-out timetable for single-hull oil tankers was reached at the IMO level.[20]

The second "*Erika-Package*"[21], submitted in December 2000, introduced the European Maritime Safety Agency (EMSA). Accelerated by the "*Prestige*"-disaster,[22] it was established in August 2002. The main purpose of the agency is to improve the implementation and enforcement of the EU rules on maritime

---

[17] Council Directive 94/57/EC of 22 November 1994 on common rules and standards for ship inspection and survey organizations and for the relevant activities of maritime administrations, OJ L 319, 12.12.1994, pp. 20-27; Council Directive 95/21/EC of 19 June 1995 concerning the enforcement, in respect of shipping using Community ports and sailing in the waters under the jurisdiction of the Member States, of international standards for ship safety, pollution and shipboard living and working conditions (port State control), OJ L 157, 07.07.1995, pp. 1-17.

[18] COM(2000) 142 final of 21 March 2000, Communication from the Commission to the European Parliament and the Council on the *Safety of the Seaborne Oil Trade* ("*Erika I-Package*"), available at:
<eur-lex.europa.eu/LexUriServ/site/en/com/2000/com2000_0142en01.pdf>.

[19] Council Directive 2001/105/EC of 19 December 2001 amending Council Directive 94/57/EC on common rules and standards for ship inspection and survey organisations and for relevant activities of maritime administrations, OJ L 19, 22.01.2002, pp. 9-16; Council Directive 2001/106/EC of 19 December 2001 amending Council Directive 95/21/EC concerning the enforcement, in respect of shipping using Community ports and sailing in the waters under the jurisdiction of the Member States, of international standards for ship safety, pollution prevention and shipboard living and working conditions (port State control), OJ L 19, 22.01.2002, pp. 17-31; Council Regulation (EC) No. 417/2002 of 18 February 2002 on the accelerated phasing-in of double hull or equivalent design requirements for single hull oil tankers and repealing Council Regulation (EC) No. 2978/94, OJ L 64, 07.03.2002, pp. 1-5.

[20] Amendment of Regulation 13G of Annex I of the International Convention for the Prevention of Pollution from Ships (MARPOL) of 1973, 12 ILM 1319 (1973), as amended by the 1978 Protocol relating thereto, 17 ILM 546 (1978).

[21] COM(2000) 802 final of 6 December 2000, Communication from the Commission to the European Parliament and the Council on a Second Set of Community Measures on *Maritime Safety following the Sinking of the Tanker Erika* ("*Erika II-Package*"), available at:
<eur-lex.europa.eu/LexUriServ/site/en/com/2000/com2000_0802en01.pdf>.

[22] The single-hull tanker sprang a leak off the Galician coast polluting the Spanish and French coasts with heavy fuel oil in November 2002, for the details see COM(2003) 105 final of 5 March 2003, Communication from the Commission, Report to the European Council on Action to deal with the Effect of the Prestige Disaster, available at:
<eur-lex.europa.eu/LexUriServ/site/en/com/2003/com2003_0105en01.pdf>.

safety.[23] A further Directive on *vessel monitoring* was adopted in June 2002,[24] which also requires each maritime Member State to draw up contingency plans for accommodating ships in distress in places of refuge.[25] The proposal for a European Compensation Fund was taken up at the international level and led to the establishment of a supplementary International Oil Pollution Compensation (IOPC) fund.[26] In addition, the "*Prestige-Communication*",[27] proposed in December 2002, included the immediate prohibition of the carriage of heavy fuel oil in single-hull tankers and further tightened inspections for such tankers over 15 years of age. This entered into force in October 2003.[28] As a result the IMO adopted similar measures with the amendment of MARPOL, which entered into force in April 2005.[29]

2. The recent Proposals of the European Commission

The "*Third Maritime Safety Package*" contains seven proposals for new European legislation and amendments to existing legislation. The proposals centre around two major subjects: the *prevention* of maritime accidents and pollution and the *aftermath* of accidents. The new measures require the Member States to thoroughly check that ships flying their flags comply with international standards.[30] The Commission insists on this as a precursor to the future development of a European flag.[31] The proposals strengthen the existing legislation on classi-

---

[23] Council Regulation (EC) No. 1644/2003 of 22 July 2003 amending Council Regulation (EC) No. 1406/2002 establishing a European Maritime Safety Agency, OJ L 245, 29.09.2003, pp. 10-12.

[24] Council Directive 2002/59/EC of 27 June 2002 establishing a Community vessel traffic monitoring and information system and repealing Council Directive 93/75/EEC, OJ L 208, 05.08.2002, pp. 10-27.

[25] Art. 20 of Council Directive 2002/59/EC.

[26] Adopted by the IMO on 16 May 2003, which has brought the IOPC Funds compensation ceiling to approximately US$ 1,000 million.

[27] COM(2002) 681 final of 3 December 2002, Communication from the Commission to the European Parliament and the Council on *Improving Safety at Sea in Response to the Prestige Accident* ("*Prestige-Communication*"), available at: <eur-lex.europa.eu/LexUriServ/site/en/com/2002/com2002_0681en01.pdf>.

[28] Council Regulation (EC) No. 1726/2003 of 22 July 2003 amending Council Regulation (EC) No. 417/2002 on the accelerated phasing-in of double-hull or equivalent design requirements for single-hull oil tankers, OJ L 64, 07.03.2002, p. 1. No single hull tanker will be allowed to enter an EU port after 2010 - in place of 2015.

[29] Further amendment of Regulation 13G of Annex I of MARPOL.

[30] The Commission regards greater responsibility of the flag States as "the missing link" in the existing Community legislation, see Commission Staff Working Paper, supra note 7, p. 1.

[31] Commission Press Release IP/05/1457 of 23 November 2005, "Stringent Measures to guarantee the safety of maritime transport", available at:

fication societies and port State control. They amend the Directive on traffic monitoring, including the improvement of the legal framework on places of refuge. They further establish a harmonised framework for carrying out investigations following accidents and make the investigating bodies more independent. Finally, the proposals aim to improve the quality of the overall framework of liability and damage repair in the event of an accident.[32]

This paper will focus on four major subjects: first, *flag State* requirements; second, the quality of *classification societies*; third, the quality of *port State control* and; fourth, *places of refuge*. While the Commission mainly focuses on the harmonisation of the maritime safety legislation at the Member State level, some unilateral tendencies can be detected.

III. The International and the European Legal Background

1. UNCLOS, IMO, Regulatory Powers of the EU

The legal examination of the "*Erika III-Package*" must be divided into the international and the European perspective. The "umbrella treaty" UNCLOS itself contains only framework legislation relating to maritime safety, for example in Articles 21, 94, 211 or 217 – 221, while the details are set out in the relevant international rules developed by the IMO.[33] The legal ground for the EU to act in relation to its Member States in the maritime safety sector is Article 80 paragraph 2 of the Treaty establishing the European Community (EC) in Title V "Transport", which allows the Council to lay down appropriate secondary law provisions for sea transport.[34] The EU is bound by the binding international conventions signed by its Member States, in analogous application of Article 307

<europa.eu/rapid/pressReleasesAction.do?reference=IP/05/1457&format=HTML&aged=0&language=EN&guiLanguage=en>.

[32] Commission Press Release MEMO/05/438 of 23 November 2005, "Third Maritime Safety Package", available at: <europa.eu.int/rapid/pressReleasesAction.do?reference=MEMO/05/438&format=HTML&aged=0&language=EN&guiLanguage=en>.

[33] *Graf Vitzthum*, supra note 13, at p. 179; *R. Wolfrum*, Die EG und das Meer – Versuch einer Neubewertung, AVR 2004, Vol. 42, No. 1, pp. 67-79, at p. 71.

[34] *A. Proelß*, Meeresschutz im Völker- und Europarecht - Das Beispiel des Nordostatlantiks, Berlin 2004, p. 321; *Schult*, supra note 14, at p. 329; *K. Wolprecht*, Die Rolle der Europäischen Union als besonderer Handlungsträger, in: Tomuschat (ed.), supra note 3, pp. 31-47, at p. 37.

EC.[35] The proposals of the Commission either constitute *minimum* or *maximum requirements* depending on whether they relate to the Member States in their position as flag, coastal or port States.[36]

Within the EU, Community Law prevails with regard to the internal relationship among the European Member States as well as within each individual European Member State over the IMO-Conventions to which the European Member States are signatories, yet without superseding international law.[37] The examined proposals all fall under the *principle of subsidiarity,* as they do not concern areas of exclusive competence of the EU.[38] Under this principle, the EU may intervene in areas which do not fall within its exclusive competence only insofar as the objectives of the intended action can, by reason of the scale or effects of the proposed action, be better achieved at the EU rather than at the Member State level.[39] Also, the *principle of proportionality* must be met by the proposals, according to which the measures chosen must be both necessary and appropriate in the light of the objectives sought.[40]

2. The Role of the EU vis-à-vis the IMO

The role of the EU vis-à-vis the IMO in the maritime safety sector is a contentious issue. In this context the IMO is often referred to as the lowest and the EU as the highest "common denominator".[41] In support of a *regional* European approach, it is argued that the framework and the tools available at the Community level are better suited to obtaining short-term results. The IMO on the contrary is being criticised for its slow procedure and the lack of wide ratification of its

---

[35] *Schult*, supra note 14, p. 336; *Wolprecht*, supra note 34, in: Tomuschat (ed.), at p. 43. A direct application of Art. 307 EC fails because of the named date in the provision: 1 January 1958.

[36] *Maximum standard* means that the IMO-Member States are not allowed to establish stricter measures, see *Schult*, supra note 14, p. 337.

[37] *Lagoni*, supra note 11, at p. 398, relates to the Standards of Training, Certification and Watchkeeping for Seafarers (STCW)-Convention of 7 July 1978, as amended in 1995, Doc. Sales No. IMO-945E (1996); *W. Graf Vitzthum*, Begriff, Geschichte und Rechtsquellen des Seerechts, in: W. Graf Vitzthum (ed.), Handbuch des Seerechts, München 2006, pp. 1-61, at p. 59.

[38] Explanatory Memorandums of COM(2005) 586 final, p. 8, COM(2005) 587 final, p. 9, COM(2005) 588 final, p. 6, COM(2005), 589 final, p. 7, COM(2005) 593 final, p. 7.

[39] *R. Steinz*, Europarecht, 7th edition, Ulm 2005, p. 64; compare Art. 5 para. 2 EC.

[40] *Ibid*, p. 65; compare Art. 5 para. 3 EC.

[41] E.g., *H. Kaps*, Quality Shipping – Incentives, Disincentives,WMU Journal of Maritime Affairs 2004, Vol. 3, No. 1, pp. 85-97, at p. 90; *Koch/Ziehm*, supra note 12, at p. 19.

conventions.[42] Regulations, Directives and Decisions are binding for the Member States[43] while the main instrument used by the IMO to achieve its objectives is the non-mandatory Resolution.[44] The European Member States can neither unilaterally terminate the EC-secondary law safety standards nor enter reservations in respect of them.[45]

Furthermore, the European Commission as a supranational institution can initiate sanctions against its Member States for non-compliance - and has done so in the past - by bringing infringement procedures before the European Court of Justice (ECJ) under Article 226 EC.[46] The IMO, as such, has no power to monitor the application of its own conventions.[47] At the administrative level the EU can rely on the institutional anchoring of its maritime safety activities via the EMSA, and externally, via the coordinated action of its Member States within the framework of the IMO.[48]

On the other hand, it is argued that shipping is a *global* issue. Unified rules are preferable to a patchwork of regional and unilateral measures because policies

---

[42] The first argument weighs less since the introduction of the *tacit amendment procedure*, whereby amendments enter into force unless objected to; the ratification of the conventions is a matter within the discretion of the Member States; the important conventions such as SOLAS have been ratified by nearly all major shipping nations, see *R. R. Churchill/A. V. Lowe*, The Law of the Sea, 3rd edition, Manchester 1999, p. 272.

[43] Art. 249 para. 2-4 EC; *Graf Vitzthum*, supra note 37, in: Graf Vitzthum (ed.), at p. 56.

[44] *de Dieu*, supra note 13, in: Ringbom (ed.), at p. 144; The IMO has adopted more than 900 Codes and Resolutions on safety at sea and the marine environment, see *D. Kerr*, Post Erika Crusade - Master of Science Dissertation, World Maritime University (WMU), Malmö 2002 (reprint available from the WMU-library), p. 50.

[45] *Lagoni*, supra note 11, at p. 398.

[46] E.g., Judgement of the Court (Fifth Chamber), Commission of the European Communities versus French Republic for failure to fulfil its obligations under Directive 95/21/EC, Case C-439/02 of 22 June 2004, OJ C 201 of 07.08.2004, pp. 5-6, available at: <eur-lex.europa.eu/LexUriServ/site/en/oj/2004/c_201/c_20120040807en00050006.pdf>.

[47] *Koch/Ziehm*, supra note 12, at p. 20; *D. König*, Schiffssicherheit und Umweltschutz vor Deutschlands Küsten – Völkerrechtliche, europarechtliche und verfassungsrechtliche Grundlagen, NordÖR 2003, Vol. 6, No. 3, pp. 89-98, at p. 97; *Z. O. Özçayir*, Flags of Convenience and the Need for International Cooperation, Int.M.L. 2000, Vol. 7, No. 4, pp. 111-117, available at:
<www.turkishpilots.org.tr/ingilizcedernek/DOCUMENTS/Oya_Ozcayir_Flags_Of_Convenience.htm>;
Wolprecht, supra note 34, in: Tomuschat (ed.), at p. 44.

[48] *Wolprecht*, supra note 34, in: Tomuschat (ed.), at p. 46; see also *K. H. Holocher*, Sicherheit im Seeverkehr? - Eine nationale oder internationale Aufgabe?, in: A. Knorr/T. Schauf (ed.), See- und Luftverkehrsmärkte im Umbruch: weltwirtschaftliche Strukturveränderungen auf strategischen Märkten, Münster 2004, pp. 63-73, at p. 72.

based on multilateralism provide uniformity for international shipping.[49] The international standards address all flag States equally and therefore establish competitive neutrality. In contrast regional standards result in regionalism and fragmentation.[50] Other regions could even react with retaliatory measures.[51] Moreover, unilateral efforts of a region with regard to maritime safety are not permitted by the international rules and may lead to a "*flagging-out*"-process to open registers,[52] whereby operators register their ships under "*flags of convenience*".[53] Furthermore, the IMO cannot be accused of a lack of initiative to improve maritime safety; fundamental conventions such as MARPOL and the International Convention for the Safety of Life at Sea (SOLAS)[54] serve as convincing examples of its work.[55]

However, the quantity of rules at the international level does not remove the need for the orderly implementation and enforcement of the rules by regional bodies such as the EU. It must not be overlooked that the EU maritime safety regime acts as an important level between the generalities of global regimes and the specifics of regional implementation.[56]

---

[49] *Churchill/Lowe*, supra note 42, at p. 265; *U. Jenisch*, EU Maritime Transport – Maritime Policy, Legislation and Administration, WMU Journal of Maritime Affairs 2004, Vol. 3, No. 1, pp. 67-83, at p. 82; *ibid*, The European Union as an Actor in the Law of the Sea: The Emergence of Regionalism in Maritime Safety, Transportation and Ports, German Yearbook of International Law 2005, Vol. 48, pp. 223-264, at p. 260, cautions against a possible ´undermining` of the authority of IMO as a consequence of double standards.

[50] For the position of the German Shipowners` Association see *Die Welt*, 20 March 2001, "Schiffssicherheit: Reeder gegen EU-Alleingang", available at: <www.welt.de/data/2001/03/20/481272.html> and *Schiff & Hafen* 2001, Vol. 53, No. 6, pp. 19-20, at p. 20, "Schiffssicherheit: Reederverband warnt vor europäischen Alleingängen"; see also *Lagoni*, supra note 11, at p. 395.

[51] *Jenisch*, supra note 49, German Yearbook of International Law 2005, at p. 259; Deutsche Verkerszeitung, 1 November 2005, "EU nimmt Kurs auf das Meer".

[52] *Kerr*, supra note 44, at p. 32; *Lagoni*, supra note 11, at p. 403; *Werbke*, supra note 11, at p. 414.

[53] Supra note 3.

[54] Of 1 November 1974, 14 ILM 959 (1975), as amended.

[55] *E. Mitropoulos*, Presentation, European Parliament Temporary Committee on Improving Safety at Sea, Brussels, 22 January 2004, available at: <www.imo.org/Newsroom/mainframe.asp?topic_id=847&doc_id= 3429>.

[56] *L. Schiano di Pepe*, Port State Control as an Instrument to Ensure Compliance with International Marine Environmental Obligations, in: A. Kirchner (ed.), International Marine Environmental Law - Institutions, Implementation and Innovations, The Hague, New York, London 2003, pp. 137-156, at p. 156.

3. Compliance of the new Proposals with International Law

The new proposals in general take proper account of the need for universal maritime safety rules. Rather than setting unilateral standards, the European Commission is safeguarding the convergent enforcement of the IMO-regulations at the Community level. In the eyes of powerful States, such as the U.S.A. - which adopted the unilateral U.S. Oil Pollution Act 1990 - [57] and the supranational EU, internationally agreed safety requirements are often considered as *minimum requirements*.[58] Legally, one must differentiate between the power of the EU to set maritime safety standards in its role as supranational body in relation to its Member States as flag, coastal and port States at the European level and in relation to third countries at the international level.

3.1. *Flag Sate* Requirements

The flag State is the State in which a particular ship is registered. According to the *flag State principle* the jurisdiction of the flag State follows the ship wherever it goes and is not limited to its territory. It is the flag State that has primary responsibility for the regulation and control of pollution from its ships, i.e. the implementation and enforcement of the international legislation on ship safety and marine pollution.[59] Certificates issued by or on behalf of the flag States provide prima facie evidence of compliance with international standards.[60]

The objective of the first proposal for a "*Directive on compliance with flag State requirements*"[61] is to ensure that all European Member States verify the application of the international rules on ships sailing under their flags, provided for inter alia in the SOLAS and MARPOL Conventions.[62] They shall further apply the

---

[57] Of 18 August 1990, 33 U.S.C. 2701-2761, following the sinking of the American oil tanker "*Exxon Valdez*" in March 1989 causing an oil spill of 40.000 tonnes of crude oil off Alaska.
[58] *Minimum standard* means that the IMO-Member States are allowed to establish stricter measures at the national level, see *Schult*, supra note 14, at p. 337.
[59] *Churchill/Lowe*, supra note 42, at p. 273; *P. Ehlers*, Schiffssicherheit nach der "Prestige", ZUR 2003, Vol. 14, No. 5, pp. 342-349, at p. 343; *Z. O. Özçayir*, Port State Control, 2nd edition, London, Singapore, 2004, p. 21; compare Art. 211, para. 2, Art. 217 UNCLOS.
[60] *Schroeder*, supra note 3, in: Tomuschat (ed.), at p. 70; compare Art. 217, para. 3, UNCLOS.
[61] COM(2005) 586 final of 23 November 2005, Proposal for a Directive of the European Parliament and of the Council on compliance with flag State requirements, available at: <europa.eu.int/eur-lex/lex/LexUriServ/site/en/com/2005/com2005_0586en01.pdf>.
[62] Art. 1 para. 1 (a) and 2 para. 1 (a) of COM(2005) 586 final.

audit procedure provided for in the IMO-"Flag State Code (FSC)"[63] and have for these purposes a maritime administration operating in accordance with these high-quality criteria.[64]

The strengthening of the flag State requirements at the EU level is allowed under international law. Under Article 94 paragraph 1 UNCLOS the flag State has the duty to effectively exercise its jurisdiction and control in administrative, technical and social matters. The international standards relating to IMO-Members in their role as flag States only constitute *minimum standards* and can thus be unilaterally strengthened by the EU in relation to its Member States without conflicting duties arising.[65]

The legal basis of the proposal, in addition to Article 80 paragraph 2 EC-Treaty, is Article 3 paragraph 1 of Directive 94/57/EC,[66] which states that "in assuming their responsibilities and obligations under the international conventions, Member States shall ensure that their competent administrations can assure an appropriate enforcement of the provisions of the international conventions, in particular with regard to the inspection and survey of ships and the issue of certificates and exemption certificates".[67]

As a European flag is not yet in existence, the practice of flagging remains a sovereign right of the Member States. The proposal conforms to the *principle of subsidiarity* in that an international flag State control system does not exist, and such a control is better achieved at the Community than at the Member State level.[68] This is underlined by the numerous disparities in the Member States`

[63] Code for the implementation of mandatory IMO instruments, adopted by the IMO through Assembly Resolution A.973 (24) on 1 December 2005, see Annex 1 of COM(2005) 586 final; compare Art. 3 para. 4 of COM(2005) 586 final.
[64] Art. 14 of COM(2005) 586 final, which refers to the ISO 9001:2000 standards.
[65] *R. Lagoni*, Vorsorge gegen Schiffsunfälle: die Sicherheit an Europas Küsten, Hansa 2001, Vol. 138, No. 3, pp. 26-34, at p. 28; *ibid*, Vorsorge gegen Schiffsunfälle im Küstenvorfeld: Gemeinschaftliches Schiffsmeldesystem und Hafenzugang im Notfall, TranspR 2001, Vol. 24, No. 7-8, pp. 284-293, at p. 287; *A. Mihneva-Natova*, "The Relationship between United Nations Convention on the Law of the Sea and the IMO Conventions", available at: <www.un.org/Depts/los/nippon/unnff_programme_home/fellows_pages/fellows_papers/natova_0506_bulgaria.pdf>, pp. 15-16; *Schult*, supra note 14, at p. 337.
[66] Supra note 17.
[67] Explanatory Memorandum of COM(2005) 586 final, p. 8.
[68] *Ibid*, p. 8; *Schroeder*, supra note 3, in: Tomuschat (ed.), at p. 75; IMO`s Sub-Committee on Flag State Implementation (FSI) was set up in 1992 to improve the performance of governments.

systems relating to the control of, for example, classification societies.[69] The proposed Directive meets the *principle of proportionality* because the Member States are not required to adopt new legislation but rather to ensure the effective discharge of their existing obligations under the international conventions. Moreover, the IMO has no power to ensure that its conventions are applied by the Member States or that any shortcomings are penalised.[70]

3.2 Quality of *Classification Societies*

Closely related to the responsibility of flag States is the role of the *classification societies*, the authorised private bodies responsible for inspecting ships and for issuing ships` certificates on behalf of national administrations.[71] They fulfil public functions on behalf of the flag States when they issue certificates and inspect vessels for compliance with international conventions such as SOLAS and MARPOL, and they fulfil private functions as ship surveyors for shipowners, insurers etc.[72] At the same time, they generate their own detailed classification rules, which reflect the "state of technology".[73]

The fact that classification societies carry almost the entire world fleet underlines their importance in maritime safety matters.[74] Therefore the concept of safety is commonly associated with class.[75] Parallel to the already mentioned problem of "*flags of* convenience", safety at sea is at risk because of so-called "*class hopping*", whereby shipowners switch class in order to avoid carrying out

[69] Explanatory Memorandum of COM(2005) 586 final, pp. 1 and 8; for the detention rates of the Member States in Paris Memorandum ports see Commission Staff Working Paper, supra note 7, p. 1.
[70] *Ibid*, p. 10; compare Art. 19 of COM(2005) 586 final.
[71] Such as the "document of compliance" with the International Safety and Management Code (ISM), IMO Resolution A.741 (18) of 4 November 1993. More than 40 classification societies exist worldwide, of which the ten most important ones are members of the International Association of Classification Societies (IACS), founded in 1968, the only non-governmental organisation with observer status, which is able to develop and apply rules.
[72] *P. Ehlers*, Das neue Seeunfalluntersuchungsrecht, NordÖR 2002,Vol. 5, No. 10, pp. 391-396, at p. 393; *Schroeder*, supra note 3, in: Tomuschat (ed.), at p. 71.
[73] *G. Heinacher-Lindemann*, Presentation, International Foundation on the Law of the Sea (IFLOS), Hamburg, 4 March 2006, available at:
<www.iflos.org/uploads/Classification%20Societies%20Contribution%20to%20Maritime%20Safety.pdf>, p. 4;
König, supra note 3, in: Ehlers/Mann-Borgese/Wolfrum (ed.), at p. 47.
[74] More than 90% of the world fleet is carried by IACS-members, see *L. Stemmler*, Schiffssicherheit zwischen Freiheit der Meere, Wettbewerb und Regulierung, Oldenburg 2001, p. 114.
[75] After the sinking of the "*Erika*" the IACS-Member *Lloyds Register* excluded 40 ships due to safety deficiencies, see *Stemmler*, supra note 74, at p. 114.

requested repairs.[76] The difficulty in controlling the performance of the classification societies is also connected with the fact that a ships' condition is only checked on fixed dates, in intervals of two to five years.[77] The main advantage of class control is that it affects not only ships flying the flag of a EU Member State but also of third countries classed by the approved authorities.[78]

The second proposal, the amendment of the "*Directive on classification societies*",[79] intends to radically improve the quality of the work of these bodies by introducing stricter controls and more responsibilities. This will be achieved by instituting an independent quality control structure and strengthening the obligations for technical transparency and cooperation between the registered organisations.[80] It also introduces financial sanctions to the present sanction system.[81] In the view of the Commission it is necessary to develop a totally independent system of auditing and certification of the quality systems of the recognised organisations.[82]

The proposal to introduce common quality control structures for classification societies and harsher penalties for those societies that fail to meet European Community requirements likewise constitutes a strengthening of the EU *flag State requirements* as the classification societies act on behalf of the flag States.[83] The proposed amendments acknowledge the IMO-standards by maintaining, in Article 19 paragraph 3 of the Directive, that Member States shall cooperate with "the recognised organisations with a view to achieving consistent interpretation of international conventions".

---

[76] *Schult*, supra note 14, pp. 52 et seq.; COM(2000) 142 final, supra note 18, pp. 18 and 77.
[77] *Stemmler*, supra note 74, pp. 115-116.
[78] Legislative Financial Statement of COM(2005) 587 final, p. 55.
[79] COM(2005) 587 final of 23 November 2005, Proposal for a Directive of the European Parliament and of the Council on common rules and standards for ship inspection and survey organizations and for the relevant activities of maritime administrations, available at: <europa.eu.int/eur-lex/lex/LexUriServ/site/en/com/2005/com2005_0587en01.pdf>.
[80] Art. 21 of COM(2005) 587 final.
[81] Art. 12 para. 1 of COM(2005) 587 final.
[82] Commission Staff Working Paper, supra note 7, p. 2; compare Art. 3 para. 2 and Annex I A 1. of COM(2005) 587 final.
[83] Supra note 65; *J. Heyna*, Der Fall "Prestige" - Hat die Hafenstaatkontrolle versagt? Eine Bilanz 2002, Schiff & Hafen 2003, Vol. 55, No. 4, pp. 13-20, at p. 17.

There exists no international convention or uniform legal regime on the *liability* of classification societies.[84] As mentioned, classification societies only check the vessel at periodical intervals and it is therefore argued that they should not be exposed to liability beyond the ordinary system.[85] The proposal, however, only introduces stricter *penalties*, which can be regarded as justified with regard to the essential influence of these bodies on maritime safety. Furthermore, it is arguable that a stricter control of classification societies will weaken their ability to develop rules within a short time period.[86] On the other hand, it can again be argued that the takeover of national functions by the classification societies entails an effective control-system with regard to their performance, including the threat of financial penalties.[87]

The *subsidiarity principle* is met by the proposal because the monitoring of a uniform level of safety protection standards of the classification societies throughout the Community can only be sufficiently carried out at the Union level.[88] The Commission argues that the *proportionality principle* is met because the proposal does not represent an increase in Community intervention and involves no financial burden for the Member States or the Community budget.[89] The industry counters by saying that the introduction of a new body to oversee class is costly and counterproductive as the existing structures including EMSA could be improved.[90] Further debate on the administrative and financial issues arising out of the proposal will be necessary.

---

[84] *B. Courtois*, "Exposing class liability", in: Maritime Advocate of 22 April 2003, available at: <www.maritimeadvocate.com/i22_fran.php>.
[85] *Stemmler*, supra note 74, at p. 116.
[86] *Stemmler,* supra note 74, pp. 115-116.
[87] Ultimately, the classification societies did not prevent the "*Erika*" and "*Prestige*" accidents, see *B. D. Starer*, "Class Reform", in: Maritime Advocate of 23 August 2005, available at: <www.maritimeadvocate.com/i30_clas.php>.
[88] Explanatory Memorandum of COM(2005) 587 final, pp. 9-10.
[89] *Ibid*, p. 10.
[90] See *United Kingdom Parliament, Select Committee on European Scrutiny*, "Maritime inspection and survey organizations, Draft Directive on Common Rules and Standards for Ship Inspection and Survey Organizations and for the relevant Activities of Maritime Administrations", in: 21st Report, part 7, available at: <www.publications.parliament.uk/pa/cm200506/cmselect/cmeuleg/34-xxi/34xxi09.htm>, 7.9; the administrative structure of the new system remains unclear, see *U. Jenisch*, Bürokratismus oder ein Beitrag zur Verbesserung der Schiffssicherheit?, Teil 1, HANSA 2006, Vol. 143, No. 7, pp. 62-64, at p. 64.

3.3. Quality of *Port State Control*

Port State control is the inspection of foreign flagged vessels that are voluntarily in a port, for compliance with international maritime rules.[91] It is important to minimize safety risks that come from sub-standard ships as it provides a tool for States to enforce existing international safety standards in relation to third countries. It acts as a final defence towards inadequate and ineffective performance of a number of flag States or the negligent behaviour of shipowners.[92] With its subsidiary enforcement powers the port state takes over an important executive function for the international community of States.[93]

The aim of the proposed amendment of the "*Port State Control Directive*"[94] is to simplify and improve the quality and effectiveness of inspections carried out by the port State, and a flexible inspection rate shall lead to an increased concentration on more dubious ships and less frequent inspections of high-quality vessels.[95] While the existing Directive - parallel to the Paris Memorandum of Understanding on port State control (Paris MoU) [96] - is based on a 25 % inspection rate, a 100 % control rate is envisaged by the new system.[97] The new sanction-

[91] *König*, supra note 3, at p. 5.

[92] *B. Dormuth*, Befugnisse des Hafenstaates, in: Tomuschat (ed.), supra note 3, pp. 93-113, at p. 93; *E. Will*, Schiffssicherheit - Ein Schwerpunkt der InWaterTec: Maßnahmenpaket - Vorsorge für den Bereich der deutschen Nord- und Ostsee, Schiff & Hafen 2003, Vol. 55, No. 6, pp. 13-16, at p. 13; *M. Breuch-Moritz*, Neue internationale Schifffahrtsregelungen zum Schutz der Meere, in: P. Ehlers/W. Erbguth (ed.), Hafenrecht und Schutz der Meere: neue Entwicklungen, Dokumentation der Rostocker Gespräche zum Seerecht 2004-2005, Baden-Baden 2006, pp. 57-69, at p. 60, highlights the success of port State control in Europe.

[93] *Dormuth*, supra note 92, in: Tomuschat (ed.), at p. 102; *G. Hafner*, Meeresumweltschutz, Meeresforschung und Technologietransfer, in: Graf Vitzthum (ed.), supra note 37, pp. 347-460, at p. 407; *U. Jenisch*, 10 Jahre neues Internationales Seerecht – Eine Bilanz des UN-Seerechtsübereinkommens 1994-2004, NuR 2006, Vol. 28, No. 2, pp. 79-86, at p. 82, points out the cost burden on the port States in fulfilment of obligations originally imposed on the flag States.

[94] COM(2005) 588 final of 23 November 2005, Proposal for a Directive of the European Parliament and of the Council on port State control, available at: <europa.eu.int/eur-lex/lex/LexUriServ/site/en/com/2005/com2005_0588en01.pdf>.

[95] Article 20 of COM(2005) 588 final.

[96] Of 1 July 1982, 21 ILM 1 (1982), originally adopted by 14 European states. A MOU is not an international convention but a non-binding administrative agreement between the maritime authorities of the States concerned, see *König*, supra note 3, at p. 8.

[97] Art. 5 and Annex II of COM(2005) 588 final; *N. Woelki*, Hafenstaatkontrolle, in: Ehlers/Erbguth (ed.), supra note 92, pp. 13-23, at p. 20, points out the disadvantages of the 25% control system. A renewed Paris MoU Inspection Regime, see *J. Heyna*, Das neue Kontrollregime des Paris MoU, HANSA 2005, Vol. 142, No. 6, pp. 43-48, available at: <www.hansa-online.de/artikel.asp?ArtikelID=550>,

system includes an outright ban and the names of operators of sub-standard ships will be published on a third black list.[98] The amendment also tightens up the control of the qualifications of seamen, having regard to the significant *human factor* in maritime safety.[99] Finally, the adoption of a common text shall bring more clarity and consistency into the legislation.[100]

The amended "*Port State Control Directive*" must be judged in light of Articles 211 paragraph 3, 218 and 219 UNCLOS. According to these provisions the port States have the right to lay down their own national rules and standards for the entry of foreign vessels into their ports, internal waters and offshore terminals. With its proposal the Commission aims to apply the same safety rules to *all* vessels calling at European ports. The *right of innocent passage* is not applicable in a ports State's territory.[101] The membership of the EU Member States in the IMO and their signature to the MARPOL-Convention does not hinder the EU in prescribing stricter port State controls. These provisions constitute *minimum* requirements relating to flag States, but generally not *maximum* requirements relating to port States.[102]

The Commission argues that the proposal conforms to the *subsidiarity principle* because of the nature of port State control, which seeks to ensure harmonised ship inspections.[103] This is comprehensible because different control levels at the Member State level may lead to "*ports of convenience*" and create distortion of competition within the Community.[104] The proposal complies with the *proportionality principle* as the measures combine the need for the establishment of uniform inspection rules in the EU with the effectiveness of removing sub-

---

makes the necessity of a parallel directive by the EU questionable, see *Jenisch*, supra note 90, at p. 64.

98 The first two lists contain information on banned ships and flags whose ships are most frequently detained, published on: <www.emsa.eu.int/> and <www.parismou.org/>.

99 In accordance to IMO-sources about 80 % of accidents at sea are due to human error.

100 Commission Staff Working Paper, supra note 7, at p. 3.

101 *König*, supra note 3, at p. 5; *Özçayir*, supra note 59, pp. 77 et seq.

102 This is controversial regarding port States` Construction Design, Equipment & Manning (CDEM)-standards, which are stricter than the respective IMO-standards, see *Schult*, supra note 14, pp. 239-240 and 338-345; *W. Heintschel von Heinegg* questioned in his presentation at the "14. Rostocker Gespräch zum Seerecht" on 23 November 2006, titled "Verkehrssicherheit zur See im Spannungsfeld zwischen Völker- und Europarecht", the compatibility of parts of the proposed directive with international law.

103 Explanatory Memorandum of COM (2005)588 final, p. 6.

104 *Dormuth*, supra note 92, in: Tomuschat (ed.), at p. 103; *Kerr*, supra note 44, at p. 30, uses the term "*port shopping*".

standard ships by better use of the existing resources.[105] The percentage of European Member State ships detained under the Paris MoU supports this argument.[106] The remaining practical problem is, that many ships pass the European coasts without calling at any of its ports and are therefore under no obligation to comply with Community rules.[107]

3.4 Exposure of *Coastal States* concerning Places of Refuge

Places of Refuge are ports or protected coastal areas that can accommodate ships in distress and help prevent or mitigate the impact of spills.[108] The discussion of places of refuge relates to the extent of the jurisdiction of *coastal States* over vessel-source-pollution in the aftermath of an incident. The acceptance of a ship in distress exposes the port authorities of the respective coastal State to financial risks, which need to be covered.[109]

The fourth and the seventh proposal of the Commission, the amendment of the "*Directive on Vessel Traffic Monitoring*"[110] and the new "*Directive on the extra-contractual liability of shipowners*",[111] both relate to the legal framework concerning places of refuge.[112] The aim of the fourth proposal is to establish a clear

---

[105] Explanatory Memorandum of COM(2005) 588 final, p. 6.

[106] For the period 2002-2004, the 15 Member States at that time had an average rate of detention of vessels in memorandum ports of 2.9 %. With 25 Member States the rate rises to 4.6 %, see Commission Staff Working Paper, supra note 7, p. 1.

[107] In accordance to EMSA-sources about one third of global shipping has a EU port as origin or destination.

[108] *Lagoni*, supra note 65, at p. 289; *Schult*, supra note 14, at p. 220.

[109] E.g., the "*Prestige*" was denied entry into a place of refuge, the Spanish authorities instead gave the order to tow the vessel away from the coast, see *R. Shaw*, "Places of Refuge – International Law in the Making?", available at: <www.comitemaritime.org/future/pdf/int_lawmaking.pdf>, p. 4; *G.-J. Scholz*, Notliegeplatzkonzept des Bundes und der Länder, in: Ehlers/Erbguth (ed.), supra note 92, pp. 25-32, at p. 32.

[110] COM(2005) 589 final of 23 November 2005, Proposal for a Directive of the European Parliament and of the Council amending Directive 2002/59/EC establishing a community vessel traffic monitoring and information system, available at: <europa.eu.int/eur-lex/lex/LexUriServ/site/en/com/2005/com2005_0589en01.pdf>.

[111] COM(2005) 593 final of 23 November 2005, Proposal for a regulation of the European Parliament and of the Council on the civil liability and financial securities of shipowners, available at: <europa.eu.int/eur-lex/lex/LexUriServ/site/en/com/2005/com2005_0593en01.pdf>.

[112] For an overview of the proposals see *European Sea Ports Organisation (ESPO)*, "Active Policy Issues, Maritime Safety", last update 18 January 2007, available at: <www.espo.be/Active_Policy_Issues/Maritime_ Safety_.aspx>.

legal framework on refuge zones in order to guarantee the identification of the authority responsible for their designation and to provide these authorities with the information needed for decision-making.[113] It also provides for the uniform use of the EU`s maritime data exchange network *SafeSeaNet* operated by EMSA.[114]

The seventh proposal contains new provisions regarding compensation and liability schemes for places of refuge. The proposed Directive introduces a Community-wide civil liability regime, which governs liability and compulsory third party insurance. The proposal is primarily aimed at shipowners operating ships in and out of Member States ports.[115] Initially, it requires the Member States to ratify the International Convention on Limitations of Liability for Maritime Claims (LLMC),[116] which sets liability limits for claims for loss of life, personal injury and property claims.[117] The Directive also incorporates this Convention into Community Law.[118]

Furthermore, it removes in certain cases, including those of gross negligence, the limitation of liability by shipowners of third States that are not party to the LLMC.[119] It requires financial guarantees for both Member State ships and for third country ships entering Community waters and introduces a system of mandatory state certification for *all* ships over 300 gross tonnage (GT), including foreign flagged vessels. It therefore places an obligation on the Member States to validate the insurance of every ship on its register and to issue a certificate attesting that insurance is in place.[120] The Commission views the proposal as a first step. As a second step, it will seek a mandate to negotiate with the IMO for a revision of the LLMC regarding the level at which shipowners lose their right to limit their liability.[121]

---

[113] Compare the new Art. 20 and the inserted Art. 20a of COM(2005) 589 final.
[114] Art. 22a and 23e of COM(2005) 589 final.
[115] For an overview of the proposal see *United Kingdom Parliament, Select Committee on European Scrutiny*, "Maritime civil liability, Draft Directive on the Civil Liability and Financial Guarantees of Shipowners" , in: 21st Report, part 6, available at: <www.publications.parliament.uk/pa/cm200506/cmselect/cmeuleg/34-xxi/34xxi08.htm>, 6.4.
[116] Of 2 May 1996, 35 ILM 1433 (1996) to amend the 1976 Convention; at present only nine EU Member States have ratified the Convention.
[117] Art. 4 para. 1 of COM(2005) 593 final.
[118] Preamble, para. 5 of COM(2005) 593 final.
[119] Art. 4 para. 3 of COM(2005) 593 final.
[120] Art. 3 para. 2, 5 para. 1 and 2 of COM(2005) 593 final.
[121] Explanatory Memorandum of COM(2005) 593 final, p. 4.

The controversial legal background for these two Commission proposals arises out of the extent under public international law to which ships in distress have a right to enter the ports or internal waters of another State.[122] The actual acceptance of a ship into a place of refuge has to be decided on a case-by-case basis in light of the particular circumstances at hand.[123] UNCLOS does not directly address the issue of ports of refuge. According to Article 98 paragraph 2 UNCLOS the coastal State is under a general duty to promote the establishment of an adequate search and rescue service regarding safety on and over the sea.[124] At the same time the right of a coastal State to take action to protect its coastline from marine pollution is well established in UNCLOS.[125]

The powers of a coastal State to *prevent* oil tanker disasters off its coasts are very limited. It can exercise jurisdiction in its internal waters, territorial seas or Exclusive Economic Zones (EEZ) in respect to marine safety and pollution, providing it does so without prejudice to the *freedom of navigation*.[126] Article 221 UNCLOS allows the coastal State to take measures even beyond the territorial sea proportionate to protecting its coastline from pollution following a *maritime casualty*.[127] The right of a coastal State to deny a ship refuge in its own ports is restricted by Articles 195, 225 and 227 UNCLOS.[128] International conventions

---

[122] *H. Ringbom*, "You are welcome, but…- Places of refuge and environmental liability and compensation, with particular reference to the EU", available at: <www.jus.uio.no/nifs/nifs/forskning/Simply-9Ringbom.pdf>, p. 2, refers to the traditional right under customary law.

[123] *Ibid*, p. 3; compare para 1.7 of the IMO-Guidelines on places of refuge for ships in need of assistance, whereby the right of a ship in distress to seek refuge has to be balanced with the right of self-protection of the coastal State.

[124] The terms of Art. 98 UNCLOS, which is included in Part VII dealing with the High Seas, do not restrict its obligations to vessels in distress on the High Sees, see *Shaw*, supra note 109, at p. 1.

[125] *I. Niemann*, Die Befugnisse des Küstenstaates zur Verhinderung von Öltankerunfällen, in: Tomuschat (ed.), supra note 3, pp. 79-92, at p. 92.

[126] *C. Stenman*, "The Development of the MARPOL and EU Regulations to Phase out Single Hulled Oil Tankers" - Master of Law Thesis, School of Economics and Commercial Law, Göteborg University 2005, available at: <www.handels.gu.se/epc/archive/00004447/01/200556.pdf>, at p. 10; compare Art. 211 para. 3 (internal waters), para. 4 (territorial sea), para. 5 (EEZ), Art. 220 UNCLOS.

[127] Art. 221 para. 2 UNCLOS defines this term as "a collision of vessels, stranding or other incident of navigation, or other occurrence on board a vessel or external to it resulting in material damage or imminent threat of material damage to a vessel or cargo".

[128] *Schult*, supra note 14, at p. 222.

do not provide a specific regime for places of refuge.[129] They only cover liability and compensation for damage, in case of pollution at sea, which can also be applicable to port authorities accommodating ships in distress.[130] The IMO-Guidelines on places of refuge for ships in need of assistance[131] only deal with the operational safety aspects of the accommodation of ships in distress. They explicitly exclude liability and compensation for damage from their scope.[132]

Parts of the proposals on places of refuge illustrate a unilateral regional approach of the EU to strengthen maritime safety at the European coasts with effect on its Member States as well as on third countries.[133] As mentioned, Article 3 paragraph 2 of the Directive on civil liability and financial guarantees of shipowners,[134] which determines the scope of the Directive, addresses *all* ships with a tonnage of 300 GT or more. Furthermore, the liability regime laid down in Article 4 of the Directive is applied to *all* ships without exception. According to Article 4 paragraph 3 of the Directive, Member States shall ensure that Article 4 LLMC concerning the "conduct barring limitation"[135] does not apply to ships flying the flag of a State, which is not party to the LLMC. It further states that "in such cases, the civil liability regime established by the Member States in accordance with this Directive shall provide that the ship owner loses the right to limit his liability if it is proved that the damage resulted from his personal act or omission, committed with the intent to cause damage, or through gross negligence".

---

[129] E.g., the International Convention on Liability and Compensation for Damage in Connection with the carriage of Hazardous and Noxious Substances (HNS) of 3 May 1996, 35 ILM 1406, and the International Convention on Civil Liability for Bunker Oil Pollution Damage (Bunkers) of 23 March 2001, not yet in force, Sales No. IMO-I490M (2003); *S. Rathmanner*, Nothafenrecht, in: Ehlers/Erbguth (ed.), supra note 92, pp. 33-41, at p. 34.

[130] *ESPO*, supra note 112.

[131] IMO-Resolution A.949 (23), Annex, adopted on 5 December 2003 (hereinafter "the IMO-Guidelines").

[132] *Ringbom*, supra note 122, p. 3; compare paragraph 1.17 of the IMO-Guidelines.

[133] For this view see *European Community Shipowner`s Association (ECSA)*, "Maritime Safety Package 2004: Consultation Paper for Industry, An ECSA Commentary", available at: <www.ecsa.be/publications/041.asp>;
International Chamber of Shipping (ICS), "Maritime Safety Package 2004", Comments by ICS, available at:
<www.marisec.org/news/Industry%20Submissions/ICS%20Comments%20on%20Maritime%20Safety%20Package%2004.pdf>, p. 5.

[134] COM(2005) 593 final.

[135] The article reads as follows: "A person liable shall not be entitled to limit his liability if it is proved that the loss resulted from his personal act or omission, committed with the intent to cause such loss, or recklessly and with knowledge that such loss would probably result".

The introduction of the concept of *gross negligence* into the limitation of liability for ships flying the flags of *third party* States may be initially regarded as a unilateral measure. The European Commission has been criticised that the apparent intention with this proposal is to press flag States, which are not party to the LLMC, and that such efforts should be directed towards the States themselves and not towards the merchant fleet.[136] This provision with considerable effect on the international maritime safety framework is, nevertheless, compatible with Article 15 paragraph 1 in connection with Article 1 paragraph 1 LLMC,[137] according to which each State Party may exclude shipowners, who have registered their ship under a flag, which is not a State Party, from the provisions of the Convention.

The objection that the proposal constitutes a regional measure contrary to the international law is justified, however, concerning Article 5 paragraph 2 in connection with Article 3 paragraph 2 of the Directive. Article 5 paragraph 1 of the Directive obliges the Member States to ensure that every owner of a ship flying their flag has a financial security "not less than double the ceiling" laid down in the LLMC. This provision only codifies a strengthening of the Convention in relation to the EU Member States in their position as flag States in accordance with the flag State principle, thus constituting a *minimum requirement*.[138] Article 5 paragraph 2 of the Directive, on the contrary, obliges the EU Member States to ensure that *every* owner of a ship - of 300 GT or more according to Article 3 paragraph 2 - flying the flag of a third country has a financial security for civil liability in accordance with the provisions of Article 5 paragraph 1 as soon as that ship enters their EEZ.[139]

First, according to international law, the mandatory State certification for *all* ships cannot apply to ships that merely transit through EU waters without entering a Community port.[140] The undifferentiating applicability of the Directive to

---

[136] *Baltic and International Maritime Council (BIMCO)*, "European Commission seeks increased civil liability for shipowners", available at: <www.bimco.org/Members%20Area/News/General%20News/2005/12/1221-European%20Commission.aspx>.

[137] Wording of Art. 3 paragraph 3 and Explanatory Memorandum of COM(2005) 593 final, at p. 6.

[138] Supra note 65.

[139] The EEZ extends up to 200 nautical miles from the coastline, compare Art. 57 UNCLOS.

[140] For a similar unilateral approach of the EU with Directive 2002/59/EC, supra note 24, see *Lagoni*, supra note 65, at p. 286; *Schult*, supra note 14, at p. 338.

every third country ship entering the EEZ of the Member States constitutes a conflict with the *freedom of navigation* according to Article 58 paragraph 1 UNCLOS, which refers to Article 87 paragraph 1 (a) UNCLOS.[141] Further, in relation to the EU Member States, which are present or future signatories of the LLMC and other signatories of the Convention the provisions of the Convention constitute a *maximum level* for regulation by coastal States. These requirements cannot unilaterally be strengthened by the European Commission in relation to third country signatories of the Convention.[142]

At the Community law level, the proposal for a scheme on places of refuge conforms to the *subsidiarity principle* because this requires close cooperation, and this is best achieved by Community action.[143] The Commission regards the adaptation of the internationally recognised principles, such as removing ceilings on civil liability and making insurance obligatory as necessary to "follow the trends of modern law".[144] As outlined in the previous paragraph, this reasoning can be challenged from an international viewpoint. With regard to the *proportionality principle*, the Commission argues that the proposals comply with it as Member States have for the most part already committed the resources and expenditure necessary for implementing the measures under Directive 2002/59/EC[145] or the ratified IMO-instruments.[146] At the same time the Commission admits that the issuing and verifying of the required insurance certificates will result in additional administrative expenses.[147]

A number of concerns have been raised by the shipping industry regarding the Commission`s proposals on places of refuge aside from these legal objections.

141 For the general coastal State powers in the EEZ see *Niemann*, supra note 125, in: Tomuschat (ed.), at p. 88.
142 *U. Jenisch*, Bürokratismus oder ein Beitrag zur Verbesserung der Schiffssicherheit?, Teil 2, HANSA 2006, Vol. 143, No. 8, pp. 64-66, at p. 66; *Mihneva-Natova*, supra note 65, pp. 15-16; *Schult*, supra note 14, at p. 337; see also *ESCA/ICS*, "Proposal for a Directive on civil liability and financial securities of shipowners, ESCA/ICS Comments", available at: <www.marisec.org/news/Industry%20Submissions/ICS&ECSA-%20CIVIL%20 LIABILITY%20AND%20FINANCIAL%20SECURITIES%202006_.pdf>, p. 2.
143 Explanatory Memorandum of COM(2005) 589 final, pp. 7-8.
144 Explanatory Memordandum of COM(2005) 593 final, p. 7; for the problem of diverging versions of the LLMC in EU Member States see *E. Røsæg/H. Ringbom*, "Liability and Compensation with Regard to Places of Refuge", Final Report, October 2004, Scandinavian Institute of Maritime Law, University of Oslo, available at: <www.emsa.eu.int/Docs/other/places%20of%20refuge%20study%20def.pdf>, p. 31.
145 Supra note 24.
146 Explanatory Memorandum of COM(2005) 589 final, p. 8.
147 Explanatory Memorandum of COM(2005) 593 final, p. 8.

Firstly, it is argued that mandatory state certification for all ships would entail a significant administrative effort and contribute little to the overall safety of ships calling at Member State ports and terminals.[148] Secondly, concern has been expressed about the possible implications for negotiating future amendments to the LLMC, if its provisions become part of internal Community law and therefore a matter of exclusive Community external competence.[149] Lastly, the proposal is criticised for failing to acknowledge the way in which most shipowners insure their ships through the mutuality of "Protection and Indemnity Clubs" (P & I Clubs), which allows shipowners to share individual losses among the membership of a P & I Club, therefore minimising the financial impact on individual ship owning entities.[150] It is argued that the proposal may have negative effects on the marine insurance market, leading to a reduction in the available compensation on the grounds that shipowners and insurers are currently able to apply relatively high limits of liability because the level of liability is known.[151]

The seventh of the seven proposals of the Commission is the most controversial one. Collectively, the published opinions of the maritime community are mostly favourable towards the outlined and the remaining three proposals of the new safety package.[152]

---

[148] *Oil Companies International Marine Forum (OCIMF)*, "OCIMF welcomes 3rd Maritime Safety Package Focus on Enforcement and Pollution Prevention", available at: <www.ocimf.com/view_document.cfm?id=765>, p. 2.

[149] *UK Parliament*, supra note 115, 6.7.

[150] *UK Parliament*, supra note 115, 6.7; for an overview of the insurance system of oil tankers see *K. Traisbach*, Haftung und Entschädigung bei Öltankerunfällen, in: Tomuschat (ed.), supra note 3, pp. 169-214, at pp. 178-181.

[151] *UK Parliament*, supra note 115, 6.7.

[152] The fifth proposal, COM (2005)590 final of 23 November 2005, Proposal for a Directive of the European Parliament and of the Council establishing the fundamental principles governing the investigation of accidents in the maritime transport sector and amending Directives 1999/35/EC and 2002/59 EC, available at: <europa.eu.int/eur-lex/lex/LexUriServ/site/en/com/2005/com2005_0590en01.pdf>, corresponds with the recommendations of the IMO; the sixth proposal, COM(2005) 592 final of 23 November 2005, Proposal for a Regulation on the liability of carriers of passengers by sea and inland waterways in the event of accidents, available at: <europa.eu.int/eur-lex/lex/LexUriServ/site/en/com/2005/com2005_0592en01.pdf>, gives effect to the Athens Convention, 14 ILM 945 (1975); for a welcoming opinion of the industry see, e.g., *ESPO*, "Third Maritime Safety Package, ESPO Proposal for amendments regarding Places of Refuge", 8 March 2006, available at: <www.espo.be/downloads/archive/b1cd5cfc-d1eb-49b9-a004-2d27b438d41b.doc>; for a critical opinion see, e.g., *International Association of Independent Tanker Owners (INTERTANKO)* "Demands now being made for a Fourth European Maritime Safety Package", published: 05 May 2006, updated: 08 July 2006, available at:

4. The Economic Impact of Strengthened Maritime Safety Standards

Ocean traffic is a worldwide business with highly significant economic implications. Enormous technical progress has led to a rapid increase of the use of the oceans by sea traffic. Approximately 95 % of world trade is carried out at sea.[153] Shipping is a capital-intensive and very competitive international industry. The "europeanisation" of the international maritime safety sector[154] as an effect of the extensive maritime safety related EU secondary law must therefore be approached not only in the *legal* but also in the *economic* context.

The strengthening of maritime safety standards by a powerful player such as the EU with its economical and political weight remains not without consequences for international shipping markets.[155] Maritime Europe has an economic interest in a safe and efficient ocean traffic network and the application of the international conventions by all irrespective of the flag.[156] It is obvious that maritime safety comes at a price; the restrictions involve extra costs for shipowners and port administrations, even though the primary responsibility for applying the safety rules rests with the shipowners and flag States. Ideally, a strict European maritime policy influences the market in such a way that those who want to benefit from European trading get pressured to upgrade their shipping policies to EU standards thus reaping the benefits of trading with the European countries.[157] Legally, the international safety regime can be strengthened by the flag State in relation to the ships on its registers, however, the economical reality is that ships

---

<www.intertanko.com/templates/Page.aspx?id=29550>;
for detailed recommendations on amendments of the safety package see, e.g., *European Union Committee of the Regions*, "Draft Opinion of the Committee of the Regions on the 3rd Maritime Safety Package", COTER-IV-002, Brussels, 28 April 2006, available at: <www.cor.europa.eu/cms/pages/documents/coter/cdr43-2006_rev2_PAC-SPJune06.doc>.

153 Traffic in European seaports is growing on average 4 % per year and for container traffic between 7 and 15 % per year, see *ESPO*, "Mid-term-review of the White Paper on European transport policy", Brussels, 1 December 2005, available at: <europa.eu.int/comm/transport/white_paper/mid_term_revision/doc/2005_12_01_conference/espo.pdf>, p. 2.

154 For this expression see *F. Nelissen*, The Europeanisation of the International Maritime Safety Agenda, in: A. E. Kellermann, (ed.), The European Union: an ongoing process of integration: liber amicorum, The Hague 2004, pp. 223-235.

155 *Schult*, supra note 14, at p. 31.

156 *G. Mendola*, Presentation, "Overview of the EU Maritime Policy", Szczecin, 7 April 2003, available at: <taiex.be/Seminar%20Organisation/Tools/Presentations/6811/EU%20Maritime%20Policy%20-%20Giovanni%20Mendola.pdf>, p. 4.

157 *Kerr*, supra note 44, at p. 41. In this context, the EU is often accused of *economical protectionism* via the strengthening of maritime safety standards.

can change their flags.[158] In the past the strengthening of the European maritime safety standards led to a process of re-flagging of vessels from EU to non-EU registers, thus reducing the Community shipping fleet.[159] In fact, the *flag State competition* results in an asymmetry between the flag State as place of registry and the port State as a place of competition. The bigger the share of the world tonnage, the smaller is the share of the external trade.[160] The competition between the flag States goes hand in hand with the competition between the classification societies. The reduction of costs in favour of the shipowner has a direct effect on the quality of the inspections.[161]

In practice, improved compliance with international safety standards is being accomplished primarily as a result of the pressure applied on the shipping industry.[162] It is therefore crucial to reach the level of the private shipowners, shipping companies and classification societies.[163] The new *port State control* mechanism of the new "*Erika III-package*" seems to be especially promising in this regard. With its proposals the Commission applies an effective economic lever to influence the different maritime players to observe the strengthened safety measures, for example via the threat of financial sanctions directed towards the classification societies.[164]

IV. Conclusion

In conclusion, the EU plays an important role in the global maritime safety sector, which is reflected in its increased legal activities in this field. The new "*Third Maritime Safety Package*" will - once implemented - further strengthen the safety of ocean traffic and contribute to a comprehensive European maritime policy. The new measures can in their entirety be regarded as a coherent and

---

[158] Supra note 52.

[159] *Kerr*, supra note 44, at p. 32.

[160] *Stemmler*, supra note 74, pp. 108-112, includes two figures.

[161] *Ibid*, at p. 113; for the opposite point of view see discussion in: *S. D. Durr*, "An Analysis of the Potential Liability of Classification Societies: Developments, Current Disorder & Future Prospects", 13 December 1999, available at: <www.uctshiplaw.com/theses/durr.htm>, p. 31.

[162] For the role of non-flag State actors in pursuit of maritime safety see *J. E. Vorbach*, The vital role of Non-Flag State Actors in the Pursuit of Safer Shipping, Ocean Dev. & Int'l L. 2001, Vol. 32, No. 1, pp. 27-42.

[163] *Graf Vitzthum*, supra note 13, at p. 181: "The effectiveness of a maritime safety system, however, depends on its ability to control and sanction the activities of its actors".

[164] Art. 12 para. 1 of COM(2005) 587 final.

comprehensive set of rules covering the entire range from ship accident prevention up to its aftermath. The safety-package contains not only preventive as well as reactive elements but all the decisive factors in the maritime safety sector including inter alia *flag State* control, control of *classification societies*, *port State control* and a concept on *places of refuge* and thereby creates a logical and consistent framework. At the same time the competitiveness of the EU flag States among one another is safeguarded by the harmonisation of safety standards in world trade via the stricter control of third country ships via port state control.[165] The Commission acknowledges that there are major disadvantages in having many different forms of national legislation for a global maritime industry.[166] Referring to the competences of the Community in international maritime safety matters, the Commission states in its new Communication that it regards international action as generally preferable but that it also sees the need for regional action at the Community level.[167]

The European Community is to a large extent a homogenous economic and legal territory, where cooperation is easier than at the global level.[168] The coordinated action of 27 European Member States in the IMO will continue to have an important international impact in strengthening existing legislation at the international level. However, as there is already a significant quantity of international, regional and national rules in force, the Commission should concentrate on its role as an *enforcement organ.*[169] It is predestined to take over this role at the European level.[170]

With regard to the new maritime safety proposals the Commission cannot generally be accused of walking on a unilateral path; it is rather helping to enforce the IMO-Standards at the European Member State level. The previous "*Erika-packages*" and the "*Prestige-Communication*" included clearly unilateral measures beyond the scope of international maritime law such as the accelerated ban

---

[165] *Stemmler*, supra note 74, pp. 117-120, contains an analysis of *port State control* in relation to *port competition.*

[166] Explanatory Memorandum of COM (2005) 593 final, p. 7.

[167] *Ibid*, p. 7.

[168] *R. Kassmann*, Die Bekämpfung der Meeresverschmutzung nach Tankerunglücken – Intervention und Kooperation, in: Tomuschat (ed.), supra note 3, pp. 129-167, at p. 167.

[169] For the use of this expression see *W. Graf Vitzthum*, Sicherheit im Seeverkehr – völker- und europarechtliche Entwicklungslinien -, in: P. Ehlers/W. Erbguth (ed.), Aktuelle Entwicklungen im Seerecht II, Dokumentation der Rostocker Gespräche zum Seerecht 2000-2002, Baden-Baden 2003, pp. 61-82, at p. 73; *ibid*, supra note 13, at p. 180.

[170] *Graf Vitzthum*, supra note 169, in: Ehlers/Erbguth (ed.), at p. 79; *Özçayir*, supra note 47.

of all single-hull tankers - including those of *third countries* - before action was taken at the IMO level.[171] A similar approach can be seen with the proposal on the extra-contractual liability of shipowners. Taken as a whole, however, the "*Third Maritime Safety Package*" focuses mainly on the implementation of the regulations of the IMO and other international conventions into European Community Law.[172]

As explained, the Commission is proceeding in an area of tension. It thereby demonstrates strong leadership fulfilling its role as an instigator of the IMO and it does not just act in a defensive manner.[173] It is to be hoped that the consultations on the points of conflict proceed and that the European Parliament and the Council of Transport Ministers will then accept the Package in order to introduce the proposals into the legislative process of the Member States.[174]

Three factors will play an important role in this process: the conformity of the proposals with international law, the concern of the Member States of further loss of their maritime competences, and administrative and financial capacities.[175] In practice, the "key to success" will then be that the Member States actually fulfil their new obligations within the complex international maritime safety regime.

---

[171] *R. Lagoni*, Transcript of Presentation, Public Hearing on ´Preventing and Combating Marine Accidents, Improving Ship Safety, Safety on Sea Lanes, Improving International Cooperation`, Verbatim Report of the 45th Session of the Environmental Committee of Land Parliament of Mecklenburg-Western Pomerania, 3rd Electoral Period, Report No. 45, Schwerin, 25 April 2001, in: Land Mecklenburg-Vorpommern (ed.), Maritime Safety in the Baltic Sea Area - Documentation of the work of the Land Parliament of Mecklenburg-Vorpommern on the topic of "maritime safety" within the framework of the Baltic Sea Parliamentary Conference, Schwerin 2001, pp. 311-315, at p. 312; *H.-H. Nöll*, Ahndung von Meeresverschmutzungen, in: Ehlers/Erbguth (ed.), supra note 92, pp. 71-75, at p. 75; for another example see *W. Erbguth*, Schiffsabfallbeseitigung – europarechtliches Sekundärrecht, völkerrechtlicher Hintergrund, nationale Umsetzung –, in: Ehlers/Erbguth (ed.), supra note 92, pp. 43-56, at p. 47, who argues that Council Directive 2000/59/EC of 27 November 2000 on port reception facilities for ship-generated waste and cargo residues, OJ L 332 of 28.12.2000, pp. 81-89, stands in partial contradiction to MARPOL.

[172] COM(2005) 585 final, supra note 7, p. 4.

[173] *Jenisch*, supra note 49, WMU Journal of Maritime Affairs 2004, p. 83.

[174] Compare Art. 252 EC for the usually applied ´co-decision-procedure`, a process, which usually takes about two years; *Jenisch*, supra note 49, German Yearbook of International Law 2005, p. 237; *INTERTANKO*, "European Parliament Transport Committee starts debate on Third Maritime Safety Package", published: 15 September 2006, updated: 15 September 2006, available at: <www.intertanko.com/templates/Page.aspx?id=18571>.

[175] *Jenisch*, supra note 90, at p. 63; *Schult*, supra note 14, at p. 304.

Even if some proposals give rise to further debate in the maritime industry, the Commission has already ensured that the aim of strengthening the *maritime safety net* will continue to be high on the political agenda and that the dialogue on this important matter will be maintained, at not only the European, but also the international level.[176]

In the end, success in the maritime safety sector can be reduced to the simple theoretical formula of globalized rule-setting and regional enforcement in order to reach those involved in the sector from the sub-governmental up to the global level.

---

[176] E.g., newspaper coverage in *Sueddeutsche Zeitung*, 24 November 2005, "EU will Meere besser schützen", available at:
<www.pds-europa.de/dokumente/artikel/view_dok_html?zid=1858>;
for a short summary of all seven proposals see *Infrasite News*, 24 November 2005, "Third Maritime Safety Package", available at:
<www.infrasite.nl/news/news_article.php?ID_nieuwsberichten=3182&language=en>.
The *Green Paper "Towards a Future Maritime Policy for the Union: A European Vision for the oceans and seas*" of the European Commission, COM(2006) 275 final of 7 June 2006, available at: <ec.europa.eu/maritimeaffairs/pdf/com_2006_0275_en_part2.pdf>,
includes several references to the topic ´maritime safety`, for details see Annex, Background Paper No. 6 on ´Maritime Safety and Security`, available at:
<ec.europa.eu/maritimeaffairs/pdf/SEC(2006)_689%20_6.pdf>.
In closing, I wish to express my sincerest thanks to Karen Dansky, Tom Leyland and Jon Stanbridge for proofreading my English, all remaining mistakes are my sole responsibility.

The European Maritime Safety Agency "EMSA"

Meltem Deniz Güner-Özbek

1. Introduction

Considering its geography, its history and its global economic role, the European Union (EU) is very dependent on maritime transport. Nearly 90% of its external trade and more than 40% of its internal trade is seaborne; nearly 2 billion tons of freight are loaded and unloaded in EU ports each year; maritime companies owned by European Union nationals control nearly 40% of the world fleet; the majority of EU trade is transported by vessels controlled by EU interests; and finally, the maritime transport sector, including shipbuilding, ports, fishing and related industries and services, employs about 3 million people in the European Union.[1] This means that shipping is the most important mode of transport in terms of volume and will continue to be the most important transport mode in developing EU trade for the foreseeable future.

In this context, European citizens have the right to expect their maritime passenger and goods transport to be safe and secure and to rely on an effective protection of the marine environment. In order to support these goals, and particularly in the wake of the recent Erika and Prestige oil tanker accidents, the European Maritime Safety Agency (EMSA) has been established as one of the key EU level initiatives aimed at improving the situation.

[1] Maritime Transport, http://europa.eu.int/comm/transport/maritime/index_en.htm (accessed 9.2.2007).

The Agency's main objective is to provide technical and scientific assistance to the European Commission and Member States in the proper development and implementation of EU legislation on maritime safety, pollution by ships and security on board ships. To achieve this, one of EMSA's most important supporting tasks will be to improve cooperation with, and between, Member States in all key areas. This paper examines the legal basis of EMSA's foundation and its tasks.

2. Development of maritime safety in the European Union

While many flag States and owners are meeting their international obligations, their efforts are constantly undermined by those who do not play the game according to the rules. When operators break the rules on safety and environmental protection, they put the crews and the environment at risk and in addition they benefit from unfair competition. This is sad reality, despite the existence of a well developed framework of international rules for safety at sea and for the protection of the marine environment, most of them laid down in international conventions. Considering the existing loopholes in conventions, the important degree of discretion left to flag States and the existing possibilities to derogate from safety rules for ships on international voyages, it is no wonder that the European Community addressed the issue "maritime safety".

With the strategic importance of shipping to the EU economy and the increase of the maritime traffic passing through EU waters, the EU is constantly developing and intensifying its maritime safety policy with the aim to eradicate substandard shipping essentially through a convergent application of internationally agreed rules.

Although at community level a few legislative decisions were taken in the period of 1978 to 1992, maritime safety policy started actually in 1993 with the adoption of the Commission's first communication on maritime safety.[2] Additional actions focusing on specific shortcomings had to be initiated as new disas-

[2] „A Common Policy on Safe Seas"COM(1993) 66 final. This breakthrough was a reaction to accidents at sea which occurred in 1992 and 1993 with the oil tankers "Aegean Sea" which ran aground outside La Coruna harbour, Spain, on 3 December 1992, and "Brear" which grounded off the Shetland Island on 5 January 1993. In addition, the change from the unanimity to the qualified majority rule for maritime decision making on 1 November 1993 also provided an appropriate incentive to develop a comprehensive action on maritime safety.

ter occurred in European waters.[3] The "Erika"[4] and the "Prestige"[5] accidents encouraged the EU to drastically reform its existing regime and to adopt new rules and standards for the prevention of accidents at sea, in particular involving oil tankers.[6]

Following the "Erika" accident which caused exceptional costly damages to the environment, fisheries, and tourism, the EU Commission prepared measures in record time designated to increase maritime safety. On 21 March 2000, the Commission adopted a first set of proposals (the Erika I package) which was followed by a second set of measures in December 2000 (the Erika II package).

The Erika I package provides an immediate response to shortcomings highlighted by the Erika accident. Firstly, it strengthened the existing Directive[7] on port state control.[8] Secondly, with the adoption of Directive 2001/105/EC, it strengthened the existing Directive[9] on classification societies which conduct structural safety checks on ships on behalf of flag States. Thirdly, with the adoption of Regulation (EC) 417/2002, a timetable was set up for phasing out single-hull oil tankers worldwide.[10]

---

[3] After the „Estonia" tragedy, a Ro-Ro passenger ferry which sunk on 28 September 1994, the Community adopted a comprehensive set of rules for the protection of passengers and crew sailing on ferries operating to and from European ports, as well as safety standards for passenger ships operating on domestic voyages within the Community.

[4] In December 1999, the oil tanker "Erika" broke in two, 40 miles off the coast of Brittany (France). More than 10.000 tones of heavy fuel oil were spilt, thereby creating an ecological disaster. Pressure of public opinion prompted the Commission to propose action at Community level.

[5] On Wednesday 13 November 2002, the "Prestige", a Bahamas registered, 26 year old single hull tanker owned by a Liberian company and carrying 77 000 tones of heavy fuel oil, sprang a leak off the coast of Galicia. It eventually broke a part and sank on 19 November 2002.

[6] Malgorzata, "European Union Legal Measures in Response to the Oil Pollution of the Sea", 9 *Tul. Mar. L.J.*, p. 29.

[7] Directive 95/21/EC.

[8] Directives 2001/106/EC and 2002/84/EC. Under the new measures, the inspection regime has been substantially reinforced in order to increase the number of ships subject to expanded inspections and to ensure that ships which have been inspected and declared substandard on several occasions be blacklisted and thereafter refused access to EU ports.

[9] Directive 94/57/EC.

[10] Double-hull tankers offer better protection for the environment in the event of an accident. For this reason the IMO had decided that all oil tankers built from 1996 on should have a double hull. However, the gradual replacement of single-hull by double-hull tankers was spread over a very long period, ending in 2026. The EU pushed for a faster phase-out and secured international acceptance for its position.

The Erika II package completed the first package with three essential measures aiming at drastically improving maritime safety in European waters. Regulation (EC) 1406/2002 established the EMSA as the responsible authority for improving enforcement of the EU rules on maritime safety and entered into force in August 2002. With the adoption of Directive 2002/59/EC, a surveillance and information system to improve vessel monitoring in European waters has been established. The commission also proposed within the Erika II package a mechanism to improve compensation for victims of oil spills (COPE Fund) and, in particular, raised the upper limits of the amounts payable in the event of major oil spills in European waters.

Furthermore, on 23 November 2005, the Commission proposed a more proactive policy aimed at restoring conditions for healthy and sustainable competition for those operators who comply with international rules.[11] This third maritime safety package contains seven proposals[12] and is devoted to two major themes:

- improved accident and pollution prevention;
- dealing with the aftermath of accidents.

[11] The positive results obtained so far depend to a large extent on the establishment of a line of defence in the EU against substandard ships, and in particular on tighter controls of ships in European ports. These defensive arrangements represent a considerable cost factor for the port and coastal state administrations, even though the main responsibility for applying the security rules rests with the shipowners and flag states. Similarly, those shipowners who practice a high-quality policy suffer the consequences of the persistence of substandard shipping, which confronts them with unfair competition, repeated port state controls and overall undermine the image of the maritime transport sector. Furthermore, despite the reduction of the number of maritime accidents, the threats relating to failure to comply with important safety standards remain. The pressure on the so-called flags of convenience and more generally on any defective part in the maritime transport chain must therefore be maintained and even accentuated.

[12] These comprise proposals for a directive on the conformity requirements for flag States, a directive on the amendment of the directive on classification societies, a directive on the amendment of the port state control directive, a directive on the amendment of the traffic monitoring directive, a proposal for a directive on accident investigation, a regulation on liability and compensation for damage of passengers in the event of maritime accidents, and a directive on the extra-contractual liability of shipowners. These proposals are intended to supplement the European rules concerning maritime safety and improve the efficiency of the existing measures. They take into account the experiences acquired in implementing the Community legislation on maritime safety (the Erika I and II packages and the measures adopted following the Prestige accident) and the concerns expressed on several occasions by the European Parliament, the European Council and the minister of transport. *"Third Maritime Safety Package"* MEMO/05/438.

3. Origin of the EMSA

The idea of setting up a European Maritime Safety Agency (EMSA) originated in the late 1990s, along with a number of major maritime safety initiatives on the European level. The set up process began at the end of a decade that had seen six major oil pollution accidents and a major ferry accident in EU waters. As a result of these and other accidents and incidents, hundreds of EU citizens had died, millions of tons of oil had spilled in EU waters, either accidentally or deliberately, and a significant number of seafarers had been killed or injured.[13]

Consequently, EU decision makers decided that it was time to set in place a body of legislation and to establish a supporting authority which could substantially improve the situation. Within this package, in the aftermath of the *Erika* disaster, the EMSA was created to be a major source of support to the European Commission and Member States.[14]

4. Legal basis of the EMSA

As mentioned above, large numbers of legislative measures have been adopted on the Community level in order to enhance maritime safety and prevent marine pollution. In order to be effective, such legislation must be applied in a proper and uniform manner throughout the Community. Only this will ensure a level playing field, reduce the distortion of competition resulting from economic advantages enjoyed by non-complying ships and will reward the serious maritime players.

On the EU level, the task of ensuring the proper and convergent implementation of existing legislation is rendered more difficult by the fact that, unlike certain countries such as the USA which have an unitary structure and thus the ability to impose uniform procedures and to verify compliance, the European Union has to work with the diverse administrative and constitutional traditions of its Member States. The administrative structures involved in maritime safety differ considerably from one Member State to another: some are civil, others are military and they perform very different tasks, from ship inspections as port State or flag State to fisheries protection, customs, combating drug trafficking or immigration controls. Consequently, the Community lacks a specialized expert body. Indeed,

[13] European Maritime Safety Agency Work Program 2006, p. 8.
[14] *Ibid.*

there was a need for technical and scientific support and for a high level of stable expertise to properly apply Community legislation in the fields of maritime safety and ship pollution prevention, to monitor its implementation and to evaluate the effectiveness of the measures in place.[15]
The legal basis of the Regulation establishing the EMSA is Art. 80 (2) of the Treaty which is consistent with the objective of the Regulation and with all the legislation adopted so far in the maritime field, particularly where safety and the protection of the marine environment are concerned.[16]

5. Objectives of the EMSA

The EMSA will contribute to the enhancement of the overall maritime safety system in the Community. Its goals are to reduce the risk of maritime accidents, marine pollution from ships and the loss of human lives at sea. In general terms, the Agency will provide technical and scientific advice to the Commission in the field of maritime safety and prevention of pollution by ships in the continuous process of updating and developing new legislation, monitoring its implementation and evaluating the effectiveness of the measures in place.

The agency will work closely together with the EU Member States.[17] It will respond to their specific requests in relation to the practical implementation of Community legislation, such as the recent adopted directive on traffic monitoring[18], and may organize appropriate training activities. The Agency will facilitate co-operation between the EU Member States and disseminate best practices in the Community. The Agency will also play a positive role in the process of European enlargement, by assisting the accession countries in the implementation of Community legislation on maritime safety and the prevention of pollution by ships.

[15] Reg. 1406/2002 Art. 1-2.
[16] Proposal for a Regulation of the European Parliament and of the Council establishing a European Maritime Safety Agency, COM(2000) 802 final - COD 2000/0327 - Art.3. Art. 80 (2) of the Treaty provides that "The Council may, acting by qualified majority, decide whether, to what extent and by what procedure appropriate provisions may be laid down for sea and air transport".
[17] Therefore, EMSA should not be seen as a competitor of the International Maritime Organization (IMO). EMSA has regional responsibilities, while the IMO is a global body depending ultimately on the United Nations. The IMO is the regulator at international level and European Community regulations and directives are complementary to those of the IMO. EMSA has no regulatory or legislative function.
[18] Directive 2002/59.

The Agency will contribute to the process of evaluating the effectiveness of Community legislation by providing the Commission and the EU Member States with objective, reliable information and data on maritime safety and on ship pollution.
To ensure a proper, harmonized and effective implementation of the vast package of legislation adopted following major shipping disasters, an ongoing process of dialogue and cooperation is necessary between all parties concerned. In summary, the objective of the EMSA is to organize and structure this dialogue between the EU Member States and the European Commission.

6. The agencies of the European Union and their activities

The term "agency" comprises a great variety of activities, objectives and institutional designs. The increasing technical and scientific complexity of many regulatory issues has led to the establishment of agencies which are seen as expert institutions in these substantive matters.[19] The creation of decentralized Community bodies dates back to seventies.[20] In the nineties and in the dynamics of the finalization of the internal market, a serious of new agencies appeared, giving a new dimension to what constitutes a Community model of European agencies at present. These so-called "second generation agencies" were an answer to the desire for geographical devolution and the need to cope with new tasks of a technical and/or scientific nature. Delegation of rule-making powers may be needed where a constant fine-tuning of rules or standards and a quick adoption to technical progress are required.

The objectives of the individual agencies are many and vary greatly. Each agency is indeed unique and fulfils an individual function defined at the time of its creation. Nevertheless, there are a number of general aims underlying an agency's operation as a whole:

- they introduce a degree of decentralization and dispersal to the Community's activities;
- they give a higher profile to the tasks that are assigned to them by identifying them with the agencies themselves;

---

[19] For a detailed review of agencies see *The Role of Specialized Agencies in Decentralizing EU Governance,* Report presented o the Commission, http://ec.europa.eu/governance/areas/group6/contribution_en.pdf (accessed 9.2.2007).

[20] The first EC agencies were the European Center for the Development of Vocational Training and the Foundation for the Improvement of Living and Working Conditions.

- some answer the need to develop scientific or technical know-how in certain well-defined fields;
- others have the role to integrate different interest groups and thus to facilitate the dialogue at a European or international level.

As autonomous Community bodies, agencies create a heterogeneous group linked by a unique organizational model. Depending on their mandate and on their partners or clients, the agencies can be split into four sub-groups determined by their activities:

- agencies facilitating the operation of the internal market exercise regulatory functions and render services to industrial sectors allowing them to generate income and thus guarantee their own resources. The EMSA falls under this group of agencies;[21]
- monitoring centres exist for the same reasons but function in different fields. Their principal task is to gather and disseminate information thanks to a network of partners that they have to set up and to manage on a daily basis;[22]
- agencies aiming to promote social dialog at a European level are characterized by a quadripartite administrative/management board: representatives of employers and trade unions as well as Member States and the Commission representatives;[23]
- finally, there is a group of agencies which execute programs and tasks for the European Union within their respective fields of expertise and this group consists of three very different agencies.[24]

[21] Other agencies in this group are the Office for Harmonization in the Internal Market, the Community Plan Variety Office, the European Agency for the Evaluation of Medical Products, the European Food Safety Authority, and the European Network and Information Security Agency, see http://europa.eu/agencies/community_agencies/function/index_en.htm (accessed 9.2.2007).

[22] This category includes the European Environment Agency, the European Monitoring Center for Drugs and Drug Addiction and the European Monitoring Center on Racism and Xenophobia. *Ibid.*

[23] Three agencies from this sub-group are the European Center for the Development of Vocational Training, the European Foundation for the Improvement of Living and Working Conditions, and the European Agency for Safety and Health at Work. *Ibid.*

[24] They are the European Training Foundation, the Translation Center for the Bodies of the European Union and the European Agency for Reconstruction. *Ibid.*

7. Tasks of the EMSA

A. Assessment of classification societies

Classification societies are organizations which develop and apply technical standards to the design, construction and assessment of ships and other marine facilities. Flag states can authorize classification societies to carry out the inspection and statutory certification of their ships.

The task of assessing classification societies was one of the first pieces of EU maritime safety legislation. This task consists of auditing those classification societies that EU Member States employ to carry out surveys on ships flying their flag. The classification societies concerned need to fulfil the qualitative and quantitative criteria as laid down in the Directive in order to gain EU-wide recognition. Only Member States can request EU-wide recognition of a classification society. There are more than 50 organizations worldwide which define their activities as providing marine classification, but only 13 classification societies are presently recognized by the EU.[25]

The main EU legislation which deals with classification societies is Directive 94/57/EC. This Directive requires that each of the EU recognized classification societies should be assessed once every two years,[26] and the EMSA has been entrusted to assist the European Commission in carrying out this task. Based on the list, the EMSA organizes six assessments per year, which will cover both head offices and selected regional offices, and may also include visits to specific ships.[27] EMSA also carries out special assessment of classification societies for which EU-wide recognition is being requested by Member States. Based on the

---

[25] Commission Decision 2002/221/EC. These are the American Bureau of Shipping, Bureau Veritas, China Classification Society, Det Norske Veritas, Germanischer Lloyd, Hellenic Register of Shipping (recognition for Greece and Cyprus only), Korean Register of Shipping, Lloyds Register, Nippon Kaiji Kyokai, Polish Register of Shipping (limited recognition only), Registro International Naval (recognition for Portugal only), Registro Italiano Navale, and Russion Maritime Register of Shipping.

[26] Directive 2001/105/EC of the European Parliament and of the Council of 19 December 2001 amending Council Directive 94/57/EC on common rules and standards for ship inspection and survey organizations and for the relevant activities of maritime administrations, Art. 10.

[27] If a classification society were to close its doors to the assessors, it would risk to lose its right to work in EU Member States. This right was granted by the European Commission which has usually enjoyed good relations with the main classification societies, and these are well aware of their responsibilities under EU legislation and have so far shown themselves to be open-minded and accessible.

experience gained, the work will gradually place more emphasis on regional offices, plan approval offices, and local survey stations.[28]

A standard assessment requires a team of three assessors who, during a typical assessment, will spend up to five days in a head office and up to two days in a regional or branch office. The assessment cycle includes preparation, visits and reporting. In order to carry out the work efficiently and effectively, EMSA has set up a system to continuously monitor societies' performance based on data and information from port state control system and other sources.

B. Port state control

It is vital that EU maritime transport operates in a safe, secure and environmentally friendly way. In support of these goals, and in addition to the systems and procedures in place in each country, the EU has set legislation under the Port State Control Directive 95/21/EC. This Directive aims to ensure that there are effective inspections of ships in EU ports and, thereby, to ensure that ships sailing in EU waters have been appropriately constructed and maintained. Port state control (PSC) inspections by Member States of ships calling at their ports are considered to be the best method to monitor and reduce substandard shipping in European waters.

Against this background, EMSA has been given the technical responsibility for the monitoring of port state control at EU level. This involves assessing the functioning of the port state inspection systems set up by the individual EU Member States and undertaking a comprehensive analysis of global statistics relating to vessels calling at EU ports, as well as the analysation of data on individual ship inspections. The consequent risk assessment studies and statistical research will provide results which can be used to develop objectives and procedures for the continuous improvement of the EU port state control performance. In addition, the EMSA carries out a number of supporting tasks in this area to ensure the overall effectiveness of the EU port state control system, such as:

- monitoring of the EU port state control system;[29]

---

[28] European Maritime Safety Agency Work Program 2005, p. 16; European Maritime Safety Agency Work Program 2006, p. 21 f.

[29] It is generally recognized that a detailed statistical analysis of the results of PSC inspections provides a good insight into the level of compliance with international safety requirements. The European Commission and the Paris Memorandum of Understanding ("Paris MOU") therefore attribute great importance to the production of statistics on the safety standards of

- participation on behalf of or with the Commission in the work of the international technical bodies dealing with port state control;
- promoting and contributing to collaboration between EU Member States in the area of training and education and in the development of technical practices aimed at improving the implementation of the EU port state control Directive;
- playing a role in implementing the banning of ships flying a blacklist flag that have been repeatedly detained, and publishing and updating the list on a regular basis;[30]
- providing technical assistance to the Commission in preparing amendments to Directive 95/21/EC, in support of the Council Conclusion of 6 December 2002, which was adopted following the Prestige incident;
- The organization of training and exchange of best practice with EU Member States to ensure the correct implementation of the PSC directive.

C. Vessel traffic monitoring

The seas surrounding the EU cover some of the busiest shipping areas in the world. As well as handling around 90% of all EU external trade and around 35% of all trade between the EU Member Stats, the sea lanes also handle a huge amount of transic traffic. In particular, oil tanker traffic is rapidly growing as more and more oil is progressively being brought to the global market place via EU waters. The consequence of this significant growth in tanker traffic, in addition to existing level of hazardous goods traffic in general, is a correspondingly growing environmental risk in most of the EU sea areas.[31]

the vessels calling within the EU region, as well as to the improvement of the relevant analyses. The EMSA has established a statistical database for this purpose and provides technical/scientific input. *Ibid.* at p. 17.

[30] The EU list of banned ships contains details of ships which have been refused access to Community ports pursuant to Art. 7 b (1) of Directive 95/21/EC on port state control. Two lists of banned ships are published, both are in chronological order. The first list shows the historical record of all the bans up to the current date. This list includes bans no longer in force that have been lifted. The second list shows only the currently active bans. For the list of banned ships see
http://www.emsa.eu.int/end185d007d002d001.html (accessed 9.2.2007).

[31] These are in particular the Mediterranean area and the Black Sea, the Baltic Sea, the North Sea, the Northern channels between Sweden, Denmark, Germany, the Netherlands, Belgium, France and the U.K., and the Atlantic Arc sea area.

Much of the growth in the future maritime traffic could also occur as a result of the EU's intention to move goods transport off roads. In addition, there is also a significant growth in passenger traffic. Furthermore, in many EU seas areas weather conditions, geographical restrictions, tidal conditions and other factors ensure that the danger of accidents will increase unless improved safety and environmental risk reduction procedures are set in place. At the core of the required procedural improvements are traffic organization measures which involve the monitoring of ship movements, with the aim of preventing the development of dangerous situations.

With this situation in mind, EU Directive 2002/59 has been introduced in order to ensure that a Community vessel traffic monitoring and information system can be established. The purpose of this is to ensure that ships in EU waters and their cargoes are monitored more efficiently and consistently across European waters. The EMSA is providing technical support in implementing Directive 2002/59 on European level. This includes the following responsibilities:[32]

- Supporting the European Commission in the process of establishing the SeaSafeNet project, which is developing a pan-European electronic information system to deal with ship movements and cargoes;
- Management of SeaSafeNet and organization of the follow-up issues in cooperation with Member States' maritime administrations;[33]
- Coordination of activities aimed at establishing places of refuge around the EU coastline for ships in distress;
- Supporting the European Commission in its task to propose amendments to Directive 2002/59;
- Monitoring of developments in the IMO and International Association of Marine Aids to Navigation and Lighthouse Authorities (IALA) on the long distance Automatic Identification System (AIS);
- Participation in regional meetings concerning the above items (i.e. HELCOM, Bonn Agreement etc.);
- Participation in the work of the IMO ad-hoc working group on the engineering aspects of Long Range Identification and Tracking of Ships (LRIT).

[32] http://www.emsa.eu.int/end185d007d003d001.html (accessed 9.2.2007).

[33] The maintenance and further development of SafeSeaNet are technical tasks; operational responsibility for SSN was transferred from the Commission to EMSA in late 2004.

The implementation of Directive 2002/59/EC, as well as provisions contained in other EC legislation, requires the collection and distribution of various kinds of data. It concerns vessel traffic monitoring, dangerous cargo details, results of ship inspections and information related to ship waste and cargo residue.

SafeSeaNet, a European Platform for maritime data exchange between Member States' maritime authorities, is a network/internet solution based on the concept of a distributed database.[34] SafeSeaNet's main aim is to assist the collection, dissemination and harmonized exchange of maritime data. SafeSeaNet is able to track and follow ships and obtain information on their cargoes (particularly, hazardous cargoes) and will facilitate the identification of vessels and action to be undertaken by authorities after an incident or accident.[35] The network supports communication between authorities at local/regional level and central authorities and thus contributes to prevent accidents at sea and marine pollution. Therefore, the implementation of EU maritime safety legislation will be made more efficient.

D. Emergency response and input to policy

The EMSA operates an early warning system for significant maritime accidents or security incidents in European waters, as well as in other parts of the world where European interests are concerned. This satisfies two requirements at the same time. Firstly, it enables that decisions affecting procedures or policy can be reached on the European level. Secondly, it enables the EMSA oil pollution response staff to react as quickly as possible to requests by EU Member States for the mobilisation of EMSA contracted vessels to assist Member States in their oil pollution response efforts.[36]

In addition to providing rapid information when a major EU related accident or security related incident has occurred, the system also generates useful information on many other accidents and incidents which happen around the world on a

[34] For more information see http://www.emsa.eu.int/end806.html (9.2.2007).

[35] See Work Program 2005, at p. 20.

[36] This process is based on a single emergency telephone number and a system which has rapid access to the latest press information; both systems are under operation 365 days per year. The information obtained via the primary system can be supplemented, at the time of an accident, by information from Member States Maritime Rescue Coordination Centres (MRCCs) and/or other organizations with responsibility for maritime emergencies. The system covers accidents and incidents which are relevant to maritime safety, pollution prevention and security.

daily basis, as well as information which may be used as input to policy. The primarily recipients of the information are, at present, the staff of the European Commission and EMSA, although the system may have wider coverage as it develops.

It is anticipated that a future EU early warning system might be developed as a key element of a future integrated European maritime information system, which would substantially enhance cross border information flow. Key interactions will be expected with EU oil pollution response, ship reporting, accident investigation and other relevant initiatives. The main potential benefit of an integrated EU early warning system would be the capacity for all authorised parties to have access to key accident, vessel and/or other related information within a specified timescale (minutes). Thus, the ability for emergency response decision makers and implementers to take the appropriate action at the appropriate time would be substantially enhanced.

E. Marine equipment

Shipping accidents are a big concern to the EU and in particular those which cause loss of human life or major pollution in the EU sea areas and along the coastline of the EU Member States. Therefore, it is vital that an EU level system is set in place which is capable of substantially reducing the risk of such accidents. A critical part of the developing system is the development and implementation of common standards which ensure high safety levels in the performance of equipment which is carried on board EU flagged ships.[37] It is clear that the establishment of consistently high level approval methods, testing standards and testing methods will have a very significant positive effect on the performance of marine equipment. The maritime sector is a global entity, however, unfortunately the implementation of existing international standards varies greatly throughout the world. This is consequently a fundamental problem for any country, or group of countries, which would like to ensure high safety standards for ships operating in or near to their costal waters.

With these in mind, the EU has adopted Directive 96/98/EC. This instrument seeks to enhance safety at sea and the prevention of marine pollution through the uniform application of the relevant international instruments relating to the equipment on board ships for which safety certificates are issued by or on behalf

[37] http://www.emsa.eu.int/end185d007d002d002.html (accessed 9.2.2007).

of EU Member States (pursuant to international conventions) and to ensure the free movement of such equipment within the Community.

The main objective of the Directive is to ensure, as far as possible, that marine equipment on EU flagged ships is designed and constructed to appropriate standards. In addition to improving safety, it is also expected that constructing equipment according to higher standards will improve competitiveness of the EU ship building industry. The Directive imposes a number of key obligations on the European Commission, the technical elements of which have become the responsibility of the EMSA. These include[38]:

- the monitoring of development relating to performance and testing standards;
- the preparation of updates of the technical annexes of the Directive;
- the monitoring of the work of the group of notified bodies which certify marine equipment on behalf of the Member States;
- the development and management of the database of EU approved marine equipment;
- the provision of technical support to the European Commission in proposing amendments to the Marine Equipment Directive;
- the provision of technical input to the work of the joint committee which manages the "Agreement on Mutual Recognition" (MRA) between the EU and the USA;
- the provision of assistance to the European Commission in further developing the technical annex to the MRA.

F. Accident investigation

Notwithstanding the preventative measures that are in place with regard to maritime safety, when a significant accident occurs, it is vital that the causes and consequences of accidents are thoroughly investigated. This ensures that there is an understanding of exactly what happened and that key lessons can be learned for the future. As a result of these lessons, accident prevention and response systems can be continually improved and risks can be continually reduced. [39]

---

[38] European Maritime Safety Agency Annual Report 2004, p. 29; European Maritime Safety Agency Work Program 2005, p. 18 f.; European Maritime Safety Agency Work Program 2006, p. 26 f.

[39] EMSA Annual Report 2002, p. 30.

The EMSA has been tasked to work with the EU Member States and the European Commission to develop a common methodology for investigating maritime accidents.[40] Furthermore, the Agency has been asked to facilitate co-operation and, where appropriate, to provide support for activities concerning investigations related to serious maritime accidents. The EMSA is also required to provide technical support to the EU Commission in proposing legislation relating to maritime accident investigation and to create a database of maritime accidents relevant for the European maritime safety policy.

This database will become a core element of the European Marine Casualty Information Platform (EMCIP) provided by the EMSA. EMCIP shall serve as a central tool for the exchange of information and the processing of data related to marine accidents and incidents.[41] It will contain data obtained by the public investigation authorities of the Member States and, for the first time in Europe, marine accident data will be collected, grouped and analysed under a common taxonomy. This will allow the EU Member States, EMSA and the European Commission to gain an overview of the current situation with respect to accidents and incidents and to identify trends and risks on the basis of objective, reliable and comparable information.

G. Ship safety standards

Due to a number of serious vessel casualties that have occurred in recent years, ship safety is a subject that is currently receiving a high level of attention in national, European and international fora. Inadequate safety standards can lead to loss of life, pollution, destruction of the environment and significant financial costs and losses to communities, governments, industry and others. Recent concerns within the EU that ship safety standards were not being effectively administered by those with the authority to do so, have contributed to the establishment of the EMSA.[42]

The EMSA's task in conjunction with the European Commission is to ensure that Community legislation on ship safety issues is effectively and consistently applied by all EU Member States to those sea going vessels that fall under their jurisdiction. This task involves monitoring and appraising the development and

[40] Regulation (EC) 1406/2002 Art. 2 (e).
[41] http://www.emsa.eu.int/end185d007d003d002.html (accessed 9.2.2007).
[42] http://www.emsa.eu.int/end185d007d002d003.html (accessed 9.2.2007).

implementation of legislation dealing with the design, construction, operational integrity and safety of ships and their equipment.[43]

H. Port reception facilities

With more than 600 seaports in the EU, waste management is a serious issue for shipowners, port operators and environmental concerns. Firstly, appropriate methods need to be in place to manage the waste and secondly, ships must be encouraged to use these facilities. [44]

To address this issue, the EU established Directive 2000/59/EC on port reception facilities, which aims to reduce discharges of ship-generated waste and cargo residues into the sea. The Directive was particularly aimed at reducing illegal discharges from ships using ports within the Community by improving the availability and use of port reception facilities, thereby enhancing the protection of the marine environment.[45] In addition to all this, the overall situation is chancing, with more and more transit traffic (particularly oil tankers) travelling through EU waters without calling at ports to discharge their waste. With the assistance of the EMSA, it will be necessary to continually adjust EU legislation in order to take changing transport patterns into account.

The EMSA is assisting the European Commission in:

- establishing an appropriate information and monitoring system to enable improved identification of ships;
- monitoring the operational implementation of the Directive and evaluating whether the goals of the Directive have been met;
- assessing the fee systems applied in EU Member States, evaluating the strengths and weakness and proposing common criteria for a more harmonized EU fee collection system within an overall incentive based waste management system;
- proposing elements for common criteria for "green ships" (ships with minimized waste production) and proposing a reduced fee structure for vessels meeting these criteria.

---

[43] European Maritime Safety Agency Annual Report 2004, p. 32 f.; Annual Report 2005, p. 23 f.; European Maritime Safety Agency Work Program 2005, p. 17 f.; Work Program 2006, p. 25.

[44] http://www.emsa.eu.int/end185d007d001d005.html (accessed 9.2.2007).

[45] This is not a new concept. It was previously addressed by the MARPOL 73/78 Convention, although some EU Member States are still encountering difficulties in fully implementing the requirements.

In carrying out its work in this area, the EMSA will pay particular attention to the identification and dissemination of "best practice" throughout the Community. It will also be mindful of legislation and developments at international level and will take this into account at all times.

I. Training of seafarers

A common factor in each report which is related to accidents and incidents are primarily human failings.[46] Such statistics make it clear that the training of seafarers is of paramount importance. Furthermore, it is important to note that ships operating in EU waters are often (at least predominantly) manned by seafarers who are not nationals of EU Member States. Therefore, it is important to take this fact into account when determining the best ways of ensuring that crew members on board ships sailing in EU waters are appropriately trained.[47]

The European Commission is responsible for proposing the supporting legislation and for ensuring its implementation. The relevant legislation which concerns the minimum level of training of seafarers is Directive 2001/25/EC. Within this framework, the EMSA has been assigned the task to assist the Commission with regard to the implementation of existing and the development of future Community legislation concerning the "training, certification and watchkeeping of ships crew" in the EU Member States. This task also includes the audit of training and certification systems in third countries that supply seafarers to ships flying an EU flag.[48] Around 40 countries have received EU-wide recognition of their training and certification systems.[49]

---

[46] As underlined by studies, 80% of all accidents at sea involve human error. For example, the "human element" is causative in over 90% of all collisions and groundings and over 75% of all fires and explosions; see Anderson, ISM Code, A Practical Guide to the Legal and Insurance Implications (1998), at p. 15.

[47] http://www.emsa.eu.int/end185d007d001d002.html (accessed 9.2.2007).

[48] Reg. 724/2004/EC, Art. 22 (b) (iii) OJ L 129/1 29.4.2004.

[49] In support of preparations for the assessment of the training and certification systems in third countries, the EMSA has launched two external studies. One is directly related to the audit and assessment of training systems in third countries. The other study aims to establish an overview of the countries of origin of seafarers, the EU ships on which they are employed, and changes required in the medium term to obtain data on the employment of third country seafarers on board EU flagged ships, as well as estimations of future trends; see EMSA Work Program 2005, at p. 23; EMSA Work Program 2006, p. 23 f.

J. Maritime security

There has always been a requirement for certain appropriate levels of security on board ships and in ports. However, since the terrorist attacks of 11 September 2001 in New York, and following subsequent major incidents in Madrid, London and other cities, protection against terrorist actions has become a major concern around the world and in the EU. This concern has resulted in the allocation of significantly more resources and expertise to security issues than in the past. The majority of terrorist surveillance and response measures established in the EU has resulted from action taken at Member State level. These measures include instruments for the protection against terrorism in the maritime sector which vary significantly across the EU.[50] In order to address the main issues for the EU as a whole and to set a common standard, Directive 2005/65/EC on enhancing port security was adopted. The main objective of this Directive is to implement Community measures aimed at enhancing the security of ships used in international trade and associated port facilities in the face of threats of intentional unlawful acts. The Directive on enhancing port security is also intended to provide a basis for the harmonized interpretation and implementation and Community monitoring of the special measures to enhance maritime security adopted by the IMO in 2002, establishing inter alia the International Ship and Port Facility Security Code (ISPS Code). The EMSA provides the Commission with technical assistance in performing the inspection tasks assigned to it by the existing Directive. In accordance with the Directive, the assistance provided to the Commission will be restricted to inspections of the ships, the responsible ship operating companies and the recognized security organizations that are authorized to undertake certain security-related activities in this context. The EMSA assisted the Commission in developing a methodology for conducting security inspections of ships, relevant companies and recognized security organizations in order to be able to intensify these inspections. [51]

K. Oil pollution response

The frequency and impact of an oil spill is determined by various factors including the human element, vessel maintenance, vessel traffic density, type of oil involved, amount spilled and rate of spillage, weather/sea conditions and their effect on the fate and behaviour of the spilled oil, physical, biological and economic characteristics of the spill location, time of the year and effectiveness of

[50] http://www.emsa.eu.int/end185d007d001d003.html (accessed 9.2.2007).
[51] EMSA Work Program 2006, p. 24.

clean-up operations.[52] It is necessary for the international community to design a coordinated plan of oil spill response in order to be able to respond quickly and efficiently when these disasters happen.[53] Historically, major oil pollution incidents have occurred on a regular basis in European waters.[54]

The EU wishes to substantially reduce the frequency and impact of environmental disasters, such as those recently caused by the sinking of the Erika and the Prestige. Motivated by these widespread oil spills that have fouled Europe's Atlantic coasts, Regulation 724/2004 equipped the EMSA with the legal and technical means necessary to operate pollution response ships with special equipment for collecting oil and other noxious substances in the sea.[55]

Accordingly, the EMSA developed its "Action Plan for Oil Pollution Preparedness and Response" which was adopted by the Agency's Board in 2004 with the aim of providing the framework for its pollution preparedness and responsive activities. This Action Plan identifies actions, in cooperation with Member States, to strengthen the current pollution preparedness and response network across a range of issues.[56] The EMSA is managing its implementation in accordance with its Annual Work programmes. Specifically, the EMSA has the legal tasks

- to provide EU Member States and the Commission with technical and scientific assistance in the field of ship-sourced pollution;
- to support on request the pollution response mechanisms of Member States with additional means in a cost efficient way.

To this effect, the EMSA has put in place a network of at-sea oil recovery vessels for pollution response operation, covering the Baltic Sea, the Atlantic coast and the Western approaches to the Channel, and the Mediterranean Sea. The EMSA will strengthen this network of stand-by oil recovery vessels to cover

---

[52] http://www.itopf.com/environ.pdf (accessed 9.2.2007).

[53] Garcia, "Nunca Máis! How Current European Environmental Liability and Compensation Regimes are addressing the Prestige Oil Spill of 2002", 25 *U.Pa.J. Int'l Econ.L.*, pp. 1395 ff., at p. 1435.

[54] Incidents statistics show that a large scale oil spill may occur every 2 to 3 years but the location of such an event cannot be predicted, see Action Plan for Oil Preparedness and Response, EMSA 2004, at p. 1.

[55] Nesterowicz, *"European Union Legal Measures in Response to the Oil Pollution of the Sea"* 29 Tul. Mar.L.J., pp. 29 ff., p. 40.

[56] Action Plan for Oil Preparedness and Response, EMSA 2004, pp. 10 ff.

other European sea areas.[57] EMSA will also start to provide a satellite imagery service for monitoring oil spills to complement surveillance and monitoring activities currently undertaken by aircraft.[58]

L. Liability and compensation

Maritime transport of goods and passengers involve different types of risks. As a consequence of a maritime accident, damages may occur to the life and health of the crew and passengers, the property of shipowners, the cargo interests, the property of third parties and the environment. Efforts have been made to increase security through better technology, rules and supervision whilst the potential damages related to maritime accidents have increased.[59] Contributing factors are the higher volume of maritime transport, including dangerous or polluting cargo such as heavy hydrocarbons, a higher exposure of third party interests, and finally the increased recognition of the value of the environment.

As a consequence of a number of accidents, the international community has developed a serious of instruments to manage liability and compensation with regard to damages resulting from maritime transport. The platform for this development at international level is the IMO and the main operational body is the International Oil Pollution Compensation Fund (IOPC). After the Erika accident in 1999, EU Member States identified the need for increasing involvement at EU level in this area. The Prestige accident in 2002 reinforced the need for such involvement. Following an initiative of EU Member States, the IMO adopted in May 2003 the Supplementary Fund Protocol, which will provide for a significant increase, up to € 1 billion, of the fund available to compensate for damages caused by oil tanker accidents under a regime of strict liability.[60]

---

[57] To work as cost efficiently as possible, the EMSA would prefer to conclude stand-by contracts, for a minimum period of three years, with commercial ship operators who have vessels that can be adapted for oil pollution response activities and which can be mobilized at short notice. This seems the best way to realize a substantial increase in the European response capacity within a short period of time, see Action Plan for Oil Preparedness and Response, EMSA 2004, p. 6. See also Work Program 2006, at p. 12 f.
http://www.emsa.eu.int/end185d014d014.html (accessed 9.2.2007).

[58] http://www.emsa.eu.int/end185d014d015.html (accessed 9.2.2007).

[59] http://www.emsa.eu.int/end185d007d002d004.html (accessed 9.2.2007).

[60] The Protocol of 2003 to the International Convention on the Establishment of an International Fund for Compensation for Oil Pollution Damage, 1992 (the Supplementary Fund Protocol). The Protocol establishes a Supplementary Fund which will provide an additional level of compensation for pollution damage from oil carried as cargo by sea, in the waters of the Contracting State to the existing international oil pollution compensation regimes. The Protocol entered into force on 3 March 2005.

Art. 26 of Directive 2002/59/EC requires the Commission, through EMSA, to examine the need for and feasibility of measures at Community level aimed at facilitating the recovery of, or compensation for, costs and damage incurred for the accommodation of ships in distress.[61] Apart from this task, the Agency has begun to create a knowledge centre with regard to liability and compensation related to risks which have the potential to compromise safety of life at sea, environmental protection and ship security. Its initial priorities are:[62]

- liability and compensation in relation to accommodation of ships in distress;[63]
- provision of support to the Commission in developing legislation relating to passenger carrier's liability;
- monitoring of developments at IMO level and provision of support to the Commission in defining its policy in so far, in particular with regard to places of refuge, wreck removal, bunker oil and hazardous and noxious substances;
- monitoring of policies and developments relating to pollution liability and compensation, provision of support to the Commission in its decision making and developing of legislation.

8. Committee on Safe Seas and the Prevention of Pollution from Ships (COSS)

A. Role of COSS

Formerly the measures implementing the Regulations and Directives in the field of maritime safety were adopted by a regulatory procedure involving the Committee set up by Council Directive 93/75/EEC[64] concerning minimum requirements for vessels bound for or leaving Community ports and carrying dangerous or polluting goods, and in certain cases, an ad hoc committee. These committees were governed by the rules set out in Council Decision 87/373/EEC[65] laying down procedures for the exercise of implementing powers conferred on the Commission.

---

[61] EMSA Work Program 2005, p. 20.

[62] http://www.emsa.eu.int/end185d007d002d004.html (accessed 9.2.2007).

[63] For more information see Rosag/Ringbom, „Liability and Compensation with regard to Places of Refuge", Scandinavian Institute of Maritime Law, Final Report 2004.

[64] No longer in force (repealed by Directive 2002/59/EC).

[65] Repealed by Decision 1999/468/EC. Decision 1999/468/EC was amended by Decision 2006/512/EC.

By its Resolution of 8 June 1993 on a common policy on safe seas, the Council approved in principle the establishment of a Committee on Safe Seas and the Prevention of Pollution from Ships and called on the Commission to present a proposal to set up such a Committee.[66]

The Committee on Safe Seas (COSS) was established by Regulation 2099/2002.[67] The main objectives of this Regulation are to simplify procedures by replacing the various committees set up by the Community legislation on maritime safety and the prevention of pollution from ships with a single committee and to accelerate and simplify the incorporation of international rules into the Community legislation (by allowing amendments to the international rules to apply directly or semi-automatically).[68]

Accordingly, it is the role of COSS to centralize the tasks of the committees set up under the Community legislation on maritime safety, the prevention of pollution from ships and the protection of shipboard living and working conditions and to assist and advise the Commission on all matters of maritime safety and prevention or reduction of pollution of the environment by shipping activities.[69] COSS shall exercise the powers conferred on it by virtue of the Community leg-

---

[66] Com(1993) 66 OJ C 271 7.10.1003, pp.001-003.

[67] By its resolution of 8 June 1993 on a common policy on safe seas, the Council approved in principle the establishment of a Committee on Safe Seas and the Prevention of Pollution from Ships and called on the Commission to present a proposal to set up such committee; OJ C 271, 7.10.1993, p. 1

[68] Reg. 2099/2002, Art.1.

[69] Reg. 2099/2002, Art.7. Directive 93/75/EEC and Directive 87/373/EEC were based on the application of rules resulting from international instruments in force at the date of adoption of the Community act in question, or at the date specified by the latter. As a consequence, Member States could not have applied the subsequent amendments to these international instruments until the Community Directives or Regulations had been amended. This had major disadvantages owing to the difficulty of ensuring that the date of entry into force of the amendment at international level coincides with that of the Regulation integrating this amendment into Community law, and delayed within the Community the application of the most recent and most stringent international safety standards. On the other hand, there was a distinction between the provisions of a Community act making reference, for the purpose of their application, to an international instrument and Community provisions reproducing an international instrument in full or in part. In the latter case, the most recent amendments to the international instruments could not in any case be rendered applicable until the Community provisions concerned have been amended. Regulation 2099/2002 permits Member States to apply the most recent provisions of international instruments, with the exception of those explicitly incorporated in a Community act. This can be done by stating that the international convention applicable for the purpose of the Directive or Regulation concerned is that "in its up-to-date version", without mentioning the date.

islation in force.[70] A conformity checking procedure has been established to ensure that the COSS can examine any amendments to a convention or resolution adopted at international level which would have the effect of lowering Community standards.[71]

B. Distinction remits of the EMSA and of the COSS

During discussions at the European Parliament it became clear that there was a need to clearly define the role and competences of the EMSA in order to avoid any risk of confusion or duplication of work with the COSS. The need was particularly evident in terms of one of the most important tasks assigned to the Agency, namely to assist the Commission in the process of updating Community legislation in the field of maritime safety. In order to remove any danger of confusion, the role of the COSS was clarified as follows:[72]

- COSS will act only in fields already covered by the committee procedure under the legislation in force: there will be no broadening of the scope of the existing committees;
- the aim of the conformity checking procedure is solely to enable the European Community to react rapidly and effectively, in accordance with the principle that community law takes precedence, in the unlikely event of a conflict between an amendment to an international instrument in the course of adoption and a Community directive or regulation applying the existing version of the said international instrument.

Furthermore, the COSS has a regulatory role whereas the EMSA has no legislative or regulatory powers.[73]

---

[70] Council Decision 1999/468/EC amended by Council Decision 2006/512/EC.

[71] Reg. 2099/2002, Art. 5.

[72] Communication from the Commission to the European Parliament 2000/0236 (COD), 2000/0237 (COD), para. 3.3.1.

[73] Opinion of the European Economic and Social Committee on the Proposal for a Regulation of the European Parliament and of the Council amending Regulation (EC) No.1406/2002 establishing a European Maritime Safety Agency, COM(2003) 440 final 2003/159 (COD) 2.6. The Agency will not be empowered to take decisions since this would be up to the Member States, OJ C 221/54 2.3.2.

9. A European Cost Guard?

A. Is the EMSA the nucleus of a European Coastguard?

At sea, an air-borne execution of control functions carried out by coastguard units is an effective approach to prevent deliberate infringements in the territorial waters and beyond. Such coastguard activities, covering safety at sea, pollution prevention, customs and border control, defence of criminal action or fishery survey, have to be of a comprehensive and robust nature to be successful. The tighter the net of surveillance, the smaller is the space for illegal discharges and other offences. In 1994 a study had been carried out to assess the options of a European Environmental Coastguard. The study recommended creating a strategic and coordinating central body with regional implementation and enforcement centres, supported by a central task-force.[74] It is debatable whether the establishment of a European Coastguard is possible or even desirable; however it is said that if there is a Europe wide agreement on this matter, EMSA could be the nucleus of a future European Coastguard.[75] Indeed, the U.S Coastguard had initially taken the form of an agency. Now, all competent authorities in relation to maritime safety are centralized.

B. Should there be a European Coast Guard and if so what kind?

As a result of severe accidents at sea, particularly the shipwreck of Erika, certain members of the EU Parliament have proposed that consideration should be given to setting up a European coast guard service, with the necessary powers and instruments to undertake surveillance, bringing prosecutions in the event of illegal spillages and coordinate implementation of the necessary measures.

Coastguard services in the European Union nations vary in functions, both civil and military, from country to country. Given the wide range of different roles, there was a speculation that creating an EU coast guard would be more difficult than creating an EU army.

---

[74] The Wadden Sea Maritime Safety and Pollution Prevention of Shipping, Final Report, Bremen, Gauss mbH, p. 22. Based on the study a work shop, titled „Towards a European Coastguard“, was held in 1998 and concluded that "To add value to current arrangements any proposed movement towards a European Environmental Coast Guard would have to be gradual, pragmatic and well-justified before it could be allowed to displace existing arrangements for efficient and effective, if disparate, co-operation… […] to be successful and to enjoy wide support of any development towards a European Environmental Coast Guard must be of sustained, and hopefully improved, quality; technically feasible; organizationally practicable; politically acceptable; and financially viable." *"European Environmental Coast Guard"*, STOA 9-10 February 1998.

[75] The Wadden Sea Maritime Safety and Pollution Prevention of Shipping, Final Report, Bremen, Gauss mbH, p. 22.

The concept of a common coast guard implies the necessary technical resources, missions and the required development of the laws and regulations of the EU Member States.[76] When the *Prestige* and the *Erika* accidents occured, unfavourable comparisons were made with the United States, which nowadays thanks to its coast guard, was in a position to effectively apply the draconian rules of the Oil Pollution Act and avoid a disaster on the scale of the *Exxon Valdez* accident. The American example clearly confirms the need for a "secular arm" without which it would be impossible to effectively ensure maritime safety.[77] The U.S Coast Guard fulfils these tasks: search and assistance at sea, maritime safety and safety in ports, operations to uphold maritime law (including the combating of drugs and illegal immigration), protection of the marine environment and assistance for navigation. In order to fulfil these tasks, the coastguard authority has substantial human and material resources at its disposal. The Coast Guard Corps, which is one of the five armed forces of the United States and therefore enjoys military status, has a staff of some 35,000 servicemen, 5,600 civilians, 8000 reservists and 32,000 auxiliaries. It has a large, modern fleet, including 211 aircraft, 230 ships and 1,400 launches.[78] Furthermore, the National Pollution Funds Centre and the Oil Pollution Spill Liability Trust Fund form part of that administration. The Coast Guard is funded entirely by the federal government and it is annual budget amounts to some 5.2 billion dollars.

---

[76] Rescue of persons and salvage at sea are traditional missions of coastguards that are covered by IMO conventions and where the EU Member States have responsibility. Surveillance and policing sea fishery catches are pretty well-coordinated at European level through the European Fisheries Control Agency in Spain and is covered by Community regulations. Furthermore, police/custom missions of the coastguard fall within the sphere of public order and security. Combating narcotics trafficking, for example, is the responsibility of the national custom and special police services. At sea, particularly on the high seas, navy ships tend to mainly be used. The major difficulty is a lack of harmonization among national legislations. Combating illegal immigration is a response that is the corollary at sea to freedom of movement within the Schengen area. A European Agency for the Management of Operational Cooperation at the External Borders of the Member States of the European Union (FRONTEX) has been established in May 2005. Combating illegal immigration is an area of responsibility shared between the EU and front-line states. With regard to fighting terrorism, the IMO's international ISPS Code is in the process of being incorporated into national legislation. Preventive measures, patrols and inspections at sea require extensive resources. In particular, a surveillance capability is needed for the coasts of countries which might harbour terrorist organizations. These operations have to bee conducted within a military framework. "Surveillance of the Maritime and Coastal Areas of European States", Report submitted on behalf of the Defence Committee, 06.12.2005, p. 5.

[77] EU Parliamentary Assembly Doc.10485.

[78] *Ibid.*

The European Commission and a vast majority of the EU Member States are against the idea of such a structure, preferring to develop coordinated action between the EU Member States. The European Commission explained that it would be unrealistic, or at least very premature, to envisage setting up an integrated European operational structure or coastguard that would take over the role of the national maritime administrations[79] – because the administrative structures involved in maritime safety differ considerably from one EU Member State to another.[80] Thus, the aim is not to set up a coast guard system along the same lines as the United States Coast Guard with European ships and crews. A proposal for creating a European Coast Guard along the lines of the US Coast Guard would run into a number of practical problems regarding feasibility, type of environment and powers.[81] A federated Europe would be necessary in order to establish such a European Coast Guard.

C. Feasibility study on the creation of a European Coast Guard

Therefore, to set up a European Coast Guard is a delicate matter, especially regarding the fact that it raises questions of sovereignty and maritime authority. Nevertheless, the European Economic and Social Council (EESC) recommended discussing further the idea of setting up a European Coast Guard, which could supplement the EMSA's role in the areas of prevention and monitoring. For this purpose, the Commission is to submit a feasibility study on a European Coast Guard dedicated to pollution prevention and response, making clear the costs and benefits.[82]

---

[79] COM(2000) 142 Final, p. 32.

[80] *Ibid.*

[81] Parliamentary Assembly Doc. 10485, para.122. However, there are also some arguments in favour of creating a European Coastguard in line with the U.S Coastguard, see http://www.minpolitik.dk/visnyhed.php?action=info&id=866&med= (visited 9.2.2007).
It is argued that an EU coastguard is necessary because it will be the most effective means of addressing the legitimate fears of European citizens concerning the operation of organized crime and illegal immigration on the seas of Europe, potential maritime pollution disasters and maritime safety. CONV 150/02 (Annex) Proposal for an EU Coastguard, 21 June 2002, p. 1.

[82] Directive 2005/35/EC, Art. 11. COM (2003) 440 Final-2003/0159(COD). para. 2.15, 3.5. However, the U.K and other (seven) EU members strongly oppose the concept of a European Coastguard. The United Kingdom Parliament, Select Committee on European Union Fourth Report, "Ship Source Pollution and Pollution Offences" (7312/03).

10. Internal structure of the EMSA

Although the agencies are very different, both in terms of size and purpose, as a general rule they have a common basic structure and similar ways of operating. Indeed, each agency functions under the authority of an administrative/management board which lays down the general guidelines and adopts the work programs of the particular agency according to its basic mission, available resources and political priorities. [83]

A. Administrative Board

The EMSA is controlled by an Administrative Board consisting of four representatives of the Commission, four representatives of the Council, four representatives nominated by the European Parliament and four representatives from the industry nominated by the Commission.

The Administrative Board has a supervisory function in appointing the Executive Director, in adopting the annual report, the work programme – after approval by the Commission – and in taking budgetary decisions. Moreover, the Administrative Board is to ensure that the Agency works with the necessary transparency and neutrality.

B. Executive Director

The EMSA is managed by an Executive Director who is completely independent in the performance of his duties. Although the Executive Director shall not accept any instructions from any government or any other organization, he must however follow up any instructions or requests for assistance formulated by the Commission in relation to the tasks set out in Art. 2 of Regulation 1406/2002. Moreover, the Executive Director is also responsible for the preparation and execution of the budget and of the working programme, as well as for all questions related to personnel.[84] The Executive Director may be assisted by one or more Heads of Unit.[85]

---

[83] The Agencies of the European Union, http://europa.eu/agencies/community_agencies/function/index_en.htm (accessed 9.2. 2007).

[84] Regulation 1406/2002, Art. 15.2.

[85] Regulation 1406/2002, Art. 15.3.

C. Units

At present EMSA consists of six units.[86] The administration unit deals with human and financial resources; the operations support unit deals with legal affairs and IT; the safety and assessments and inspections unit deals with the assessment of classification societies, training of seafarers, and maritime security; the implementation of EU maritime legislation unit deals with ship safety standards, marine equipment, port state control, environmental protection, and port reception facilities; the technical cooperation and development unit deals with ship reporting, accident investigation, liability and compensation, as well as cooperation of Member States; and the oil pollution response unit deals with monitoring and surveillance, research and evaluation, as well as performing operational activities in case of an accident.

11. Conclusion

The EMSA was created within the vast package of measures in the aftermath of the *Erika* disaster. It is primary goal is to make a significant contribution to reducing the risk of maritime accidents, pollution from ships and the loss of human lives at sea. Within this, its operational objectives are to provide high quality monitoring capabilities to ensure that EU legislation is implemented effectively and consistently; to improve technical and scientific support to the European Commission and Member States and to support the pollution response mechanism of the EU Member States. The objectives of the EMSA are addressed through a matrix of preventative and reactive tasks in a number of key areas. The EMSA has neither regulatory nor legislative function. It is an implementer and monitor of EU maritime policy but not its architect.

The EMSA sits in the heart of the EU Maritime safety network, and fully acknowledges the importance of effective collaboration with many different interests and, in particular, with the European and international institutions, Member State administrations and the maritime industry. With its aims and tasks force, the EMSA clearly fills a gap in the EU system.

[86] http://www.emsa.eu.int/Docs/other/organisation_chart_june_06.pdf (accessed 9.2.2007).

The EC and enhancing Ship and Port Facility Security

Ekaterina Anyanova

Introduction

A series of new security measures, "a new era"[1] in the history of maritime shipping... The challenge of global terrorism requires not only international cooperation, but a strong commitment from national governments with regard to the implementation of the international standards (e.g. in Germany they were implemented by means of the Ausführungsgesetz from 25 June 2004 [2]).

With regard to these new measures, the EC started to issue its own maritime security legislation under the official slogan of better implementation of IMO standards.

As a reason of new EC legislation the single and harmonized application of security regulations was announced. The EU, one of the largest trading partners[3] (in addition, two-thirds of its trade volume fall within the "maritime logistic system"[4]), has been forced to keep its markets and borders "open"[5] in spite of increased fears after the 11th September 2001. It was not an easy task to facilitate trade[6] and increase borders and ship and port security at the same time.

---

[1] European Commission (eds.), "Training seminar on Maritime and Ports Facility Security 24-28 January 2005", Summary Report, March 2005, available from <http://www.euromedtransport.org/downloads/ts/pdf/ts1_report_en.pdf> (visited 24 January 2006).

[2] Deutscher Bundestag. Antwort der Bundesregierung auf die Große Anfrage der Abgeordneten Klaus Brähmig, Jürgen Klimke, Ernst Hinsken, weiterer Abgeordneter und der Fraktion der CDU/CSU. Perspektiven des Kreuzfahrttourismus. 11 August 2005, p. 16, available from < http://dip.bundestag.de/btd/15/059/1505948.pdf> (visited 23 March 2006).

[3] J. Trestour, "The European Commission's policy for maritime transport security enforcement", in: *Sicurezza Marittima: un impegno commune* (2005), pp. 70-75, at p. 70.

[4] *Ibid.*, p. 71.

[5] *Ibid.*, p. 70.

[6] *Ibid.*, p. 71.

On the other hand, these European initiatives suggested that there could be opposition of the EU to the international regulations, in particular within the sphere of maritime affairs. The implementation of the maritime security regulations by the EC bears a strong resemblance to the EU's aspiration to become "une grande puissance maritime"[7]. It is not without good reason that there are such claims within the renewed alliance of the European states. Taking into account Iceland and Norway's resources (the European Economic Area) the European fleet represents 28% of the world fleet tonnage[8] (more than a quarter of the world fleet or about 40% by beneficial ownership[9]). The rest of the maritime "reserves" include 9500 flagged vessels (over 500GT), 4200 maritime companies, 769 ports and 3700 port facilities[10].
The first parts of this paper scrutinize the general security questions and issues of European law, which are concerned with the adoption and implementation of the appropriate legislation. The last part concentrates on aspects of international law.

I. Legal framework of the multilateral measures on enhancing ship and port security

1. New international standards for maritime security

After the series of terrorist attacks on the 11th September 2001 the challenge of global challenge of terrorism increased. Those acts, "supported" by the attacks on USS Cole in 2000 and on the French oil tanker Limburg in 2002, generated a need for a widespread and far reaching review of the transport security legislation.

[7] P. Daillier, «L'Union Européenne peut-elle avoir une «stratégie maritime» »?, in : *La mer et son droit.* Mélanges offertes à Laurent Lucchinì et Jean-Pierre Quéneudec (2003), p. 158.
[8] European Commission (eds.), "Current international shipping market trends – community maritime policy priorities and legislative initiatives", in: *OECD workshop on maritime transport*, 4-5 November 2004, p. 4, available from
<http://www.oecd.org/dataoecd/19/60/33949698.pdf>
(visited 15 January 2006)
[9] "The influence of Europe", in: (2005) 32 *ICS, ISF: Mariscene.*
[10] R. Salvarani, "Safety & Security in freight transport: the European policy and funding transport security", in: *International conference "Freight and Passenger Transport Security: EU & US Scenario"*, Genoa, 11th June 2004, available from
<http://www.freightvillage.com/europlat/confsite/Conference%20Acts/roberto_salvarani.pdf>
(visited 16 January 2006).

Diplomatic Conferences, held from 9 to 13 December 2002 under the auspices of the IMO in London, adopted a number of amendments to the 1974 Safety of Life at Sea Convention (SOLAS). Modifications to Chapter V (Safety of Navigation) and Chapter XI (Special measures to enhance maritime safety), renumbered as Chapter XI-1, included a number of technical provisions (introduction of the Continuous Synopsis Record (CSR), accelerated introduction of Automatic Identification System (AIS) etc.) New Chapter XI-2 (Special measures to enhance maritime security) enshrines the new International Ship and Port Facility Security Code (ISPS Code). Also a number of resolutions dealing with application issues, further activity etc. was adopted. A general outline of the new measures introduced for port authorities, shipping companies and Contracting Governments is to work in close cooperation with one another to create a security system which will prevent possible terrorist attacks and provide models of behaviour in case of an attack.

2. EU legislation

After September 11, the EU also turned to the problems of terrorism. They began to talk about the right of passengers to travel in greater security[11]. First, all civil security aviation and general security issues were covered (Regulation EC 2320/2002; Regulation EC 648/2005, Regulation 849/2004)[12]. Then it was time to turn to the maritime security issues. International shipping was, one might say, „secured“ by international legal “innovations”. It was agreed (owing to the “tacit amendment procedure”) that Member States belonging to the SOLAS Convention should implement the new regulations. By 1st July 2004 all EC member states had to comply with the new security standards. Different opinions in matters of security could be a threat to the protection of the Community. In addition, domestic transport remained uncovered by international legislation[13]. Thus, it was decided that some legislation on a Community level would

---

[11] European Commission (eds.), “Transport with a human face. Passengers' rights in the European Union”, p. 7, available from <http://europa.eu.int/comm/dgs/energy_transport/publication/memos/2005_passenger_rights/2005_03_29_passenger_rights_en.pdf> (visited 23 March 2006).

[12] R. Bockel, “Securing the Supply Chain”, in: International conference on port-maritime development and innovation, Rotterdam, 5 September 2005, available from <http://www.portofrotterdam.com/maritime/images/27_64876.pdf> (visited 16 January 2006).

[13] European parliament, Report on the proposal for a European Parliament and Council regulation on enhancing ship and port facility security of Committee on Regional Policy, Trans-

be a good means of preventing differences in implementation. Besides, it would give the Community one more possibility of presenting itself on the international scene (particularly in the field of maritime shipping) as a whole.

The EC Regulation 725/2004 adopted on 31st March 2004 transposed into the EC law a mandatory part A of the ISPS Code and made some aspects of the Part B of the ISPS Code compulsory for inner EU traffic[14]. Besides, serves as a legal basis for EC inspections controlling the proper implementation of the new measures was established.

The port security (areas "beyond the ship/port interface"[15]) however remained uncovered by both international rules and European legislation. In February 2004 the first text of the proposal for a Directive on enhancing port security was published[16]. The new directive also established monitoring systems. Otherwise, and this was stressed during the deliberations on the Directive, new rules do not-create new obligations in areas already covered by Regulation 725/2004.

II. Incorporation of the IMO security measures into the Community law

As was mentioned before, on an international level general preventive security measures have already been adopted. The question which arose was not whether to develop new security standards, but to effectively implement the ones which had already been developed. International treaty standards could theoretically have been made binding within the EU by means of accession (excluded for the EU for reasons of the IMO structure), legal (functional) succession, that is, from the viewpoint of the EC taking over some competences from its Member States and consequently of their obligations under international law (not recognized by either international treaties or by international customary law) or express reference in primary law of the Community[17] (absent in this particular case). Thus, the method of secondary legislation was chosen.

port and Tourism (COM(2003)229 - C5-0218/2003 - 2003/0089(COD)), 5 November 2003, p. 25.

[14] R. Salvarani, *supra* n. 10.

[15] Proposal for a Directive of the European Parliament and of the Council on Enhancing Port Security, presented by the Commission (COM(2004) 76 final 2004/0031 (COD)), 10 February 2004, p. 26.

[16] ESPO (eds.), "Legislative observer", available from http://www.espo.be/Legislative_Observer.aspx?TopicID=212 (visited 16 January 2006).

[17] R. Uerpmann, International Law as an Element of European Constitutional Law: International Supplementary Constitutions, p. 31, available from

1. Corresponding proposal from the Commission

Although different procedures are applied in the EC legislative process (the consultation procedure, the cooperation procedure, the co-decision procedure), every of them is started by the Commission proposing certain actions (this right of the Commission - or its monopole[18] - "to propose" follows from Art. 211 third dash EC Treaty[19]).

Thus, the exercise of the legislative power of the Community is almost fully dependent upon the existence of the proposal of the Commission[20]. Moreover, the Commission closely regulates the legislative activity of the Community[21]. Undoubtedly, this fact politically colors the whole legislative procedure of the Community[22].

Formally a proposal of the Commission looks like a completely worked out draft of the act of the Community[23].

a) New legislative competence area for the Commission and competence areas of the Member States

With Regulation 725/2004 the European Commission exercised legislative competence in the field of maritime security for the first time. The necessity to regulate this new area on a Community level was called into question by Member States delegations especially during the development of the Directive. They appealed to the principle of subsidiarity[24] (Art. 5 EC Treaty and Art. 2 (2) EU Treaty as a particular case of the twelfth recital of the EU Treaty Preamble[25]) and expressed their doubts as to the Community's competence in these matters[26].

<http://www.jeanmonnetprogram.org/papers/03/030901-02.pdf> (visited 15 March 2006).

[18] H. Sydow, *Organe der erweiterten Europäischen Gemeinschaft* (1980), p. 50.

[19] C. Buttlar, *Das Initiativrecht der Europäischen Kommission* (2002), p. 22.

[20] J. Jacqué, *Droit Institutionnel de l'union Européenne* (2003), p. 371.

[21] *Ibid.*

[22] H. Sydow, *op.cit.*, n. 18, p. 51.

[23] C. Buttlar, *op.cit.*, n. 19, p. 28.

[24] Draft Background. Transport / telecommunication/ energy council, 9 June 2004, available from <www.eu2004.ie/templates/document_file.asp?id=18675> (visited 23 March 2006).

[25] H. Groeben and J. Schwarze, *Kommentar zum Vertrag über die Europäische Union und zur Gründung der Europäischen Gemeinschaft* (2003), p. 630.

[26] Draft Background, *supra,* n. 24.

Those debates demonstrate in the best way possible one of the topical questions surrounding the political aspects of European integration: the increased concentration of power for the EC authorities in exchange for the (sometimes unjustified, unnecessary and ineffective) diminishing sphere of influence of its Member States[27]. The subsidiarity principle limits the Community competence (and thereby the "competence claims" of the Community) in the field of the non-exclusive[28] competence[29] to the "necessaries", in the event when the Member States are not able to achieve the required results on a national level[30]. A protocol on the application of the principles of subsidiarity and proportionality sets special criteria of the estimation of need to tackle this question at Community level[31].

The delegations of EC members, with reference to this principle, claimed that they had the ability to tackle the ports security on their own. After all, they came to the conclusion that these issues could not be properly addressed by the Member States themselves[32]. To be honest, this could be (and was) a very disputable issue. Indeed, according to the international regime the new security measures had to be implemented by every Member State individually. Furthermore, all the States Parties to the SOLAS convention and its new amendments still have to act independently. As for port security, it remains a global problem, which has to be solved on an international level. With their new measures the EU is ahead of all other states.

Another limitation of the Community's sphere of influence is the principle of proportionality that requires restrictions on the actions of the EU. The Community's actions have to be really necessary to achieve the objectives of the Trea-

---

[27] Principles of subsidiarity and proportionality, available from <http://www.eu2006.at/en/The_Council_Presidency/subsidiarity/subsidiarit__tverh__ltnism____igkeit.html> (visited 10 March 2006).

[28] D. Dittert, *Die ausschließlichen Kompetenzen der Europäischen Gemeinschaft im System des EG-Vertrags* (2001), p. 37.

[29] M. Herdegen, *Europarecht* (2004), p. 87.

[30] H. Groeben and J. Schwarze, *op.cit.*, n. 25, p. 630.

[31] "The Amsterdam Treaty: a Comprehensive Guide Institutional matters Subsidiarity", available from <http://europa.eu.int/scadplus/leg/en/lvb/a27000.htm> (visited 15 March 2006).

[32] Opinion of the Committee of the Regions on the Proposal for a Directive of the European Parliament and of the Council on enhancing port security (2005/C 43/08).

ties (Art. 5 of the EC Treaty)[33]. This principle would allow for the provision of a general framework at Community level, which would give member states freedom to implement concrete security measures. Both during the development of the directive on port security and in the context of the directive itself it was stressed that this directive was developed in full accordance with that principle. The Directive was concerned with "basic joint standards"[34] only and the detailed implementation of the Directive was left to the Member States.

b) Legal basis

The Commission's proposal should have a grounded legal basis[35], i.e. «la disposition du traité sur laquelle se fonde la compétence de la Communauté pour adopter une certaine mesure»[36]. For the issue of maritime security a particular aspect of the Common Transport Policy – provision for sea transport of Art. 80 (2) EC – was chosen.

aa) Basics of the maritime transport policy within the EC

In legal literature there is no common consent on the matters of maritime transport policy. Some authors characterize it as "fragmented"[37], "embryonic"[38] and "not comprehensive" enough[39]. Some, however, mention air and sea policies (formalized through corresponding secondary EC legislation) as an integral part of common transport policy[40]. In part, this discrepancy could be explained from a historical standpoint.

In 1958 the first members (six states) introduced the European Community to the world. In the initial stages of the Community's development internal markets for air and sea transport services were lacking[41]. Accordingly, there was no need to establish a common policy for these modes of transport. Besides, national governments were concerned that a common air and sea transport policy would

---

[33] "Principles of subsidiarity and proportionality", *supra*, n. 27.
[34] Opinion of the Committee of the Regions, *supra,* n. 32.
[35] J. Jacqué, *op.cit.*, n. 20, p. 371.
[36] *Ibid.,* p. 374.
[37] H. Bull and H. Stemshaug, "EC shipping policy", in: *The 17th Nordic Maritime Law Conference*. 2 – 4 September 1996 (1997), p. 19.
[38] *Ibid.*
[39] *Ibid.*
[40] R. Streinz (ed.), *EUV/EGV* (2003), p. 897.
[41] *Ibid,* p. 896.

endanger the bilateral and multilateral agreements[42] already established in these areas. To regulate both sea and air transport within the Community a special rule for air and sea transport was provided in the EC Treaty (Art. 80 (2)). Generally both forms of transport are exempted from the common rules of the EC transport policy. Only after the qualified majority of the Council agreed could appropriate provisions be laid down.

Another explanation for the background of this provision could be the position of the Netherlands, who sought to have little involvement of the EC in shipping[43]. That is why there was a request to insert that paragraph into the original version of the EC Treaty.

bb) The scope of Art. 80 (2) of the EC Treaty

The competence of the Council to lay down the provisions for air and sea transport according to Article 80 (2) EC Treaty had been interpreted before 1974 as an exclusion of these transports from the scope of Treaty. Only after the decision of the ECJ Commission v. France[44], it was "officially" recognized that the main idea of Art. 84 (2) [today's Art. 80 (2)] was merely to avoid an automatic application of the special provisions of Title V to maritime transport. It followed the general principles of the Community in its harmonious economic development, including an establishing the Common Market and an approximation of the economic policies of Member States.

If the original idea of Art. 80 (2) was to provide the possibility to fulfill the treaty, today it serves rather as a normal legal basis for the issue of secondary legislation[45]. From time to time it gives a reason for some proposals to delete this paragraph from the Treaty and to deprive sea and air transport policy of their special status[46].

The Single European Act (SEA) of 1987 changed the original requirement of the Council's unanimity (necessary for the Council to act) to the qualified majority[47] and added the reference to the procedural provisions of Art. 71 (and accordingly to Art. 251 EC Treaty)[48].

---

[42] H. Bull and H. Stemshaug, *supra,* n. 37, p. 21.
[43] V. Power, *EC shipping law* (1998), p. 110-111.
[44] ECJ, *Commission v France,* Case 167-73, 4 April 1974, ECR 1974, p. 00359.
[45] R. Streinz (ed.), *op. cit.,* n. 40, p. 1978.
[46] *Ibid.*
[47] *Ibid.,* p. 896.

Art. 251 EC Treaty presumes the application of the co-decision procedure during the legislative process. To initiate a procedure, it is necessary to submit a proposal from a Commission to the European Parliament and Council. As a rough guide after three readings and joint cooperation of the Committee of the Regions, Economic and Social Committee, Parliament and Council the proposed act is adopted.

The choice of Art. 80 (2) EC Treaty as a basis for security legislation classified maritime security as a sub-area of maritime transport policy within the common transport policy. However, security issues could or should rather fall under the sphere of national security or anti-terrorist measures. The choice of a legal basis, however, determines the applicable legislative procedure later[49]. So the use of one of the basics would be crucial for the future of the legislation, which has been developed. Namely as a part of national security ship and port security would have to be dealt with by Member States, not by the Community. Linked to the anti-terrorism measures in frames of Title VI EU Treaty, it would have to be dealt with on an intergovernmental basis[50], since Community legislative procedures are not provided for in this case.

Maybe formally it would be more correct to base the new security legislation on other articles of the Treaty, but, as was stressed during the document's development the primary purpose of these new measures was to interpret and implement international standards in a harmonious and uniform[51] way. A more important point was to establish joint standards for the ports in the Community[52], not to find out the ideal legal basis.

So it was stressed once more in the texts of the directive and regulation that basing both documents on Art. 80 (2) EC should occur "without prejudice to member states' national security legislation and any measures that might be taken on the basis of Title VI of the Treaty on the European Union"[53].

2. EC Regulation 725/2004 on enhancing ship and port facility security

Although a legislative monopoly in making a proposal belongs to the Commission, the contents of this proposal is by no means merely the result of its own considerations. Usually its development occurs with the close assistance of the

[48] H. Groeben and J. Schwarze, *op .cit.*, n. 25, p. 1974.
[49] C. Buttlar, *op.cit.,* n. 19, p. 28.
[50] C. Lenz and K.-D. Borchardt, *EG-Vertrag* (1994), p. 106.
[51] European Parliament, Report, *supra*, n. 13, p. 41.
[52] Proposal for a Directive, *supra,* n. 15.
[53] *Ibid.*, p. 26.

economic circles concerned and corresponding officials of national governments. Besides, the structure of the Commission (Art. 213 EC Treaty) serves as an additional guarantee for the representation of different cultures, mentalities, approaches and political streams[54].

a) Regulation as a type of Community legislation

The EC Treaty provides for following formal methods[55] of legislation: regulations, directives, decisions, recommendations and opinions. Regulations with their general application are binding in its entirety and directly applicable.

In most cases the Treaty does not determine the method of legislation[56]. The regulations are still the most appropriate means of regulating a whole sphere in detail. The disadvantage of the use of Regulations is the need of their complete and detailed development since they have to be prepared for the direct implementation in each of the legal systems of Member States[57]. It follows that only issues demanding identical regulation in Member States are settled by means of the regulations[58].

Since the first step of Community activity in the field of maritime security was to implement international standards, which in most cases were anyway binding for those Member States having ratified the IMO conventions, the choice of a Regulation seemed to be adequate and accepted.

b) General provisions of the Regulation 725/2004

Along with implementing the ISPS Code within the Community, a Regulation gives the right to the Commission to conduct the necessary inspections. A single competent authority for coordinating and monitoring the application of shipping security measures at national level should be appointed by each member state. The verification of ships certificates is carried out in the port by a competent authority for the Member State or inspectors (Art. 8).

---

[54] H. Sydow, *op.cit.*, n. 18, p. 51.
[55] P. Craig and G. Búrca, *EU law* (2003), p. 111.
[56] *Ibid.*, p. 112.
[57] C. Trüe, *Das System der Rechtsetzungskompetenzen der Europäischen Gemeinschaft und der Europäischen Union* (2002), p. 103.
[58] *Ibid.*, p. 106.

As for inter-Community short-sea traffic, the Member States could and should (recital 9 of the Regulation) conclude alternative security agreements, which should be applied to scheduled maritime traffic within the Community on fixed routes. These agreements do not have to compromise established security standards. For domestic shipping and associated port facilities equivalent security arrangements could be adopted (Art. 5 of the Regulation). These agreements have to be checked for the purpose of their compliance with Community law and general security standards[59]: An "ex-post monitoring"[60] procedure is set up for the Commission.

Further possible amendments to appropriate international instruments (Chapter XI-2 of the SOLAS Convention and the ISPS Code) should be integrated into Community legislation after the procedure of checking this compliance with the Community legislation (Art. 10.5). Checking is aimed exclusively at the non-depreciation of the security level within the Community and obligatory compliance with the legislation of the Community. The unsettling question inevitably arises, however, what happens, if the new international standards do not "comply" with the intents or legislative acts of the EC[61].

According to the Regulation the Commission, which supervises the inspections, collects the relevant information, checks compliance with Community law, i.e. fulfills the executive functions (as is expected in the Community)[62], also Regulation 725/2004 on the basis of Art. 211 EC and Council Decision 1999/468/EC of 28 June 1999 lays down procedures for the purpose of implementing powers conferred on the Commission. This grants the Commission the power to adopt detailed provisions implementing this Regulation.

During the development of the Regulation there was a proposal to make references to the European Maritime Safety Agency (EMSA) and Committee on Safe Seas and the Prevention of Pollution from Ships (COSS) as assisting bodies to the Commission for the effective implementation of maritime security measures. However, the legislation on the Agency, originally established by the Regulation (EC) No 1406/2002 to ensure a high and effective level of maritime safety and to prevent pollution by ships, did not mention maritime security. The COSS was set up by Article 3 of Regulation (EC) No 2099/2002 of the European Parliament and of the Council of 5 November 2002, which established a Committee on Safe Seas and the Prevention of Pollution from Ships (COSS). The compe-

[59] European Parliament, Report, *supra*, n. 13.

[60] *Ibid.*

[61] See *infra*, p. 25.

[62] M. Herdegen, *op.cit.*, n. 29, p. 115.

tence of the Committee is maritime safety, pollution prevention, and protection of on board living and working conditions[63].

The legislator had to back away from the idea of direct links to both organizations.

To extend the powers of these organizations a specific legislative act was needed[64]. Thus, Regulation (EC) No 724/2004 of 31 March 2004 amended Regulation (EC) No 1406/2002 establishing a European Maritime Safety Agency, which added to the EMSA the task of maritime security. Furthermore, a new committee (MARSEC) was set up, which was competent and appropriate to deal with the maritime security issues[65].

3. Directive on enhancing port security

a) Directive as a Community legislation form

As stated above, regulations are directly applicable within the Member States. That is why by issuing a Regulation the legislator faces the important task of developing the detailed mechanism as fully as possible[66]. In spite of the indisputable advantages of a Regulation, there are also some disadvantages. The Regulations prescribe the action, which should be taken, in detail, not leaving the Member States the possibility to proceed with discretion. It is not always possible, desirable or advisable to take into consideration the particular circumstances of a matter in each Member State[67]. Besides, elaborating such an act may really take time.

However, quite often the situation does not require a strictly equal legislation within the Member States, but a softer approach leaving space for their discretion. For that a directive, originally developed for the purposes of legislative harmonization, could be applied. Although this form of legislation in the EU stands in the list of the Community legislation types in Art. 249 EC behind the

---

[63] Draft opinion of the Committee on Citizens' Freedoms and Rights, Justice and Home Affairs for the Committee on Regional Policy, Transport and Tourism on the proposal for a European Parliament and Council regulation on enhancing ship and port facility security (2003/0089(COD)), 23 September 2003, p. 5-6.

[64] European Parliament, Report, *supra*, n. 13, p. 26.

[65] See *infra*, p. 22.

[66] P. Craig and G. Búrca, *op. cit.*, n. 56, p. 115.

[67] *Ibid.*

regulation, this does not imply any difference as to the legal effect or superiority of the Regulation[68].

A Directive fixes a final purpose, which will be achieved. Form and method of the "aim's achievement" (implementation of the directive's provisions) are left to the Member States[69]. Thus, the choice of the directive as a means of settlement in a certain legal area presupposes the co-operation of the Community and its Member States[70] not only within the Council, but also as regards the immediate implementation.

Thus, the competence of the Community to legislate through Regulations or Directives allows to avoid unnecessary difficulties and to apply the most suitable methods.

b) General principles of the Directive 2005/65/EC

At present an IMO-ILO Working Group is developing a Code of Practice on Port Security. This Code has to be non-binding. It is unclear how long the development process will take.

The IMO rules, incorporated into the Community legislation by means of a regulation[71], cover only the port interface[72]. While the US applied all IMO security rules to the whole port area and started unilateral and bilateral initiatives to control its own ports and ports of other states, some EU member states adopted their own port security measures[73]. As far back as the development of Regulation 725/2004 the questions arose as to whether the entire port area has to be covered by a new security regime[74].

The unambiguous answer was "yes". However, the position of the national ports within the Member States was so heterogeneous[75], that the decision was made to leave the implementation of those provisions to the Member States. The identification of port area boundaries for the purpose of the directive was left to the Member States not by accident. In such a way one tried to avoid the possible complexities and controversies connected with the attempt to reach a common

[68] *Ibid.,* p. 112.
[69] *Ibid.,* p. 114.
[70] C. Trüe, *op. cit.*, n. 58, p. 104.
[71] Proposal for a Directive, *supra*, n. 15.
[72] *Ibid.*
[73] *Ibid.*
[74] Proposal for a Directive, *supra,* n. 15.
[75] *Ibid.*

port definition, its legal boundaries and the port authority jurisdiction over it"[76], varied "throughout Europe"[77]. The Member States may also extend the application of this Directive "to adjacent areas outside ports"[78].

In February 2004 a draft Directive "directly linked"[79] to the Regulation on security was adopted by the Commission[80]. By 15 June 2007 Member States will have to comply with this Directive by means of bringing into force the laws, regulations and administrative provisions[81].

The Directive spreads its new obligations only on areas not covered by Regulation (EC) 725/2004. The expanded port areas also fall out from its effect[82].

Enhanced port security according to Art. 1(2) of the Directive consists of common basic rules on port security measures; an implementation mechanism for these rules and appropriate compliance monitoring mechanisms. The Directive is not applied to the military installations in ports.

III. Internal "concerns" of the Community

1. Harmonized interpretation and implementation of the security measures

a) Uniformity within the Member States

aa) Conformity with the international standards

As mentioned above, new international security standards came into force on 1 July 2004. According to the "tacit amendment" procedure the member states had the possibility to object to the new amendments before this date. On expiry of this period the amendments were deemed to come into force. With the new regulations (Art. 15 provides for their application from the 1 July 2004) the EU ensured not only their obligatory entry into force for its Member States[83], but

[76] Response of ESPO to the Draft Report of the European Parliament (PE 347.290), 22 November 2004, available from
http://www.espo.be/docs/fcb8e57b-d451-4f68-a67e-2bdc2c200345.pdf
(visited 23 March 2006).

[77] *Ibid.*

[78] *Ibid.*

[79] J. Wölk, *Die Umsetzung von Richtlinien der Europäischen Gemeinschaft* (2002), p. 26.

[80] *Ibid.*

[81] Proposal for a Directive, *supra,* n. 15.

[82] Opinion of the European Economic and Social Committee on the "Proposal for a directive of the European Parliament and of the Council on enhancing port security (2004/C 302/06).

[83] Proposal for a Directive, *supra,* n. 15.

brought into force the "uniform application"[84] of the new security standards[85] immediately[86]. Besides it was emphasized that it is important not only to interpret, implement and monitor the new standards (Art. 1 (2)), but also to guarantee further "uniform progress" (Recital 8 of the Regulation).

bb) Prevention of unilateral initiatives

The Community has also declared that with the new legislation it will try to prevent any unilateral initiatives of thirds states (obvious hint to the US and its CSI)[87].

Eight EU Member States signed the declarations of principles with US Customs in frames of the Container Security Initiative. In response, the EU Commission launched infringement procedures against its Member States[88]. The Commission was concerned with a number of possible consequences of these measures, which could violate European legislation and have a negative effect on European competition orders, trade policy and the economy as a whole (the container traffic from these eight ports covers approximately 85 % of the maritime container traffic from the EU to the USA[89]).

One of the possible impacts of the CSI agreements covering selected ports within the EU could be "import-related problems or delays"[90] for cargo dispatched to the U.S. from EU ports considered 'unsafe' and later possibly blacklisted[91]. "CSI ports"[92] with their "preferred" status would attract more customers. At worst such diversion of shipping within the EU would cause price[93] and

---

[84] *Ibid.*

[85] Opinion of the European Economic and Social Committee, *supra,* n. 83.

[86] J. Trestour, *op. cit.,* n. 3, p. 73.

[87] European Parliament, Report, *supra*, n. 13.

[88] "Speaking Points on Maritime Security Prepared for Mr F. Karamitsos", available from http://www.espo.be/news/2003/events/1-1%20Pres%20Karamitsos.pdf (visited 23 January 2005).

[89] "Container security: major initiatives and related international developments", available from <http://www.unctad.org/templates/webflyer.asp?docid=4481&intItemID=1397&lang=1&mode=toc> (visited 23 March 2006).

[90] *Ibid.*

[91] Opinion of the European Economic and Social Committee on the 'Security of Transports', 24 October 2002, para. 5.4.

[92] "Container security: major initiatives and related international developments", *supra*, n. 90.

[93] "European port security", available from <http://www.transport-forum.com/content/article/detail/4757> (visited 30 March 2005).

"trade-distortion within the EU"[94]. The bleakest prospects were that sooner or later it could lead to the use of such ports for "precarriage purposes"[95] regarding dispatch to the USA. It was not inconceivable that the final result of these measures would be additional costs to shippers and carriers "associated with pre-carriage or rerouting and additional storage"[96] and finally bigger prices which would add to the total costs of exports.

Besides, even if one admits to the aspirations of the "non-CSI" ports to pull up to the other ones, some doubts are cast upon the financial capability of the smaller ports to fulfill the necessary technical prerequisites for participation in the CSI-program, for example, to possess "non-intrusive inspection (NII) equipment (gamma or X-ray) and radiation detection equipment"[97].

Thus, the Commission addressed the issue of ship and port security "in advance"[98].

cc) Prevention of unfair competition between ports and maintenance of the quality and efficiency levels of international maritime trade

The Regulation makes certain provisions for part B of the ISPS Code compulsory, which is not accidental. It is not only to enhance port and ship security. The recommendatory character of these provisions could lead to different interpretations and as a consequence to distortions of competition[99]. Also a Directive on port security will prevent or reduce distortion of competition between the EU ports regarding security matters[100].

The other motive for the regulation of security matters at Community level was an anxiety about the possible consequences of competition between ports and influence on the international maritime trade. That is why the Directive exaggeratedly grounded itself on the "basic principle"[101] of balance between port security measures and their objectives, costs and impact on traffic and trade flows[102].

---

[94] "Container security: major initiatives and related international developments", *supra*, n. 90.
[95] *Ibid.*
[96] *Ibid.*
[97] "Minimum Standards for CSI Expansion", available from <http://www.cbp.gov/linkhandler/cgov/border_security/interntional_activities/csi/minimum_standards.ctt/ minimum_standards.doc> (visited 26 March 2005).
[98] J. Trestour, *op. cit.,* n. 3, p. 72.
[99] *Ibid.*, p. 74.
[100] Proposal for a Directive, *supra,* n. 15.
[101] Opinion of the European Economic and Social Committee, *supra,* n. 83.
[102] *Ibid.*

One of the far-reaching consequences of implementing non-uniform security measures could be traffic deflection[103]. One could also think about the disproportionate costs or bureaucracy[104] causing some additional difficulties for the system in European ports. Concern was also expressed in cases of inconsistency between the security level of a vessel and a port. This could force a port or a vessel to apply additional security measures on quay[105]. Thus small ports especially could suffer under such "imbalances". Those would require special "protection" and during the development of the Community legislation special care was taken to avoid such implications.

As a result port security standards on a Community level would not only positively affect the inter-port competition within the EU, but also the interrelations with third states concerning security matters[106]. Concerns about the distortion of competition have also been expressed at national levels (special minimum standards for the implementation of the ISPS-Code were developed for the German cruising terminals in coastal Länder).

2. The Maritime Security Committee and its role in the uniform interpretation and implementation of the maritime security legislation

After the settlement of the international maritime security measures within the EU there is often an accusation hurled at the Community with excessive power claims, at least in the maritime sphere. However, internal concerns about the distortion of the competition and trade did play their role in the development of the new European legislation. Once more it has been demonstrated by the establishment of a special regulatory and not the advisory[107] Committee on these matters.

---

[103] *Ibid.*
[104] *Ibid.*
[105] *Ibid.*
[106] Proposal for a Directive, *supra,* n. 15.
[107] Department for Transport. Consultation of regulations to implement "Regulation (EC) No .../2004 in enhancing ship and port facility security" in the United Kingdom, 30 March 2004, p. 6, available from <http://www.dft.gov.uk/stellent/groups/dft_transsec/documents/page/dft_transsec_028121.doc> (visited 20 March 2006).

The primary aim of this Maritime Security Regulatory Committee (MARSEC Committee)[108] is to guarantee the proper technical adoption of the security measures. For that it develops a corresponding implementation mechanism[109]. Special attention will be paid to the uniform interpretation and implementation of the new standards[110].

As for its organization, the Committee is formed by the experts of all Member States. It is chaired by the European Commission[111] and functions on a standard for the EC comitology basis[112].

3. Funding of the new measures

During the development of the Directive the Community was addressed with the requests from for example ESPO[113] or the committee on industry, external trade, research and energy[114] to develop a standard harmonious approach in granting public support for the security measures to avoid distortion of competition[115] and trade[116]. The EESC for example insisted more directly on financing security costs (which are anticipated to be even higher than in the US because of the larger number of ports in the EU)[117] by the Community. Besides, acts of terrorism are probably provoked by governments´ policies[118] (not by the industry, for example).

The Commission refused to take any concrete steps in this direction. In the first place maybe because it was not clear what the exact costs would be and in what way they would be shared.

However, in future the attention should be focused on this issue. Both the Regulation (recital 15) and the Directive (recital 13) demands that the Commission undertakes a study in this area.

---

108 "Security in Transport & Energy", available from http://europa.eu.int/comm/dgs/energy_transport/security/maritime/policy_en.htm (visited 24 February 2006).

109 *Ibid.*

110 Deutscher Bundestag. Antwort der Bundesregierung, *supra,* n. 2, p. 16.

111 "Security in Transport & Energy", *supra*, n. 109.

112 Department for Transport. Consultation of regulations, *supra,* n. 108, p. 6.

113 European parliament, Report, *supra*, n. 13, p. 34.

114 *Ibid.*, p. 42.

115 Directive proposal on enhancing port security. Position of ESPO, 15 March 2004, available from http://www.espo.be/docs/18871361-07e3-4f2b-816a-4057573ecb69.pdf (visited 24 March 2006).

116 Opinion of the European Economic and Social Committee, *supra,* n. 83, para. 3.10.

117 *Ibid.,* para. 3.9.2.

118 *Ibid.,* para. 3.9.

IV. Correlation between international and Community law

1. Commission inspections

The new maritime security legislation has created an inspection regime managed by the European Commission. In compliance with Article 9 (4) of the Regulation 725/2004 it inspects port facilities and relevant companies to monitor proper implementing. The Member States to be inspected are informed in advance (at least six weeks) by the Commission, they cannot avoid an inspection. Inspection reports remain secret and are never published. After recruiting the inspectors, the inspections began on 1 January 2005[119]. Commission Regulation (EC) No 884/2005 of 10 June 2005 lays down procedures for conducting Commission inspections in the field of maritime security. In case of non-conformity with the security standards the Commission may submit comments, request explanation, conduct a follow-up inspection or even initiate an infringement procedure (Art. 13).

The draft of the directive on security issues (Art. 14 (2) – (4)) provided for similar inspections within the range of the Directive. This potential ability of the Commission became the most controversial[120] issue during the development of the Directive and ran into heavy opposition from the majority of Member States[121]. In particular ESPO was concerned about the number of inspections in European ports including national, EU and US ones. ESPO suggested that the additional inspections were counter-productive[122]. Also a proposal was made to introduce new inspections at the expense of, e.g., US ones and a reduction in the scope of control to the main principles of the Directive[123], not the details, since these would be determined on the basis of each individual risk assessment.[124]. The delegations stressed the subsidiary character of the control of the port security plans and their implementation[125].

---

119 European Commission (eds.), "European legislation and actions in the field and actions in the field of Maritime Security", available from http://www.euromedtransport.org/downloads/wg7/pdf/wg7_maritimesecurity.pdf (visited 23 March 2006).

120 Response of ESPO, *supra,* n. 77, p. 2.

121 *Ibid.*

122 *Ibid*, p. 3.

123 *Ibid.*

124 *Ibid.*

125 Draft Background, *supra,* n. 24.

Besides, the general requirements of the EC Treaty for the Commission to ensure that the Treaty provisions and the measures of the institutions are applied, are made concrete through further articles of the Treaty. In case of any infringement of the Treaty by the Member State, Art. 226 EC Treaty provides the possibility for the Commission to bring an action against it. The Commission legitimizes its actions owing to its position as a guardian of community's interests[126]. It is obliged to take the necessary steps to ensure compliance with the Treaty (Art. 211 1st dash EC Treaty). One sometimes derives from this regulation that it is the duty of the Commission to start infringement procedures[127]. However, none of the foundation Treaties mentions the ability of the Commission to introduce "additional "on site" inspections"[128].

Nevertheless, the Commission stood up for the introduction of Community inspections as a means to ensure the compliance by Member States[129] and denied the creation of new competences for it[130].
First a proposal was made to supplement a corresponding article of the Directive with the requirement to coordinate the inspections of the Commission and Member States and to avoid the disruption to ports and an additional administrative burden on inspection bodies[131]. However, concerns were still expressed as to the creation of additional bureaucracy and the cause of further disruption to ports by the useless "number of uncoordinated inspections"[132]. After prolonged debates during the first Reading the Council deleted inspections from the draft proposal, although the Commission had stressed their "fundamental importance" for the Commission[133]. Instead a reference to the joint inspections with ones provided for in Art. 9(4) of Regulation (EC) No 725/2004 was made.

[126] T. Oppermann, *Europarecht* (2005), p. 276.
[127] C. Calliess, *Kommentar des Vertrages über die EU und des Vertrages zur Gründung der EG* (2002), p. 2043.
[128] Response of ESPO, *supra,* n. 77.
[129] European Commission (eds.), "European legislation and actions in the field and actions in the field of Maritime Security", *supra,* n. 120.
[130] ESPO (eds.), *supra,* n. 16.
[131] European parliament, Report on the amended proposal for a European Parliament and Council regulation on enhancing ship and port facility security of Committee on Regional Policy, Transport and Tourism, A6-0031/2005, 8 February 2005.
[132] *Ibid.*
[133] European Commission (eds.), "European legislation and actions in the field and actions in the field of Maritime Security", *supra,* n. 120.

2. Primacy of the legislation in case of conflict between the obligations deriving from international and European law

Although it was observed in legal literature that the transformation of rules of international law into secondary Community law happens rarely[134], in this case the international regulations on maritime security were indeed embodied as an EC Regulation. In this case the EU is only implementing international shipping security standards. However, in theory it seems not improbable that the EU might act unilaterally in this area. The provision for checking on conformity of additional international rules with the Community law sounds alarming[135]. It is also not inconceivable that certain measures taken by the Community would conflict with the interests of thirds states[136] (and corresponding international agreements). Similar precedents have already taken place. In the aftermath of the "Erika" and "Prestige" accidents the EU forced the IMO to amend the MARPOL Convention accelerating the phase-out of single hull tankers[137].

Another problem (for example, here) could be the transfer of certain competences in the international area from the Member States to the Community after the Member States adopted the international convention with the corresponding coverage. In the literature particular concerns were expressed for the case of the IMO. Namely all the EC Member States are members of the IMO. Art. 80 EC Treaty confers the competence in the shipping area (including international and external aspect) to the Community.

Thus, there could be a danger of intersection of the obligations of the Member States in respect of the IMO standards and EC requirements in the same area. In spite of the fact that the chances in such situations are good, the answer to this question remains disputable[138].

Oppermann, for example, relies on the universal character of international law and gives preference to its prevalence in case of controversy with the Community law. After verification of the violation of international law by the Community the latter is obliged to restore compliance with the international rules[139].

---

134 W. Wormuth, *Die Bedeutung des Europarchts für die Entwicklung des Völkerrechts* (2004), p. 175.

135 See *supra*, p. 17.

136 J. Groux and P. Manin, *Die Europäischen Gemeinschaften in der Völkerrechtsordnung* (1984), p. 41.

137 The influence of Europe, *supra,* n. 9.

138 P. Ørebech and D. Brubaker, "E.U. Law – Trends and Extraterritoriality", p. 3, see at <http://www.arcop.fi/workshops/ws7day1_brubaker2.pdf> (visited 24 February 2006).

139 T. Oppermann, *op. cit.*, n. 127, p. 191.

In Joined Cases International Fruit Company v. Produktschap voor Groenten en Fruit[140] the ECJ emphasized that only if the Community is bound by the provision of the international law, a certain Community measure can be considered incompatible with a provision of international law.
If the international agreement would be concluded by the EC itself, the binding effect of this agreement for the organs of the Community and its member states would be indisputable (Art. 300 VII EC). Generally the supremacy of the international treaties above the secondary Community legislation is recognized[141] and the latter has to be interpreted "as far as possible in conformity with international agreements"[142]. Furthermore, it would form "an integral part of community law"[143], prevailing over the previous secondary legislation of the Community. However, the EC is still not a member of the IMO[144] and consequently does not have a possibility to conclude its treaties.

As a result of the Community establishment, the Member States lost some of the national external competences. The conclusion of one of the agreements within the frames of the Community competence after entry into force of primary EC legislation would violate Community law. In particular Art. 10 EC Treaty provides for an obligation of the Member States to abstain from any measures which could jeopardize the attainment of the objectives of this Treaty.
Even if such an agreement is concluded, this "error" has to be eliminated as soon as possible,[145] and the agreement should be considered void within the Community[146]. The Community has the right to start an infringement procedure. If the infringement procedure is started, a Member State can still claim that a concluded agreement does not fall under the Community competence[147]. If nevertheless the breach of an obligation by a Member State under the Treaty is found, the European Court still can not to declare an agreement void. The Member State itself should terminate or modify an agreement[148].

---

[140] ECJ, *International Fruit Company NV and others v Produktschap voor Groenten en Fruit,* Joined Cases 21 to 24-72, 12 December 1972, ECR 1972, p. 01219.
[141] R. Streinz (ed.), *op. cit.,* n. 40, p. 2517.
[142] P. Craig and G. Búrca, *op.cit.,* n. 56, p. 178.
143 ECJ, R. & V. Haegeman v Belgian State, Case 181-73, 30 April 1974, ECR 1974, p. 00449.
[144] See *supra,* p. 28.
[145] J. Groux and P. Manin, *op.cit.,* n. 137, p. 116.
[146] J.-V. Louis, *Die Rechtsordnung der Europäischen Gemeinschaften* (1995), p. 130.
[147] J. Groux and P. Manin, *op. cit.,* n. 137, p. 116.

However, if the Community did not use its competence in any area, the Member State can still conclude a treaty there. The prescription of the Community, which would come later, would prevail.[149] The Court of Justice stressed once more inadmissibility of the parallel competence of the Community and Member States in its Opinion 1-75[150].If the Community's sole enactment was the provision of minimum harmonization (as in the case of the Directive), both Member States and EC would retain its competence.

The question remains as to whether there are general legal effects of the Treaty[151]: A Community law does not affect the applicability of international agreements[152], unless there has been an obvious breach of the fundamental provision of the Community[153]. The Member States remain bound by its obligations from the concluded agreement[154]. Furthermore, Member States cannot invoke the Community law as a lawful ground for the invalidity of the treaty in relation to third States.

With the issue of Regulation on maritime security the aspects covered have become matters of exclusive Community competence with all the ensuing consequences... However, the Regulation provides a special procedure for the integration of the new security measures (Art. 10), which takes responsibility at the situation, when the Community does not follow the international standards(!)[155]. But one should stress once more the sincere efforts of the Community to avoid any of the situations described above. Thus, Art. 10 (4) of the Regulation refers to the necessity of reduction "the risks of conflict between Community maritime legislation and international instruments" by means of cooperation with the aid of the coordination meetings and other means defining a common position or approach.

---

[148] *Ibid.*
[149] J.-V. Louis, *op.cit.*, n. 145, p. 130.
[150] J. Jacqué, *op.cit.*, n. 20, p. 500.
[151] T. Oppermann, *op.cit.*, n. 127, p. 188.
[152] J. Groux and P. Manin, *op.cit.,* n. 137, p. 116.
[153] R. Streinz (ed.), *op. cit.,* n. 40, p. 2534.
[154] J. Groux and P. Manin, *op.cit.,* n. 137, p. 117.
[155] See *supra,* p. 17.

3. EC Membership in the IMO

Quite naturally, the above mentioned situation leads to the idea of a joint representation of the EU Member States on the international level[156] (EC membership in the IMO). The common position of the EC member states, supported by EC secondary legislation[157], would also give a firm basis for a united policy within the framework of the international organization[158].

However, it has been doubted whether the representation of the interests of the Member States on a Community level in the international organizations is really necessary[159]. Especially considering that in the beginning it was one of the methods used by the EC to assert itself in the international political arena[160].
Art. 302 EC grants to the Commission (not the Community!) the authority to maintain appropriate relations with international organizations. The implication of this provision is the standard practice of the states membership in international organizations[161]. On this basis, the Commission concluded a cooperation and collaboration agreement between the Commission and the IMCO (later IMO) on 28 June 1974[162].

The problem with EC membership in international organizations arises with the charters of the international organizations (in particular, in the IMO, since there is no possibility for regional economic integration organizations to become its member[163]), which usually provides full membership for states only. The same rule is usually applied for diplomatic conferences[164]. The more common situation is one of the EC status as an observer: its delegations participate in the sessions and other IMO activity[165] without voting right.

---

[156] R. Streinz (ed.), *op. cit.*, n. 40, p. 896.
[157] *Ibid.*
[158] *Ibid.*
[159] J. Groux and P. Manin, *op .cit.*, n. 137, p. 43.
[160] *Ibid.*
[161] R. Streinz (ed.), *op. cit.*, n. 40, p. 2511.
[162] Recommendation from the Commission to the Council in order to authorise the Commission to open and conduct negotiations with the International Maritime Organization (IMO) on the conditions and arrangements for accession by the European Community, SEC/2002/0381 final.
[163] *Ibid.*
[164] J. Groux and P. Manin, *op. cit.*, n. 137, p. 45.
[165] *Ibid.*, p. 48.

On one side, since the EU already appears as a commercial and (shipping) trade power[166], it already plays a role in the international shipping on behalf of its 25 Member States. Its activity and cooperation with the IMO in, for example, shipping safety outgrew the limits of a "common" Member State[167].
On the other side, the observer status of the Commission prevents it from real participation in the legislative process including those areas, which actually belong to the exclusive competence of the Community[168]

Since 2002 the EC turned to the concrete action in the realization of its aspiration to become an IMO member (the issue of "a Recommendation to the Council to authorise the Commission to open and conduct negotiations with the IMO on the conditions and arrangements for accession by the EU"[169]). As is well known, the strongest opposition came from the EU Member States. Officially, the misgivings about the weakening of the IMO status and its efficiency were determinant. Another fatal consequence suggested was the increase "of the politicization of debates at IMO"[170].

Besides, this step would in an indirect way further promote the development of regionalism and uniteralism trends in international shipping policy[171]. It could also threaten with bloc voting[172].

Although the first attempt of the EU to become "a full member of IMO"[173] was not crowned with success (in many respects owing to the pure resistance of the Member States[174]), without a doubt they will try again. Indeed, there is no harm in trying.

---

[166] Recommendation, *supra,* n. 164.
[167] R. Streinz (ed.), *op. cit.,* n. 40, p. 2522.
[168] Recommendation, *supra,* n. 164.
[169] European Community Shipowners' Association (eds.), "The role of the EU in IMO", p.17, in: Annual report, 2004-2005, available from
<http://www.ecsa.be/ar/Rapport%202004-2005.pdf>
(visited 23 March 2006).
[170] "The influence of Europe", *supra,* n. 9.
[171] M. Grey, "IMO faces European menace says Maitland", (2005) 14 June *Lloyd's List.*
[172] *Ibid.*
[173] "The influence of Europe", *supra,* n. 9.

Conclusion

"Like it or not, the European Union is a world power, and should be prepared to share responsibility for security in the world"[175], - declared Javier Solana in Thessaloniki in 2003. EC authorities did not fail to use this statement as a slogan for the development of a new regulation on ship and port security[176]. Besides, it seems that the EU does intend to share responsibility for security on a global level. In such a way, at the end of 2005 the Commission sent a reasoned opinion to Greece. Greece was accused of disregarding the exclusive external competence of the Commission in the field of the Common Transport Policy (Art. 71 EC, Art. 10 EC) of the Community. The Commission disagreed with Greece presenting a submission to the IMO concerning the implementation of the recent "security amendments" to the SOLAS convention and the ISPS Code, since they have been incorporated into Community law. The next step could be a reference to the Court of Justice. At the same time one should stress that the Contracting Governments to SOLAS are under the legal obligation to submit certain information to the IMO.

One can really dispute the legal basis and competence for the independent role of the Community in the world maritime shipping policy. But that is the way it is. I am afraid that in the near future there will not be many changes.

As a small evidence to these words: the European Commission in close consultation with Member States and the European shipping industry intends to present a legislative proposal for covering all aspects of security in the intermodal transport chain[177].

---

[174] European Community Shipowners' Association (eds.), *supra,* n. 171, p. 17.

[175] J. Solana, "A Secure Europe in a Better World", speech to the European Council in Thessaloniki, 20 June 2003, quoted in: European parliament, Report, *supra*, n. 13.

[176] European parliament, Report, *supra*, n. 13.

[177] European Commission (eds.), "Current international shipping market trends – community maritime policy priorities and legislative initiatives", *supra,* n. 8, p. 8.

Meeresumweltschutz durch Strafrecht?

Jonathan Claas

A. Völkerrechtliche Aspekte eines strafrechtlichen Meeresschutzes

I. Einleitung

Umweltverschmutzung ist ihrem Wesen nach ein grenzüberschreitendes Phänomen.[1] Im Bereich der Meere wirken sich Verschmutzungen zum einen immer nachteilig auf das Gesamtökosystem und damit wenigstens mittelbar auf die Interessen der Anliegerstaaten und all jener aus, die die Ressourcen des Lebensraumes Meer nutzen, zum anderen zeigen beispielsweise große Öltankerhavarien, dass durch Meeresverschmutzungen auch unmittelbar das Hoheitsgebiet und vor allem die Küsten eines Staates von erheblichen Schäden betroffen sein können.

Demnach ist der Schutz der Meeresumwelt eine globale Aufgabe, die nur dann umfassend gelöst werden kann, wenn vereint mit allen zur Verfügung stehenden Mitteln an ihr gearbeitet wird.

Die Staaten sind aufgerufen, umweltpolitische Maßnahmen zu ergreifen, um Meeresverschmutzungen zu verhindern, sie möglichst gering zu halten, wo sie unvermeidbar sind und dort, wo sie bereits eingetreten sind, nach Möglichkeit für ihre Beseitigung zu sorgen. In erster Linie geschieht dies mit den Mitteln des Umweltverwaltungsrechts.

---

[1] *Dannecker/Streinz*, Umweltpolitik und Umweltrecht: Strafrecht, *Rengeling* (Hrsg.), Handbuch zum europäischen und deutschen Umweltrecht (2003), S. 159.

II. Zweck des Einsatzes strafrechtlicher Mittel im Umweltschutz

Die Frage ist nun, wie mit den Mitteln des Strafrechts zum Meeresumweltschutz beigetragen werden kann. Grundsätzlich gilt, dass das Strafrecht als Mittel gesetzgeberischer Gestaltung aufgrund seiner intensiven Eingriffswirkung gegenüber dem betroffenen Individuum immer das letztgewählte Mittel bleiben muss.
Zunächst ist klar, dass mit strafrechtlichen Mitteln zwar eine Verbesserung des Zustandes der Meeresumwelt wohl kaum herbeigeführt, aber durchaus einer weiteren Verschlechterung desselben Einhalt geboten werden kann. Das Strafrecht kann immer nur den tatsächlichen Zustand der Umwelt schützen.
Was also das Strafrecht zu leisten vermag, ist eine Unterstützung derjenigen Regelungen des Verwaltungsrechts, die auf eine Verbesserung des Zustandes der Meeresumwelt abzielen.[2] Die Nichtbeachtung umweltverwaltungsrechtlicher Vorschriften kann mit einer etwaigen Strafandrohung belegt werden. Dem Strafrecht kommt damit eine ergänzende und flankierende Funktion zu und es ermöglicht so eine Effektivierung des Umweltverwaltungsrechts.
Die Androhung von Strafen für bestimmte Verhaltensweisen ist immer auch Ausdruck davon, dass diese Verhaltensweisen in besonderer Weise von der Rechtsgemeinschaft missbilligt werden. Insoweit können Strafandrohungen für umweltschädliche Verhaltensweisen auch eine gewisse generalpräventive, abschreckende Wirkung entfalten und so normstabilisierend wirken.

III. Ausdehnung staatlicher Strafgewalt

Für den Bereich des strafrechtlichen Meeresumweltschutzes sind die Grundprinzipien der Ausdehnung staatlicher Strafgewalt von großer Bedeutung. Keinem Staat ist es gestattet, seinen Strafanspruch auf alle Taten auszudehnen, die von In- oder Ausländern im In- oder Ausland begangen worden sind. Vielmehr bedarf es zweier Voraussetzungen: Zum einen muss zwischen dem strafenden Staat und dem Täter, dem Opfer, dem Tatort oder der Tat selbst ein sinnvoller Anknüpfungspunkt bestehen. Zum anderen darf der Ausdehnung der nationalen Strafgewalt keine Völkerrechtsnorm entgegenstehen.[3]

---

[2] *Faure/Heine*, Environmental Criminal Law in the European Union (2000), S. 1.
[3] *Reichart*, Umweltschutz durch völkerrechtliches Strafrecht (1998), S. 117f.

1. Der Ausdehnung zugrundeliegende Prinzipien

Erster Anknüpfungspunkt der Ausdehnung der Strafgewalt ist das Territorialitätsprinzip, das einem Staat die Bestrafung derjenigen Taten gestattet, die – gleich von wem – innerhalb seines Staatsgebiets begangen werden.[4] Hiermit eng verbunden ist die Ausdehnung der Strafgewalt nach dem Flaggenprinzip, das einem Staat die Bestrafung aller Taten erlaubt, die auf Schiffen, die unter seiner Flagge fahren, begangen werden.[5] Unter dem Aspekt des Selbstschutzes des Staates kann des Weiteren auch an Taten angeknüpft werden, die von Ausländern im Ausland begangen worden sind, dann nämlich, wenn sie inländische Rechtsgüter gefährden oder verletzen.[6] Weitere Anknüpfungspunkte sind nach dem *aktiven Personalitätsprinzip* für Straftaten eigener Staatsangehöriger im Ausland, dem *Prinzip der stellvertretenden Strafrechtspflege,*[7] bei dem der primär zuständige Staat einen anderen bittet, tätig zu werden, dem *Kompetenzverteilungsprinzip,*[8] bei dem Staaten im Verhandlungswege untereinander ihre Zuständigkeiten für Strafverfolgung abgleichen oder dem *Universalitätsprinzip* denkbar, das zur Ahndung von Straftaten gegen übernationale, von allen Kulturstaaten als solche anerkannte Rechtsgüter ermächtigt.
Ein solcher sinnvoller Anknüpfungspunkt dürfte nicht allzu schwer zu finden sein: gerade in räumlich abgegrenzten und austauschärmeren Meeresteilen wie beispielsweise der Nord- und Ostsee oder dem Mittelmeer bilden jegliche Verschmutzungen leicht eine unmittelbare Bedrohung für die Küstenstaaten.

2. Der Ausdehnung entgegenstehendes Völkerrecht

Der Ausdehnung der Strafgewalt darf des Weiteren keine Bestimmung des Völkerrechts entgegenstehen. Grundsätzlich können sich solche einschränkenden Bestimmungen aus allen Quellen des Völkerrechts ergeben, im Besonderen kommen allerdings solche des *Völkervertragsrechts* und des *Völkergewohnheitsrechts* in Betracht.[9]

---

[4] Vgl. § 3 StGB.
[5] Vgl. § 4 StGB.
[6] Staatsschutzprinzip; vgl. § 5 Nr. 1-4 u. 10-13 StGB, hierzu *Oehler*, Internationales Strafrecht (1983), S. 133; passives Personalitätsprinzip bei Taten, die gegen eigene Staatsangehörige gerichtet sind; vgl. § 5 Nr. 6 u. 7, § 7 I StGB, hierzu *Oehler*, ebend., S. 134.
[7] *Oehler*, Fn. 6, S. 144.
[8] *Oehler*, Fn. 6, S. 138.
[9] *Reichart*, Fn. 3, S. 121 ff.

a) Völkergewohnheitsrecht

So unterliegen die eben geschilderten Personalitätsprinzipien (aktives und passives) sowie das Prinzip der gegenseitigen Strafrechtspflege der Einschränkung durch den völkergewohnheitsrechtlichen Satz des Missbrauchsverbots: sie dürfen dann nicht zur Anwendung kommen, wenn nicht die jeweilige Tat am Tatort auch mit Strafe bedroht ist.
Als einschlägige Völkerrechtsnorm kommt hier vor allem der gewohnheitsrechtlich entwickelte, jetzt in Art. 87 des Seerechtsübereinkommens (SRÜ)[10] normierte Grundsatz der Freiheit der Meere in Betracht. Aus diesem Grundsatz folgt, dass die Hohe See keiner Staatsgewalt unterliegt und somit grundsätzlich auch kein Staat seine Strafgewalt auf dieses Gebiet ausdehnen darf. Schiffe auf Hoher See unterliegen nach dem Flaggenprinzip ausschließlich der Hoheitsgewalt des Staates, unter dessen Flagge sie fahren.[11]
Grundsätzlich ist eine Ausdehnung nationaler Strafgewalt auf Verschmutzungshandlungen außerhalb des Hoheitsgebietes also trotz möglicherweise bestehendem Anknüpfungspunkt durch den Grundsatz der Freiheit der Meere und das Flaggenstaatsprinzip beschränkt.

b) Völkervertragsrecht: das Seerechtsübereinkommen

Nun ist die Hohe See zwar frei von jeglicher Gebietshoheit, jedoch bildet sie keinen rechtsfreien Raum. Sie unterliegt unmittelbar dem Völkerrecht und somit ist denkbar, dass den Staaten durch Völkergewohnheitsrecht oder Völkervertragsrecht hinsichtlich der Überwachung und Ahndung von Meeresverschmutzungen Befugnisse eingeräumt sind, die ihrerseits die Anwendung des Grundsatzes der Meeresfreiheit beschränken.

Im Folgenden soll also dargestellt werden, welche Meeresteile zur Hohen See gehören und welchen völkervertraglichen Einschränkungen durch die Bestimmungen des Seerechtsübereinkommens (SRÜ) der Grundsatz der Meeresfreiheit in diesen Gebieten unterliegt.

---

[10] Seerechtsübereinkommen der Vereinten Nationen vom 10.12.1982; BGBl. 1994 II S. 1799.
[11] Ausnahme nur nach dem aktiven Personalitätsprinzip, vgl. Art. 97 SRÜ.

Die Inneren Gewässer eines Staates und das sich an sie anschließende Küstenmeer unterliegen seiner Souveränität.[12] Hier kann er auch seine Strafgewalt ausüben. Bezüglich des Küstenmeeres ergibt sich allerdings eine Besonderheit: abgeleitet aus der Meeresfreiheit kann hier das Recht der friedlichen Durchfahrt wahrgenommen werden, das als entgegenstehender Völkerrechtssatz eine Ausübung der Strafgewalt nicht zulässt.

Es muss aber die Frage gestellt werden, ob bei einer Durchfahrt durch die Küstengewässer eines Staates, bei der es zu Meeresverschmutzungen kommt, noch von einer friedlichen Durchfahrt gesprochen werden kann.[13] Die Durchfahrt soll dann nicht mehr als friedlich angesehen werden, wenn es dabei zu einer vorsätzlichen schweren Verschmutzung kommt.[14]
Zunächst erscheint dies als eine sehr eng gefasste Voraussetzung der Strafgewaltsausübung. Doch sind die Staaten befugt, in ihrem Küstenmeer Vorschriften zum Schutz der Umwelt und zur Verhütung, Verringerung und Überwachung ihrer Verschmutzung zu erlassen, an die sich fremde Schiffe auch zu halten haben.[15] Dies ist im Zusammenhang damit zu sehen, dass die Strafgewalt an Bord fremder Schiffe grundsätzlich nicht ausgeübt werden soll, es sei denn, dass sich die Folgen der Straftat auf den Küstenstaat erstrecken oder die Straftat geeignet ist, den Frieden des Landes oder die Ordnung im Küstenmeer zu stören.[16] Will man also eine Durchfahrt nicht als unfriedlich ansehen, es sei denn dass es dabei zu einer schweren und vorsätzlichen Verschmutzung kommt, so besteht hiernach dennoch die Möglichkeit für den Staat, ein durchfahrendes Schiff wegen Verschmutzungshandlungen seiner Strafgewalt zu unterwerfen: er kann grundsätzlich jedwede, also auch fahrlässige Verschmutzungshandlung im Küstenmeer mit Strafe bedrohen; kommt es dann zu einem Verstoß, so ist mit dem Gesetzesbruch immer auch die Ordnung des Küstenmeers gestört.[17]
Des Weiteren ist bei Verschmutzungen im Bereich des Küstenmeeres immer gegeben, dass sich die Verschmutzungsfolgen auf den Küstenstaat erstrecken, denn sie berühren unmittelbar sein Hoheitsgebiet.

---

[12] Art. 2 SRÜ.
[13] *Klages*, Meeresumweltschutz und Strafrecht (1989), S. 19ff., S. 27 ff.
[14] Art. 19 II lit. h) SRÜ.
[15] Art. 21 I lit. f), 21 IV SRÜ.
[16] Art. 27 I lit. a) u. b) SRÜ.
[17] *Reichart*, Fn. 3, S. 129f.

In den übrigen Meereszonen gilt grundsätzlich der aus der Meeresfreiheit abgeleitete Grundsatz, dass Schiffe dort nur der Gerichtsbarkeit desjenigen Staates unterliegen, dessen Flagge sie führen. Auch können Besatzungsmitglieder hier nach dem aktiven Personalitätsprinzip der Strafgewalt ihres Heimatstaates unterworfen werden.
Hinsichtlich einer auf Meeresverschmutzungen bezogenen Ausdehnung der Strafgewalt werden den Staaten im Seerechtsübereinkommen allerdings einige Sonderbefugnisse eingeräumt.
Dies gilt für die Bereiche der ausschließlichen Wirtschaftszone (AWZ) und des Festlandsockels, die in gewisser Weise wirtschaftlich nationalisiert sind. Allerdings muss hier zwischen den verschiedenen Verschmutzungsarten differenziert werden. Bezüglich der Verschmutzung von Land aus[18] und jener aus oder durch die Luft[19] bleibt es bei der Ausübung der Strafgewalt nach dem Territorialitäts- und Flaggenprinzip. Für Verschmutzungen des Meeresbodens und Meeresuntergrunds außerhalb staatlicher Hoheitsgebiete sieht das SRÜ in Art. 209 und Art. 215 Rechtssetzungs- und Durchsetzungsbefugnisse vor. Auf die Ausdehnung der Strafgewalt einzelner Staaten außerhalb der AWZ haben diese Befugnisse aber keine Auswirkungen, da sie gemeinschaftlich durch die Internationale Meeresbodenbehörde (International Seabed Authority, ISA) wahrgenommen werden.

Echte Sonderbefugnisse, nach denen die Strafgewalt eines Staates ausgedehnt werden kann, werden ihm für Verschmutzungen eingeräumt, die sich im Zusammenhang mit Tätigkeiten auf dem Meeresboden innerhalb der AWZ und auf dem Festlandsockel ergeben[20] und unter seine Hoheitsbefugnisse fallen[21] oder von künstlichen Inseln, Anlagen und Bauwerken ausgehen und so ebenfalls seiner Hoheitsbefugnis unterfallen.[22] Gleiches gilt für Verschmutzungen durch Einbringen innerhalb der AWZ und auf dem Festlandsockel[23] und sonstige von Schiffen ausgehende Verschmutzungen innerhalb der AWZ.[24]
Zunächst erscheint es also, als ermögliche das SRÜ den Staaten eine recht weitreichende strafrechtliche Ahndung von Meeresverschmutzungsdelikten.

[18] Art. 207 u. 213 SRÜ.
[19] Art. 212 u. 222 SRÜ.
[20] Art. 208 u. 214 SRÜ.
[21] Art. 56 u. 77 SRÜ.
[22] Art. 60 u. 80 SRÜ.
[23] Art. 210 u. 216 SRÜ.

c) Ergebnis: die engen Grenzen der staatlichen Strafmöglichkeiten

Zwei gewichtige Hinderungsgründe jedoch stehen einer wirksamen Ausschöpfung dieses Rahmens im Hinblick auf diejenigen Ziele entgegen, die zu erreichen mit dem Einsatz strafrechtlicher Mittel im Meeresumweltschutz bezweckt werden soll.
Bei Verstößen fremder Schiffe gegen Gesetze, die ein Staat zum Schutze der Meeresumwelt erlassen hat, dürfen in dem Fall, dass sie *außerhalb* des Küstenmeeres begangen werden, nach dem SRÜ nur Geldstrafen verhängt werden; bei Verstößen *innerhalb* des Küstenmeeres gilt das gleiche, es sei denn, dass es sich um vorsätzliche schwere Verschmutzungshandlungen handelt.[25]

Somit ist einer generalpräventiven oder normstabilisierenden Wirkung der Strafandrohung der Boden entzogen. Nach deutschem Strafrecht bleibt für solche Taten lediglich eine Strafdrohung von maximal 360 Tagessätzen,[26] die nicht so abschreckend wirkt, wie eine Freiheitsstrafe dies täte und auch nicht zum Ausdruck bringt, dass das so bedrohte Verschmutzungshandeln von der Rechtsgemeinschaft sonderlich missbilligt wird.

Der zweite Grund, der an einem wirksamen Einsatz des Strafrechts im Meeresumweltschutz zweifeln lässt, liegt nicht in der Begrenzung der Ausdehnungsmöglichkeit von Strafgewalt, sondern darin, dass sich das SRÜ in den Bereichen, in denen es den Staaten die Schaffung von umweltschützenden Gesetzen abverlangt, deren Einhaltung dann durch den Einsatz strafrechtlicher Mittel gewährleistet werden könnte, damit begnügt, dass diese Gesetze wenigstens die in völkervertraglichen Vereinbarungen getroffenen Umweltstandards enthalten. Das bedeutet, dass die in ihrem maximalen Strafrahmen ohnehin vergleichsweise milden Strafgesetze umweltverwaltungsrechtliche Normen schützen, die ihrerseits nur ein Minimalniveau an Umweltstandards abverlangen. Zwar dürfen solche Gesetze auch über das allgemein vereinbarte Schutzniveau hinausgehen, doch ist in Anbetracht der Tatsache, dass heute leider noch die Auffassung vorherrscht, Investitionen eines Staates in den Umweltschutz gingen immer auch zu Lasten der Entfaltung seiner wirtschaftlichen Prosperität, nicht davon auszugehen, dass sich einzelne Staaten auf ein wesentlich höheres Umweltschutzniveau festlegen wollen.

---

[24] Art. 211, 217, 218 u. 220 SRÜ.
[25] Art 230 I u. II SRÜ.
[26] Vgl. § 40 I StGB.

IV. Probleme des strafrechtlichen Meeresumweltschutzes auf völkerrechtlicher Ebene

Es ergeben sich für die Ahndung von Meeresverschmutzungen als Straftaten also zusammenfassend folgende Probleme: zum einen ist die Ausdehnung staatlicher Strafgewalt begrenzt, zum anderen werden die derzeit bestehenden Befugnisse zur strafrechtlichen Ahndung von Verschmutzungsdelikten von den Staaten in ganz unterschiedlicher Weise umgesetzt, sowohl hinsichtlich der Frage, welche Handlungen überhaupt gegen Umweltvorschriften verstoßen und damit Delikte darstellen, als auch in Bezug darauf, inwieweit solche Verstöße tatsächlich als Straftaten verfolgt werden und wie hoch die Strafen sind, mit denen sie bedroht werden.

Abhilfe würde diesbezüglich die Anerkennung des Universalitäts- oder Weltrechtsprinzips für Umweltverschmutzungshandlungen schaffen.
Das Weltrechtsprinzip erlaubt die weltweite Verfolgung von extraterritorialen Taten, ohne dass es im Sinne der bereits geschilderten Anknüpfungsprinzipien[27] eines Bezuges zum Tatort oder der Staatsangehörigkeit von Täter oder Opfer bedürfte.[28] Die Strafverfolgung bestimmter Verbrechen nach dem Weltrechtsprinzip dient der Gewährleistung des Schutzes international anerkannter – gemeinsamer – Rechtsgüter.[29] Damit übt der verfolgende Staat seine eigene Strafgewalt im Interesse der Staatengemeinschaft aus.[30]
Allerdings ist der Bestand derjenigen Delikte, auf die das Weltrechtsprinzip anwendbar ist, sehr beschränkt, da nur solche in Betracht kommen, die den Schutz als kollektiv schützenswert anerkannter Rechtsgüter bezwecken.[31] Dies sind neben dem Verbrechen der Piraterie die Aggression, der Völkermord, Verbrechen gegen die Menschlichkeit und Kriegsverbrechen.[32]
Die Anerkennung der Umwelt als kollektiv schützenswertes Rechtsgut und damit die Möglichkeit der Anwendung des Weltrechtsprinzips auf die Verfolgung von Umweltstraftaten lässt sich dagegen bislang nicht erkennen.[33]

---

[27] s.o. A.III.1.
[28] *Ambos*, Internationales Strafrecht (2006), S. 52.
[29] *Wang*, Der universale Strafanspruch des nationalen Staates (2005), S. 65; *Wessels/Beulke*, Strafrecht Allgemeiner Teil (2006), S.18.
[30] *Ambos*, Fn. 28, S. 52.
[31] *Ambos*, Fn. 28, S. 53.
[32] *Ambos*, Fn. 28, S. 53 f.
[33] *Reichart*, Fn. 3, S. 175.

Eine diesbezügliche Anerkennung der Umwelt und die so entstehende Möglichkeit, Verschmutzungshandlungen im Interesse aller Staaten zu ahnden, würde aber jedenfalls die Problematik der Strafgewaltsausdehnung entfallen lassen.

B. Die Ebene der Europäischen Gemeinschaft und der Europäischen Union

Nach diesen grundlegenden Ausführungen soll nun betrachtet werden, ob und inwieweit ein gemeinsames Vorgehen innerhalb der Europäischen Gemeinschaft oder der Europäischen Union den Schutz der Meere durch das Strafrecht – in dem anfangs aufgezeigten Rahmen der diesbezüglichen Möglichkeiten des Strafrechts – verstärken und die angeführten Probleme mindern kann.

I. Strafrechtliche Kompetenzen im Rahmen von EU und EG

1. Supranationales Strafrecht

Die EG als supranationale Institution kann in ihren Aufgabenbereichen hoheitlich und damit auch rechtssetzend tätig werden. Hierbei bedürfen die Rechtsetzungsorgane der Gemeinschaft allerdings einer ausdrücklichen Kompetenzzuweisung in den Gründungsverträgen.[34] Voraussetzung für ein gemeinschaftliches Vorgehen in einem bestimmten Bereich ist also, dass dieser Bereich in den Gründungsverträgen als Gemeinschaftskompetenz ausgewiesen ist. Das Strafrecht, historisch sehr eng geknüpft an den Anspruch der Staaten auf die territoriale Hoheitsgewalt und deren notfalls zwangsweise Durchsetzung, wird von den Mitgliedstaaten immer noch als Materie ihrer ureigenen Souveränität angesehen, weswegen die Gründungsverträge bislang in diesem Bereich der Gemeinschaft keine Rechtssetzungskompetenzen zuweisen.[35] Hierbei bezieht sich der Begriff der strafrechtlichen Rechtssetzung auf Strafrecht im engeren Sinne, also auf den Erlass kriminalstrafrechtlicher Normen, die Freiheits- oder Geldstrafen als Sanktionen androhen. Der Bereich der polizeilichen und justiziellen Zusammenarbeit in Strafsachen (PJZS) bleibt den Mitgliedstaaten als intergouvernementales Aktionsfeld im Rahmen der dritten Säule der EU vorbehalten.[36] Auf dem Gebiet des Strafrechts hat die Gemeinschaft also keine eigene Rechtsetzungsgewalt.[37]

[34] Vgl. Art. 5 I, 249 I EG, Art. 5 EU; siehe hierzu *Streinz*, Europarecht (2003), S. 190 f.
[35] *Dannecker/Streinz*, Umweltpolitik und Umweltrecht: Strafrecht, *Rengeling* (Hrsg.), Fn. 1, S. 159.
[36] Art. 29- 42 EU (Titel VI).
[37] Vgl. *Satzger*, Internationales und Europäisches Strafrecht, Baden-Baden (2005), S.84 f. mwN.

2. Kompetenz zur Anweisung durch Sekundärrecht / Richtlinien mit strafrechtlichem Gehalt / Harmonisierung

Nun bedeutet die mangelnde Kompetenz zur Setzung supranationalen Strafrechts nicht, dass es keine Einflussmöglichkeit der Gemeinschaft in Bezug auf das Strafrecht gäbe. So kann die Gemeinschaft über Richtlinien die Mitgliedstaaten anweisen, zum Zwecke der Rechtsharmonisierung erforderliche Maßnahmen zu ergreifen.

Eine derartige Befugnis zur Harmonisierung des mitgliedstaatlichen Strafrechts wird in verschiedener Weise aus dem Primärrecht abgeleitet, wobei die Ableitung dieser Befugnis aus Spezialermächtigungen des EG-Vertrags als der überzeugende Weg erscheint.[38] Voraussetzung ist, dass der EG-Vertrag für den jeweiligen Politikbereich, in dem eine Harmonisierung der mitgliedstaatlichen Strafvorschriften angestrebt wird, eine Kompetenzzuweisung an die Gemeinschaft enthält. Der Schutz der Umwelt und somit auch der Schutz der Meeresumwelt liegen nach dem EG-Vertrag im gemeinschaftlichen Aufgabenbereich.[39]

Umstritten ist jedoch, wie weit diese Anweisungsbefugnis reicht.[40] Klar ist, dass die Anweisungskompetenz nicht so weit reichen kann, dass ihre Ausübung zu einer Umgehung der im Strafnormbereich versagten Rechtssetzungsbefugnis der EG führen würde. Dies wäre der Fall, wenn die Befugnis detaillierte Vorgaben zu den Tatbestandsvoraussetzungen oder Art und Maß der Strafe, die für die jeweilige Tat vorzusehen sei, umfasste.[41] Des Weiteren ergibt sich bereits aus dem EG-Vertrag, dass den Mitgliedstaaten mithilfe von Richtlinien zwar Zielvorgaben gemacht werden können, ihnen aber die Wahl der Form und der Mittel zur Erreichung des vorgeschriebenen Ziels freisteht.[42] Insbesondere ist zu klären, ob die Schaffung von Straftatbeständen eine zulässige Zielbestimmung in diesem Sinne darstellt, obgleich damit ja auch schon Form und Mittel (gesetzliche Kriminalstrafe) der Umsetzung vorgegeben sind.

---

[38] *Ambos*, Fn. 28, S. 393 ff. mwN.
[39] Art. 174-176 EG (Titel XIX).
[40] *Mansdörfer*, „Einführung in das Europäische Umweltstrafrecht“, (2004) JURA Heft 5, S. 297-306, S. 299; *Satzger*, Die Europäisierung des Strafrechts, München (2001), S. 449 ff.
[41] *Ambos*, aaO., S. 394.
[42] Art. 249 III EG.

Bislang jedenfalls beschränkt sich die Gemeinschaft beim Erlass von Sekundärrechtsakten im Bereich des strafrechtlichen Meeresumweltschutzes unter Berücksichtigung der mitgliedstaatlichen Souveränitätsvorbehalte darauf, die Mitgliedstaaten dazu anzuhalten, geeignete Maßnahmen zu ergreifen, mit deren Einsatz wirksam, angemessen und abschreckend die Interessen der Gemeinschaft bewahrt werden können, anstatt ausdrücklich die Schaffung von Straftatbeständen einzufordern.[43]

II. Richtlinie 2005/35/EG und Rahmenbeschluss 2005/667/JI

Der strafrechtliche Schutz der Meere auf europäischer Ebene ist noch sehr jung. Den Ausgangspunkt markieren die beiden folgenden Rechtsakte, die auf die Bekämpfung einer Quelle maritimer Verschmutzung abzielen, deren Anteil an der gesamten Meeresverschmutzung sehr gering ist: die Einleitung von Schadstoffen durch Schiffe.

1. RL 2005/35/EG

Die Richtlinie RL 2005/35/EG vom 7. September 2005 über die Meeresverschmutzung durch Schiffe und die Einführung von Sanktionen für Verstöße wurde auf Vorschlag der Kommission von Rat und Parlament nach dem Mitentscheidungsverfahren des Art. 251 EG angenommen.[44]

a) Ziel der Richtlinie

Ziel der Richtlinie ist es, eine einheitliche Umsetzung des MARPOL 73/78-Übereinkommens sicherzustellen und damit die Meeresverschmutzung von Schiffen aus einzudämmen.
MARPOL 73/78 ist ein internationales Abkommen, in dem Begriffsbestimmungen, allgemeine Vorschriften sowie spezielle Regelungen zu einzelnen Teilbereichen der Meeresverschmutzung durch Schiffe sowie Vorschriften über die Sanktionierung von Verstößen enthalten sind. Alle Mitgliedstaaten der EU haben dieses Abkommen ratifiziert, allerdings wurden in der Vergangenheit insbesondere im Bereich der Sanktionierung von Verstößen gegen die Vorschriften

---

[43] *Hecker*, Europäisches Strafrecht (2005), S.300 f.; *Eisele*, „Einflussnahme auf nationales Strafrecht durch Richtliniengebung der Europäischen Gemeinschaft“, (2001) JZ Heft 23, S. 1157-1165, S. 1161 f.
[44] ABlEU Nr. L 255/11.

des MARPOL 73/78-Abkommens erhebliche Unterschiede bei der Umsetzung des Abkommens registriert.[45] Eine Übernahme des Abkommens in das Gemeinschaftsrecht durch die Richtlinie soll die einheitliche Anwendung der MARPOL-Regeln gewährleisten und die Sicherheit des Seeverkehrs erhöhen wie auch den Schutz der Meeresumwelt verstärken.[46]

b) Spezialermächtigung und Geltungsbereich

Die Richtlinie stützt sich insbesondere auf Art. 80 II EG, der die Gemeinschaft im Rahmen der gemeinsamen Verkehrspolitik ermächtigt, Vorschriften für die Seeschifffahrt zu erlassen.

Da die Richtlinie inhaltlich die Meeresverschmutzung durch Schiffe betrifft, müsste Art. 80 II EG auch zum Erlass umweltschützender Vorschriften im Rahmen des Seeverkehrs ermächtigen.

Das in Art. 2 EG genannte Ziel der Förderung eines hohen Maßes an Umweltschutz und Verbesserung der Umweltqualität soll auch durch die Durchführung der in Art. 3 EG genannten Politiken erreicht werden. Art. 3 f) EG nennt als Gemeinschaftstätigkeit eine gemeinsame Politik auf dem Gebiet des Verkehrs, Art. 70 ff. EG regeln diese Politik und nach Maßgabe des Art. 80 II EG geschaffene Vorschriften sind Teil dieser Verkehrspolitik. Art. 6 EG stellt noch einmal gesondert die Pflicht der Einbeziehung der Umweltschutzerfordernisse bei der Festlegung und Durchführung von Gemeinschaftspolitiken des Art. 3 EG insbesondere zur Förderung einer nachhaltigen Entwicklung heraus. Auch für die Seeschifffahrt als Teil des gemeinschaftlichen Verkehrs gelten mithin die Maßgaben der Art. 2 und 6 EG, nach denen die Umweltschutzerfordernisse zu beachten sind.

Demnach sind Rechtsakte, die die Verschmutzungen im Rahmen des Seeverkehrs betreffen, von der Ermächtigung des Art. 80 II EG gedeckt.[47]

Die Richtlinie 2005/35/EG definiert zunächst die Begriffe „Schadstoffe" und „Einleiten" im Sinne des MARPOL-Abkommens 73/78 und ein „Schiff" als unabhängig von seiner Flagge in der Meeresumwelt betriebenes Seeschiff einschließlich Tragflächenbooten, Luftkissenfahrzeugen, Tauchfahrzeugen und schwimmendem Gerät.[48] Der Geltungsbereich der Richtlinie wird im Einklang

[45] Vgl. 3. Begründungserwägung der RL 2005/35/EG.
[46] Art. 1 I der RL 2005/35/EG.
[47] Vgl. *Boeing* in Grabitz/Hilf, Das Recht der Europäischen Union, Kommentar, Bd. II, München (Stand: Juni 2006), Art. 80 EG, Rn. 43.
[48] Art. 2 der RL 2005/35/EG.

mit dem Völkerrecht für das Einleiten von Schadstoffen in innere Gewässer eines Mitgliedstaats, dessen Küstenmeer, Meerengen unter Hoheitsbefugnis eines Mitgliedstaats, die AWZ eines Mitgliedstaats sowie in die hohe See festgelegt, wobei staatseigene Schiffe und solche, die von Staaten zum Zeitpunkt der Einleitung ausschließlich zu nichtgewerblichen staatlichen Diensten eingesetzt werden, aus dem Geltungsbereich der Richtlinie ausgeschlossen sind.[49]

c) Verstöße und Anordnung von Durchsetzungsmaßnahmen

Als Verstöße sollen die Mitgliedstaaten jene Schadstoffeinleitungen (mit Ausnahme gewisser in Anlage I und II des MARPOL-Abkommens 73/78 nicht verbotener Einleitungen[50]) in den soeben genannten Gebieten betrachten, die auf Vorsatz, Leichtfertigkeit oder grobe Fahrlässigkeit zurückzuführen sind.[51]

Desweiteren beschäftigt sich die Richtlinie mit Maßnahmen, die die Durchsetzung gegenüber Schiffen in Häfen von Mitgliedstaaten oder solchen im Transitverkehr betreffen.[52] Nach dem SRÜ kann ein Staat im Falle einer verbotenen Einleitung von Schadstoffen durch ein Schiff auf hoher See, in der AWZ des Staates oder in seinem Küstenmeer gegen dieses Schiff, sofern es freiwillig in einem seiner Häfen liegt, Maßnahmen anordnen, von einer einfachen Untersuchung bis zur Einleitung eines Verfahrens, wenn die Beweislage dies rechtfertigt.[53] Gemäß der Richtlinie wird in solchen Fällen jeder Mitgliedstaat für die Durchführung von Inspektionen oder gegebenenfalls die Einleitung eines Verfahrens sorgen. Bei einer verbotenen Schadstoffeinleitung im Küstenmeer eines Staates oder in seiner AWZ durch ein Schiff, das keinen Hafen dieses Staates anläuft, gilt nach dem SRÜ folgendes: Läuft dieses Schiff den Hafen eines anderen Staates an, so kann dieser ihm gegenüber nur dann Maßnahmen anordnen, wenn der Staat, in dessen Küstenmeer oder AWZ die Einleitung erfolgte, ausdrücklich darum ersucht, es sei denn, dass die Einleitung auch Verschmutzungen der inneren Gewässer, des Küstenmeeres oder der AWZ des Staates, in dessen Hafen das Schiff nun liegt, verursacht hat oder zu verursachen droht.[54] Kommt es während der Durchfahrt eines Schiffes durch das Küstenmeer eines Staates zu einer von diesem Schiff ausgehenden verbotenen Schadstoffeinleitung, so kann

[49] Art. 3 der RL 2005/35/EG.
[50] Art. 5 der RL 2005/35/EG.
[51] Art. 4 der RL 2005/35/EG.
[52] Art. 6 u. 7 der RL 2005/35/EG.
[53] Art. 218 I, 220 I SRÜ.
[54] Art. 218 II SRÜ.

bei eindeutig begründeter Annahme der Küstenstaat an Bord dieses Schiffes eine Untersuchung durchführen und gegebenenfalls bei entsprechender Beweislage ein Verfahren gegen dieses Schiff einleiten, das unter Umständen auch dessen Zurückhalten umfasst.[55]

Die Richtlinie schreibt nun vor, dass in den erstgenannten Fällen, sofern der von dem Schiff angelaufene Hafen in einem anderen Mitgliedstaat liegt, zwischen diesem und dem Staat, der von der Einleitung betroffen ist und Informationen über die Einleitung besitzt, eine enge Zusammenarbeit bei der Inspektion des Schiffes stattfindet. Falls das Schiff einen in einem Nicht-Mitgliedstaat gelegenen Hafen anläuft, so unterrichtet der betroffene Mitgliedstaat jenen Staat und fordert diesen auf, Maßnahmen gegen das Schiff zu ergreifen.

In Bezug auf die Durchsetzung von Maßnahmen gegen Schiffe ordnet die Richtlinie an, dass solche Maßnahmen, die nach dem SRÜ ergriffen werden können, nicht ermessensabhängig von Mitgliedstaat zu Mitgliedstaat entweder ergriffen werden oder nicht, sondern in den genannten Fällen in jedem Mitgliedstaat einheitlich zur Anwendung gebracht werden.

d) Sanktionen

Hinsichtlich der Verstöße im Sinne dieser Richtlinie werden die Mitgliedstaaten verpflichtet, solche mit wirksamen, verhältnismäßigen und abschreckenden Sanktionen zu belegen, die auch strafrechtlicher oder verwaltungsrechtlicher Art sein können.[56] Die Mitgliedstaaten sind weiter verpflichtet, dafür zu sorgen, dass diese Sanktionen auf alle Personen anwendbar sind, die sich eines Verstoßes im Sinne der Richtlinie schuldig gemacht haben können: gemeint sind alle Beteiligten, neben Reeder und Kapitän also auch Eigentümer der Ladung und Klassifikationsgesellschaften und andere möglicherweise Beteiligte.[57]

---

[55] Art. 220 II SRÜ.
[56] Art. 8 I der RL 2005/35/EG.
[57] Vgl. 7. Begründungserwägung der Richtlinie 2005/35/EG.

e) Schlussbestimmungen

Die Bestimmungen der Richtlinie werden von den Mitgliedstaaten ohne formale oder tatsächliche Diskriminierung ausländischer Schiffe und im Einklang mit dem Völkerrecht, einschließlich Teil XII Abschnitt 7 SRÜ, angewandt und alle von Maßnahmen nach der Richtlinie betroffenen Staaten werden unverzüglich über diese in Kenntnis gesetzt.[58]
Die Richtlinie enthält abschließend Bestimmungen über Begleitmaßnahmen (Einführung von Informationssystemen und gemeinsamen Verfahrensleitlinien),[59] die Pflicht der Mitgliedstaaten zur Berichterstattung über die Anwendung der Richtlinie und die Pflicht der Kommission zur Vorlage einer Durchführbarkeitsstudie über eine europäische Küstenwache zur Verhütung und Bekämpfung von Meeresverschmutzung.

2. Rahmenbeschluss 2005/667/JI

Der Rahmenbeschluss 2005/667/JI vom 12. Juli 2005 zur Verstärkung des strafrechtlichen Rahmens zur Bekämpfung der Verschmutzung durch Schiffe wurde auf Vorschlag der Kommission und nach Stellungnahme des Europäischen Parlaments vom Rat angenommen.[60]

Der Rahmenbeschluss ist eine intergouvernementale Handlungsform des Rates im Bereich der polizeilichen und justiziellen Zusammenarbeit in Strafsachen im Rahmen der Europäischen Union. Die Verbindlichkeit eines solchen Beschlusses gegenüber den EU-Mitgliedstaaten richtet sich nach den allgemeinen völkerrechtlichen Grundsätzen.[61] Wenn auch zunächst der Wortlaut des Art. 34 II S. 2 lit. b EU eine Ähnlichkeit des Rahmenbeschlusses zur EG-Richtlinie nach Art. 249 III EG vermuten lässt, gelten doch für diesen nicht die supranationalen Grundsätze des Gemeinschaftsrechts, insbesondere nicht die unmittelbare Wirksamkeit.

Die Zielsetzung des Rahmenbeschlusses 2005/667/JI ist es, die Angleichung der mitgliedstaatlichen Rechtsvorschriften in Bezug auf die Bekämpfung vorsätzli-

---

[58] Art. 9 der RL 2005/35/EG.
[59] Art. 10 der RL 2005/35/EG.
[60] ABlEU Nr. L 255/164.
[61] *Streinz*, Fn. 34, S. 180.

cher oder grob fahrlässiger Verschmutzung durch Schiffe zu schaffen.[62] Hierbei ist die spezielle Aufgabe des Rahmenbeschlusses, die Richtlinie 205/35/EG durch detaillierte Bestimmungen in Strafsachen zu ergänzen.

Wie bereits oben unter B.I.2. anklang, wurde vorliegend also aufgrund der Bedenken gegenüber der Zulässigkeit einer Richtlinie, die dezidiert die Schaffung von Straftatbeständen vorschreibt und darüber hinaus Vorgaben zu deren konkreter Ausgestaltung enthält, der Weg der Ausgliederung dieser strafrechtsbezogenen Vorschriften in einen korrespondierenden Rahmenbeschluss gewählt.

Nach Auffassung des Rates fallen solche Vorschriften unter die justizielle Zusammenarbeit des Art. 31 I lit. e EU und sind damit mangels gemeinschaftlicher Kompetenz allein Gegenstand eines Rahmenbeschlusses in diesem Bereich.[63]

a) Straftaten und Sanktionen

Inhaltlich geht es in dem Rahmenbeschluss 2005/667/JI zunächst um die Verpflichtung der Mitgliedstaaten, die erforderlichen Maßnahmen zu ergreifen, dass Verstöße im Sinne der Richtlinie 2005/35/EG als Straftaten behandelt werden.[64] Des Weiteren müssen die Mitgliedstaaten dafür Sorge tragen, dass die soeben bestimmten Straftaten mit wirksamen, angemessenen und abschreckenden strafrechtlichen Sanktionen bedroht sind, die zumindest in schweren Fällen auch Freiheitsstrafen umfassen.[65] Es folgen detaillierte Bestimmungen über das zu verhängende Strafmaß unter den verschiedenen Voraussetzungen, dass vorsätzlich oder grob fahrlässig gehandelt wurde und schwere Umweltschäden oder zusätzlich noch der Tod oder die schwere Verletzung eines Menschen verursacht wurden. Diese strafrechtlichen Sanktionen können durch andere Sanktionen und Maßnahmen ergänzt werden, wenn beim Täter Wiederholungsgefahr besteht.

In Bezug auf Freiheitsstrafen wird ausdrücklich darauf hingewiesen, dass die einschlägigen Normen des Völkerrechts, insbesondere Art. 230 SRÜ, der wie oben beschrieben die Verhängung von Freiheitsstrafen erheblich einschränkt, unbeschadet Gültigkeit haben.

---

[62] 2.-4. Begründungserwägung des Rahmenbeschlusses 2005/667/JI.
[63] 5. Begründungserwägung des Rahmenbeschlusses 2005/667/JI.
[64] Art. 2 des Rahmenbeschlusses 2005/667/JI.

b) Juristische Personen

Zudem ist vorgesehen, dass neben der strafrechtlichen Verfolgung natürlicher Personen als Täter auch die erforderlichen Maßnahmen zu treffen sind, juristische Personen für Taten verantwortlich machen zu können. Dies soll geschehen, wenn eine Tat von einer natürlichen Person zu Gunsten einer juristischen Person verübt wurde und diese Handlung zusätzlich der juristischen Person aufgrund einer spezifischen Nähe zwischen ihr und der natürlichen Person angerechnet werden muss.[66]

Im Falle der Verantwortlichkeit einer juristischen Person für eine Straftat müssen die Mitgliedstaaten die erforderlichen Maßnahmen treffen, dass gegen diese juristische Person wirksame, verhältnismäßige und abschreckende Sanktionen verhängt werden können. Diese umfassen zumindest strafrechtliche oder nicht strafrechtliche Geldsanktionen.[67]

Die Tatsache, dass hier gegen juristische Personen ausdrücklich auch die Verhängung nichtstrafrechtliche Sanktionen für Straftaten erlaubt wird, ist mit der unterschiedlichen Rechtslage in den Mitgliedstaaten zu erklären. So kennt beispielsweise das deutsche Strafrecht aufgrund der personalen Schuldtheorie keine kriminalstrafrechtlichen Sanktionen gegen juristische Personen. Jedoch können diese mit Bußgeldern nach dem Gesetz über Ordnungswidrigkeiten sanktioniert werden.[68] Einer Harmonisierung dieses Bereichs zogen die Mitgliedstaaten hier die Schaffung einer Ausnahmeregelung vor.

c) Weitere Bestimmungen

Im Übrigen enthält der Rahmenbeschluss Vorschriften über gerichtliche Zuständigkeiten,[69] mitgliedstaatliche Informationspflichten[70] sowie Anwendungsbereich[71] und Umsetzungsmodalitäten.[72]

---

[65] Art. 4 des Rahmenbeschlusses 2005/667/JI.
[66] Art. 5 des Rahmenbeschlusses 2005/667/JI.
[67] Art. 6 des Rahmenbeschlusses 2005/667/JI.
[68] § 30 OWiG.
[69] Art. 7 des Rahmenbeschlusses 2005/667/JI.
[70] Art. 8 u. 9 des Rahmenbeschlusses 2005/667/JI.
[71] Art. 10 des Rahmenbeschlusses 2005/667/JI.
[72] Art. 11 des Rahmenbeschlusses 2005/667/JI.

3. Beobachtungen zu den strafrechtsbezogenen Aussagen beider Rechtsakte und mögliche Weiterentwicklung in diesem Bereich

Die Richtlinie 2005/35/EG beschränkt sich wie dargestellt darauf, neben der Zielvorgabe der effektiven Umsetzung der MARPOL 73/78-Bestimmungen die Einführung wirksamer, verhältnismäßiger und abschreckender Sanktionen zu fordern, ohne auf deren genaue Ausgestaltung einzugehen. Weiterhin wird von den Mitgliedstaaten gefordert, ihre potentiellen Befugnisse nach dem SRÜ bezüglich Inspektionen und Einleitung von Verfahren bei entsprechender Sachlage auch tatsächlich auszuschöpfen.

Strafrechtsbezogene Aussagen werden allerdings nicht getroffen, sie erscheinen lediglich in der Verweisung auf den Rahmenbeschluss 2005/667/JI. Hieran wird deutlich, dass von der oben festgestellten grundsätzlichen Anweisungskompetenz der Gemeinschaft in Hinblick auf das mitgliedstaatliche Strafrecht kein Gebrauch gemacht wird. Die zu treffenden Harmonisierungsmaßnahmen werden vielmehr ausgelagert und von den Mitgliedstaaten in einem begleitenden Rechtsakt bestimmt.

Die Mitgliedstaaten scheinen offenbar (noch) nicht gewillt zu sein, es der Gemeinschaft zu überlassen, diese Aussagen zu treffen.

Hier kann in Zukunft das Urteil des EuGH zu dem Rahmenbeschluss 203/80/JI des Rates über den Schutz der Umwelt durch das Strafrecht eine bedeutende Rolle einnehmen.[73] Zum ersten Mal formuliert hier der EuGH ausdrücklich eine Umweltschutzkompetenz der EG, die deren Befugnis einschließt, den Mitgliedstaaten aufzugeben, schwere Umweltverstöße mit strafrechtlichen Sanktionen zu ahnden. In diesem Bereich kann der Gemeinschaftsgesetzgeber „Maßnahmen in Bezug auf das Strafrecht der Mitgliedstaaten ergreifen, die seiner Meinung nach erforderlich sind, um die volle Wirksamkeit der von ihm zum Schutz der Umwelt erlassenen Rechtsnormen zu gewährleisten, wenn die Anwendung wirksamer, verhältnismäßiger und abschreckender Sanktionen durch die zuständigen nationalen Behörden eine zur Bekämpfung schwerer Beeinträchtigungen der Umwelt unerlässliche Maßnahme darstellt.“

[73] EuGH Urt. V. 13.09.2005 – C-176/03; EuZW Heft 20/2005, S. 632-635.

Unter diesen Voraussetzung ist die eingangs aufgeworfene Frage nach der zulässigen Anweisungsdichte einer Richtlinie[74] dahingehend zu beantworten, dass sowohl Straftatbestände gefordert als auch deren genauere Ausgestaltung vorgeschrieben werden können.[75]

In einer Mitteilung an das Parlament und den Rat über die Folgen dieses Urteils geht die Kommission auch für den vorliegenden Bereich der Verhütung der Verschmutzung durch Schiffe davon aus, dass zur Umsetzung des Gemeinschaftsrechts erforderliche strafrechtliche Bestimmungen unter den EG-Vertrag fallen und daher der bisherigen Praxis der doppelten Gesetzgebung in der Form der Kombination eines Gemeinschaftsrechtsaktes mit einem korrespondierenden unionsrechtlichen Akt ein Ende gesetzt sei.[76] Im Falle der Erforderlichkeit einer solchen speziellen strafrechtlichen Bestimmung käme es zu deren Annahme ausschließlich im Rahmen der Gemeinschaft.

Da der EuGH die beschriebene Kompetenz bislang freilich konkret nur für den Bereich der Umweltgesetzgebung festgestellt hat, kann eine Entwicklung, wie sie die Kommission vorzeichnet – Übertragung dieser Kompetenz auf alle Gemeinschaftspolitiken und Grundfreiheiten, für die es notfalls strafrechtlich zu flankierende zwingende Normen gibt[77] – noch nicht als sicher vorausgesehen werden.

Bis auch EuGH, Rat und die Mitgliedstaaten restlos von dieser Gemeinschaftskompetenz überzeugt sind, ist es zu begrüßen, dass jedenfalls im Rahmen der PJZS intergouvernementale Vereinbarungen zur Harmonisierung des Umweltstrafrechts getroffen werden, wenn diesen auch der Nachteil anhaftet, dass ihre Nichteinhaltung anders als in Fällen der supranationalen Anweisung nicht nach den gemeinschaftsrechtlichen Grundsätzen sanktionierbar ist.

Abschließend kann festgehalten werden, dass der Schutz der Meere durch das Strafrecht ausbaufähig ist und ein solcher Ausbau angesichts der starken Bedro-

[74] s.o. B.I.2.
[75] Rn. 4 der Mitteilung der Kommission an das Europäische Parlament und den Rat über die Folgen des Urteils des Gerichtshofs vom 13. September 2005 (Rs. C-176/03, Kommission gegen Rat) vom 24.11.2005 KOM(2005) 583 endgültig/2; siehe http://eur-lex.europa.eu/LexUriServ/site/de/com/2005/com2005_0583de01.pdf (Stand: 31. Januar 2007).
[76] Rn. 11 der Mitteilung KOM(2005) 583 endgültig/2.
[77] Vgl. Rn. 8 der Mitteilung KOM(2005) 583 endgültig/2.

hung der maritimen Ökosysteme auch wünschenswert wäre. Hervorzuheben ist aufgrund der eingangs erwähnten eingeschränkten Wirkungsmöglichkeiten des Strafrechts in diesem Bereich besonders der Signaleffekt, der einer verstärkten Bewehrung von Meeresverschmutzungen mit angemessenen strafrechtlichen Sanktionen zukäme und ein breiteres Bewusstsein für die Notwendigkeit des Meeresschutzes schaffen würde.

Auf völkerrechtlicher Ebene wäre die Anerkennung der Meeresumwelt als universales Schutzgut zu begrüßen, so dass den Staaten ohne Weiteres ein Anknüpfungspunkt für die strafrechtliche Verfolgung von Verschmutzungshandlungen gegeben wäre.

Im europäischen Rahmen muss auf eine weiterführende und breiter angelegte Harmonisierung der einschlägigen mitgliedstaatlichen Rechtsvorschriften hingearbeitet werden. Ob dies im gemeinschaftlichen oder im kooperativen Rahmen von statten geht, ist kurzfristig angesichts der Dringlichkeit dieses Anliegens unerheblich, mittel- bis langfristig wird die Anerkennung der strafrechtsbezogenen Anweisungskompetenz der Gemeinschaft und deren Wahrnehmung allerdings effektivere Harmonisierungsergebnisse produzieren.

-Abstract-

Protection of the marine environment through criminal law?

Criminal law in context of marine environmental protection
The marine environment is a global good and marine pollution is a cross-border phenomenon; as such it is concerning the interests of every state and it should be every state's task to prevent it.
The guidelines of regulating the facts and circumstances with environmental concern are matters of the national administrative law. The purpose of using criminal law as a mean to environmental protection lies in the connection to the rules of the administrative law: the violation of what the environmental administrative law establishes must be penalised. In that way criminal law could make the environmental administrative law more effective; it cannot cause an improvement of marine environment's actual condition but it certainly can prevent a change for the worse.

Problems of Implementation – the power to sentence and its extension

Basically a state's power to sentence ends at its borders. But there are possibilities to legally extend the power of sentencing. For this must exist a meaningful connection between the punishing state and the delinquent, the victim, the scene of the crime or the crime itself and there may not be a rule of public international law standing in the way of that extension. It will not often be a problem to find such a meaningful connection.

Contradictory international law

The first legal rule of importance in this context is the principle of the freedom of the seas, developed from international common law and established in Art. 87 of UNCLOS. It causes that the high seas are free from any sovereignty and no state is allowed to extend its power to sentence on this area (except in application of the flag-state-principle). The freedom from sovereignty does not mean absence of any legal system: the high seas are subjected to the UNCLOS. So the freedom of the seas itself is limited by other international legal rules. The zone-system of UNCLOS determines different competences of the states in the context of environment protective legislation and its implementation.

In spite of these given possibilities there are two major restrictions of the effectiveness of criminal jurisdiction competences in their implementation: violations of environmental laws through foreign vessels may only be punished with fines but not with imprisonment if they are committed out of the territorial sea, and that applies also to violations within the territorial sea except for serious ones being committed with intend. The UNCLOS forces the Member States to establish environment protecting laws and refers regarding the protection standard to what is determined as standard in other international agreements – as often in international law these standards will be minimal standards.

Community criminal law for the marine environment sector – competences and advantages

There is no general Community competence in the sector of criminal law but a kind of instruction competence is accepted for those policies in Community's competence: binding orders can be given to the Member States by means of directives that they have to establish criminal law with certain content. Marine environmental matters can be subjected to these instructions in context of Art. 80 II EC and Art. 174 ff. EC.

Regarding ship-based pollution, the Community adopted Directive 2005/35/EC and the Framework Agreement of the Council 2005/667/JHA. These acts take into consideration that the Member States still have very serious reservations concerning a Community competence to instruct in criminal matters and distinguish strictly between criminal (Framework Agreement) and non criminal (Directive) contents.

With regard to the decision of the European Court of Justice concerning the Framework Agreement 203/80/JHA where a Community competence concerning environmental matters including criminal instructions towards the member states has been expressly accepted, a certain strengthening of the Commission's position in this context can be noticed.

The EC and Regional Organizations for the Protection of the Sea

Nina Peters

A. Introduction

The EU's coastline is 89 000 kilometers long. About half of the populations of those Member States with a coastline live within 50 kilometers of the sea. This leads to a high degree of human activities like agriculture, industry, maritime transport, fisheries or coastal tourism. All these activities have considerable impact not only on the coastal areas, but on the sea itself. In the regional sea areas surrounding Europe, the impact grows even stronger, as they include particularly sensitive ecosystems. The need to protect these regional seas has been realized by their bordering states more than thirty years ago and has led to the founding of organizations and adoption of regulations and standards for regional marine protection under international law.

This paper will assess the impact of EC legislation and policies on this international regime governing the regional seas and describes the existing links between them. It will also give an outlook on the 'legal future' of the regional seas and the organizations involved.

The paper will first give an introduction to the existing organisational structure in the field of marine protection. It will show that multilateral organizations with the mandate to protect regional sea areas have been in place since decades. These organizations will be described including their scope and internal structure.
Chapter C. explains the role of EC programmes and policies in this particular regional framework. It will show in which aspects and to what extent the EC has been involved in the past years.

Turning from the policy to the legal level, chapter D. gives an overview on the EC legislation affecting the international legal regime which has been established on the regional level. This includes the upcoming Maritime Policy as well as the recently proposed Marine Strategy Directive.
Taking all this into account, chapter E. considers the question, whether the regional seas regime requires additional action on EC level. The permissibility of such action is assessed according to the provisions of the EC Treaty itself, particularly Art. 5 (2) and Art. 5 (3) ECT, the principles of subsidiarity and proportionality. The legal examination shows that appropriate action is required on both sides, each regime fixing the other's weaknesses.
The overall conclusion (F.) gives a short outlook on how the EC could/should deal with the regional seas regimes in future.

B. Organizations for the protection of the regional seas surrounding Europe

The European Continent is surrounded by oceans and marine ecosystems. Multilateral organisations and action programmes have been developed for three marine regions, i.e. for the semi-enclosed Baltic and Mediterranean Sea and for the north-eastern part of the Atlantic Ocean. Each region is governed by a unique network of international treaties and agreements.

I. Baltic Sea

The Baltic Sea has been the first marine region worldwide to be governed by a multilateral treaty promoting environmental protection. During the early 70s, when environmental protection and sustainable development first became a widely recognised topic, the states bordering the Baltic Sea began to develop the *1972 Helsinki Convention*[1]. Although they were divided by the 'iron curtain', the treaty finally opened for signature in 1974 reflected the willingness of these states to work together in improving the marine environment of their common sea. The Helsinki Convention addresses each pollution source separately. Its most important tools are flexible Annexes containing detailed technical procedures and corresponding scientific standards for each pollution source. The 1974 Convention has been reviewed in 1992 in order to take account of new developments in the political structure of the adjacent states as well as in environ-

[1] Convention on the Protection of the Marine Environment of the Baltic Sea Area, 1974, reviewed in 1992.

mental science[2]. This way, it has been made possible for the three Baltic states and the EC to become party to the new Helsinki Convention. Under the new convention, the elimination of diffuse pollution sources was put on top of the agenda. Also, the member states are since then obliged to comply with the precautionary principle, the principle of best environmental technology and best environmental practice and the polluter-pays-principle.[3]
The progress of the goals set out in the Convention is observed and driven forward by the Helsinki Commission (HELCOM) consisting of delegates of all contracting parties. Its recommendations are developed into programmes and action plans by the HELCOM Secretariat. The transformation into national law and enforcement lies with the national states.[4]

Figure 1: Structure of the Helsinki Commission

HELCOM is divided into five groups addressing different topics, each carrying out its own projects. MARITIME is responsible for pollution from ships, illegal discharges and shipping accidents. RESPONSE creates a network to respond major oil spills. LAND is in charge of land-based pollution. MONAS monitors and assesses the status of the Baltic Sea environment. HABITAT promotes nature protection and biodiversity.
Moreover, HELCOM is working with numerous environmental NGOs in all areas of environmental protection. They are allowed to take part in the meetings as observers.

The common efforts through HELCOM have - to a certain extent - led to the harmonisation of national environmental regulations among the bordering states. However, HELCOM's most challenging task has been, and still is, to achieve a common environmental awareness in the region. This has been aggravated by the cold war in the past and is now gathering attention once more, as the 2005

[2] U. K. Jenisch, “The Baltic Sea: the Legal Regime and Instruments for Cooperation”, (1996) 11 International Journal of Marine and Coastal Law, pp. 47-67, p. 62
[3] P. Ehlers, „Der Schutz der Ostsee – Ein Beitrag zur regionalen Zusammenarbeit“, (2001) 23 Natur und Recht, pp. 661-666, p. 662
[4] U. K. Jenisch, “The Baltic Sea: the Legal Regime and Instruments for Cooperation”, (1996) 11 International Journal of Marine and Coastal Law, pp. 47-67, p. 60

enlargement of the European Community has led to the situation that Russia is the only remaining party without EC membership.
The EC is party to the Helsinki Convention setting up basic principles such as precaution, best available technology and practice, polluter pays, as well as specific regulations for the protection of marine environment and biodiversity[5]. While the provisions enclosed in the Convention and its annexes are binding for all parties (which includes the EC), compliance with recommendations of the Commission (HELCOM) and the commonly developed action plans is voluntary[6].

Another example for environmental co-operation in the Baltic Sea region is the action network Baltic 21. Baltic 21 is a 30-year programme with well defined goals to achieve sustainable development in the Baltic Sea region. It follows the approach of involving as many stakeholders as possible into the decision-making process, including states, intergovernmental organisations (IGOs), NGOs, international financial institutions and other networks. As a result, the programme is more flexible than an international organisation and not as dependant on intergovernmental relations.
Baltic 21 is not based on a multilateral treaty, but on political agreements. A secretariat has been established to co-ordinate the actions taken. The structure of the programme includes different sectors of sustainable development as well as particular joint actions between the sectors and spatial planning activities. Each stakeholder shares responsibility for one or more projects. HELCOM, for instance, is involved in the Baltic 21 agriculture sector, the EC Commission is engaged in the fishery sector.

II. North-East Atlantic

The protection of the North East Atlantic is very much connected to serious acts of pollution. Following respective incidents, international regulations have been developed step-by-step. The dramatic grounding of the Torrey Canyon in 1967 led to the first multilateral treaty to combat oil pollution, the *1969 Bonn Agree-*

---

[5] P. Ehlers, „Der Schutz der Ostsee – Ein Beitrag zur regionalen Zusammenarbeit", (2001) 23 Natur und Recht, pp. 661-666, p. 662

[6] H. Hohmann, „Weltweiter Schutz der Meeresumwelt unter besonderer Berücksichtigung des Schutzes von Nord- und Ostsee (einschließlich des Wattenmeers), Gesellschaft für Umweltrecht, *Umweltrecht im Wandel* (2001), pp. 99-128, p. 118

ment[7]. The Bonn Agreement has been reviewed in 1983 and is still in force today. It obliges the contracting parties to mutual assistance and co-operation in case of shipping accidents. It also contains an independent working group on 'operational technical and scientific questions concerning counter-pollution activities' (OTSOPA).

The next step towards marine protection was forced by the huge public attention, as the ship 'Stella Maris' was hindered to dump chlorinated waste into the sea in 1971. The *Oslo Convention*[8] was signed by all states bordering the North Sea only eight months later, in 1972, with the goal of regulating and controlling the dumping at sea of industrial wastes, sewage sludge and dredged material and the incineration at sea of liquid industrial wastes.[9]

It was also felt necessary at this time to draw up a similar document, dealing not with the prevention of marine pollution by dumping, but instead with the prevention of marine pollution by discharges of dangerous substances from land-based sources, watercourses or pipelines. Negotiations on this topic resulted in the completion of the *Paris Convention*[10] which was opened for signature in June 1974.

The two separate treaties of Oslo and Paris have in 1991 been transferred into the *OSPAR Convention*[11] which has a wider coverage: it includes regulations on land-based pollution, pollution by dumping and incineration and by offshore activities[12] as well as the precautionary and the polluter-pays principle[13]. In contrast to its predecessors, OSPAR is not only aiming at the prevention of certain types of pollution, but at the protection of the marine ecosystem as a whole[14].

---

[7] Agreement for cooperation in dealing with pollution of the North Sea by oil and other harmful substances, 1969, reviewed in 1983.

[8] Convention for the Prevention of Marine Pollution by Dumping from Ships and Aircraft, 1972.

[9] Except for the dumping of dredged material in limited areas, these practices have now been phased out.

[10] Convention for the Prevention of Marine Pollution from Land-Based Sources, 1974.

[11] Convention for the protection of the Environment of the North-East Atlantic, 1991.

[12] A. Proelß, *Meeresschutz im Völker- und Europarecht: das Beispiel des Nordostatlantiks* (2004), pp. 208-221

[13] Article 2 Section 2 of the Convention

[14] A. Proelß, *Meeresschutz im Völker- und Europarecht: das Beispiel des Nordostatlantiks* (2004), p. 196

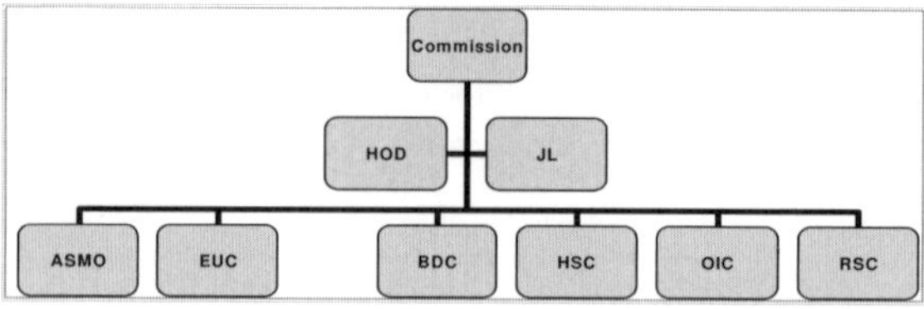

Figure 2: Structure of the OSPAR Commission

Like under the Helsinki Convention, a Commission further improves the treaty provisions, its annexes and appendices. Six committees are in charge of developing concrete strategies in their respective fields, i.e. environmental assessment and monitoring (ASMO), eutrophication (EUC), biodiversity (BDC), hazardous substances (HSC), offshore industries (OIC) and radioactive substances (RSC).

The OSPAR Commission includes the EC, 12 EC member states, the two EFTA states Norway and Iceland and Switzerland. As the EC is one of the contracting parties, changes will become binding for all EC member states. The EEA[15] does not include provisions related to international environmental treaties, so that the EFTA states are not additionally bound to the Convention.

Within the OSPAR Commission, decisions can be taken upon a ¾ majority. Moreover, the Convention allows a tacit acceptance procedure. These strict conditions allow a quick and up-to-date adaptation of the Convention's binding appendices. Decisions relating to a change in the treaty itself or its annexes/appendices are binding for all member states. However, the Commission may also issue non-binding recommendations. In some cases the EC has decided to take over non-binding OSPAR recommendations and turn them into enforceable law. The best example for this practice is the Urban Waste Water Directive[16].

III. Mediterranean Sea

The protection of the marine environment in the Mediterranean area is governed by the *Barcelona Convention*[17]. It was adopted in 1975 by 16 Mediterranean States and the EC, under the auspices of the United Nations Environment Pro-

[15] See Annex XX EEA including the environmental legislation to be transformed.
[16] Dir. 91/271/EEC.
[17] Convention for the Protection of the Mediterranean Sea against Pollution, Signed 16 February 1976, revised in 1995 as the Convention for the Protection of the Marine Environment and the Coastal Region of the Mediterranean.

gramme (UNEP)[18]. Its legal framework comprises the Barcelona Convention adopted in 1976 and revised in 1995, and six protocols covering specific aspects of environmental protection. The Barcelona Convention is the only of the three European regional treaties that is directly connected to the UNEP Regional Seas Programme. It therefore has a slightly different legal structure than the Helsinki and OSPAR Conventions.

Core of the Programme is the Mediterranean Action Plan (MAP) which strives to protect the environment and to foster development in the Mediterranean Basin. MAP involves the Mediterranean coastal States, specialized organizations of the United Nations system, Intergovernmental and Non-governmental Programmes and Organizations. The topics covered are coastal zone management, pollution assessment and control, protection of ecosystems and preservation of biodiversity.[19]

The contracting parties to the Barcelona Convention meet every two years on a Ministerial level to decide on general policy, strategy and political issues as well as to decide on MAP's programme and budget. In the meantime, the programme is coordinated by the Barcelona Convention Secretariat, the Coordinating Unit. Six Regional Activity Centres and the Programme for the Assessment and Control of Pollution in the Mediterranean Region (MED POL) are responsible for the implementation of respective components of MAP.

The Barcelona Convention is a framework treaty, which is supplemented by six implementing protocols relating to specific aspects of environmental protection[20]. These documents set up legally binding provisions for the contracting parties, whereas all other parts of MAP form a body of non-binding political declarations.

[18] G. Kullenberg, „Aspects of Governance of Regional Seas with Particular Reference to the Mediterranean Sea", Proceedings of the Symposium on the Problems of Regional Seas: 12 – 14 May 2001, Istanbul, Turkey, pp. 281-292, p. 248

[19] T. Scovazzi, "New International instruments for marine protected areas in the Mediterranean Sea", Anastasia Strati, Maria Gavouneli, Nikolaos Skourtos, *Unresolved Issues and New Challenges to the Law of the Sea* (2006), pp. 109-120, p. 110

[20] *Ibid.*, p. 111

IV. Concluding remarks for this chapter

The greatest benefit of the regional seas commissions is probably that all contracting parties can discuss and decide on eye level. As none of the European regional seas is enclosed by EC states alone, it is essential to integrate third countries in the political and legislative process. As their only responsibility lies in the protection of the marine environment, the regional seas commissions are in the good position to act independently. Their limited scope without legal connections to other policy areas makes it easy for them to be accepted also by third states as fora for true common interests in the region.
It must also be held in favour of the regional seas conventions that they have followed an ecosystem based approach since the mid-nineties. They do not address only one type of pollution, one particular pollution source or one particular harmful substance. Instead, they focus on the whole marine ecosystem with all its environmental interactions. Under the chapeau of the Conventions, the different pollution sources can be investigated as a whole, although they are addressed with separate strategies.

Another strong argument for marine protection through regional conventions is that the European Seas are unique ecosystems. The Baltic and Mediterranean Seas are both semi enclosed and therefore particularly fragile. The Mediterranean moreover suffers from serious social and economic differences within the region which have considerable influence on the environment. The North East Atlantic Area contains one of the most famous ecosystems worldwide, the Wadden Sea, accommodating a unique flora and fauna which reacts highly sensitive on environmental deterioration. The same applies to the Baltic Sea, due to its exceptional brackish water environment.

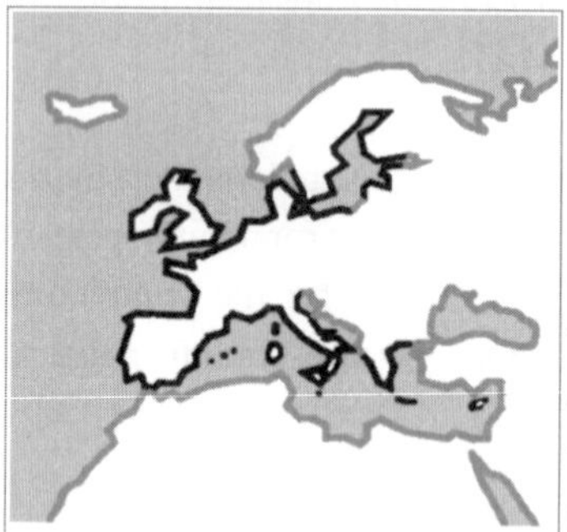
Figure 3: Coastlines of EC states

Against the approach of regional marine protection regimes can be held that they have a very limited field of action. Their definition of environment refers to the specific ecosystem they govern. But following the principle of sustainable development, a wider scope, including also considerations on economic and social aspects, must be applied to achieve a proper environment. Especially in the

European marine regions with their highly populated coastal areas, the interconnection between environmental, economic and social aspects is more distinct than on the global level. The success of regional environmental protection therefore highly depends on the consideration of economic and social aspects in environmental policies. This step cannot be taken by the regional seas commissions alone. However, in progressive sustainable development strategies carried out by the EC or other (global) bodies, the regional seas commissions can still form a strong environmental pillar.

The most serious disadvantage of the regional seas conventions is obvious. Like most international environmental treaties, they lack enforcement mechanisms. Many decisions are taken on regional level, but never actually put into action through national legislation. Sometimes, the absence of enforcement does even slow down the implementation process to an extent that regulations are out of date before they get into force.

Another problem regional conventions face is the funding of environmental projects in their Member States. As they do not have financial mechanisms themselves, they have to raise funds through voluntary contributions of their Member States, international financial institutions or other international programmes. However, in most cases the regional projects apply for external funding through programmes of e.g. the European Bank for Reconstruction and Development, the European Investment Bank or the World Bank.

C. The role of the EC in the regional framework

I. Influencing policies through financial instruments

Although the EC is party to all regional seas organizations, such financial contributions have been the greatest involvement of the EC in the regional seas environmental policies in the past. The reason is that the regional seas conventions are so called 'mixed agreements' to which the EC holds membership alongside all its member states. The appearance of both EC and Member States raises questions of competences for negotiation, conclusion and implementation[21].

[21] M. Fitzmaurice, *International Legal Problems of the Environmental Protection of the Baltic Sea* (1992), p. 216

The main problems can be identified in four different fields. Firstly, the delimitation of competences between EC and its Member States based on the definition that certain provisions of the international treaty are "within the scope of Community competence"[22] is often difficult to define, in particular in the case of shared competences[23]. Secondly, practical problems for negotiations follow from the often limited mandate of the Commission which represents the EC in international bodies[24]. Thirdly, in cases where the EC competence is clear, the EC Member States need to define a common position internally. It is controversial if opposing Member States "preserve" their voting rights, when a common stance in this internal decision cannot be reached[25].

In particular in the field of marine environment, substantial progress is hindered by an opaque division of competences between the EC and its Member States and lack of collaboration and coordination[26]. Equally or even more effective is the EC's opportunity to set up funding frameworks with target-oriented criteria within the regions.

II. Financial policy instruments

There are basically two financing instruments relevant for projects carried out in the regional sea areas, the regional Interreg III B and the Northern Dimension. They set up a thematic frame for projects to be funded within the programme. Besides these thematic EC funds, there are more general external funds under the European Neighbourhood Policy (ENP) to finance actions taken by third countries in cooperation with EC states or the EC itself.

1. Interreg III: Euroregions

Interreg III is made up of 3 strands: A (cross-border cooperation), B (transnational cooperation) and C (interregional cooperation). Relevant section for regional agreements is Interreg III B. The programme involves national, regional

---

[22] ECJ Case 12/86 (Demirel), para 9.

[23] M. Ceremona, „External Relations of the EU and the Member States: Competence, Mixed Agreements, International Responsibility, and Effects of International Law", European University Institute Working Papers on Law, No. 2006/22, p. 16

[24] M. Fitzmaurice, *International Legal Problems of the Environmental Protection of the Baltic Sea* (1992), p. 217

[25] *Ibid.*

[26] A. Proelß, *Meeresschutz im Völker- und Europarecht: das Beispiel des Nordostatlantiks* (2004), pp. 433-437

and local authorities and aims to promote better integration within the Union through the formation of large groups of European regions. Interreg III is an initiative which aims to stimulate interregional cooperation in the EU through project funding. It is financed under the European Regional Development Fund (ERDF). Each programme which is approved for funding by the Commission administrates its money through a regional Monitoring Committee. The funds must be used to finance projects featuring the programme goals in the respective programme area. However, in case of a common project with a third country, only the EU Member State will be in the position to apply for ERDF funding. Third states participating in the programme must apply for external policy funds (see 3.).

Several Interreg III B areas overlap with the territorial scope of the regional seas conventions. The Baltic Sea area has its own Interreg III B action programme aiming, among others, on sustainable development in the region. The programme area includes not only EU Member States, but also Norway, Russia and Belarus. At this point it should be noted that the Baltic Sea Interreg III B programme has a wider geographical coverage than HELCOM. With Belarus and Norway, it includes two additional states located in the Baltic Sea catchment area.

Another Interreg III B programme covers the North Sea, but in contrast to the OSPAR convention, it involves only few regions located directly in the coastal areas. France, for example, does not participate in the programme at all. However, the North Sea Interreg III B also names sustainable development in the region as one of the priority actions.

The Mediterranean Sea does not have an Interreg programme covering the whole area. Instead, it is divided in a western and an eastern part. The Western Mediterranean Interreg III B involves the European coastal areas as far as the Italian peninsula. In the South, the coastal areas of Morocco, Algeria, Tunisia and Libya are included. The Eastern part of the Mediterranean is covered by the Archimed Interreg III B programme including the coastal regions east of Sicily. Both programmes are facing the challenging task of achieving sustainable development in a region with great differences in wealth, peace and political stability.

Besides these programmes out of the B strand, there are numerous bi- and trilateral cooperations under the A and C models within all marine regions. Many of them are concerned with marine protection, for example the Skärgården (Sweden/Finland) in the Baltic Sea area, the Ems-Dollart-Region (The Netherlands/Germany) in the North Sea area or the Italy/French Islands cooperation in the Mediterranean region, only to name a few[27].

The Interreg programmes in the three European regional seas do not only encourage countries to set up bilateral co operations. They also serve as a secure source to finance environmental projects which are developed under the regional seas conventions or similar regional instruments. Interreg programmes also help to promote the dialogue between all political levels, as the involvement of all relevant stakeholders is required in the Monitoring Committees.

2. Northern Dimension

The Northern Dimension (ND) is a policy framework based on a political declaration between Northern countries and the EC. Parties to the ND are the EU member states, Russia, Norway, Iceland and the EC Commission.

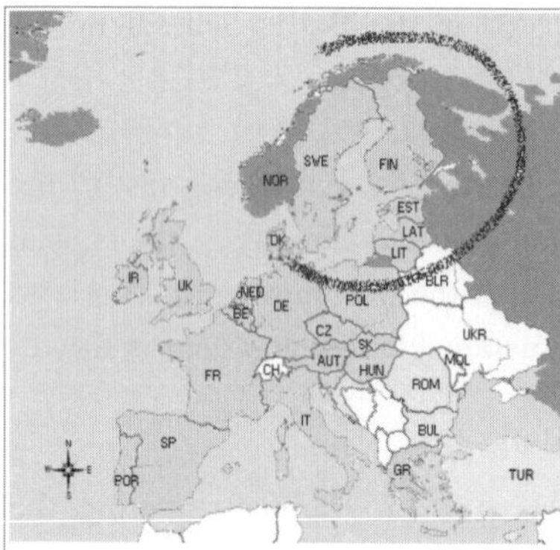

Figure 4: Northern Dimension area

The Northern Dimension policy covers a broad geographic area stretching from North-West Russia in the east to Iceland and Greenland in the west. The ND focuses increasingly on North West Russia with its specific challenges. In this respect, special attention is paid to the political and geographical situation of the Kaliningrad oblast.

[27] All Interreg programmes can be found at http://europa.eu.int/comm/regional_policy/interreg3/abc/abc_en.htm

Overall, ND is working to ensure that no political dividing lines are re-established in the North of Europe[28]. Another important task is to enhance the synergies of the major regional organisations in the North of Europe, i.e. the Council of the Baltic Sea States (CBSS), the Barents Euro-Arctic Council (BEAC) and the Nordic Council of Ministers (NCM).

One of the Northern Dimension's key objectives is working towards a safe, clean and accessible environment for all people in the north. In June 2000, the European Council meeting held in Feira, Portugal, endorsed the Northern Dimension Action Plan, which gave high priority to the environment and nuclear safety.

In respect of marine protection, the Northern Dimension Environmental Partnership (NDEP) has been successful in combining the efforts of ND parties and in establishing a model of co-operation between international financial institutions. Its fund has allowed the implementation of 16 priority projects whose combined cost ascends close to €2 billion. These projects aim to deliver environmental solutions to Northwest Russia in the areas of district heating, solid waste management, wastewater treatment and energy efficiency.[29]

NDEP also networks with other projects in the region and tries to adapt its own programme to them. The Baltic Sea Joint Comprehensive Action Programme (JCP) set up by HELCOM in 1992 is a good example for this practice. It aims at restoring the Baltic Sea's ecological balance by identifying 'hot spots' around the region, all of which have a negative impact on the sea's environment. The JCP Programme focused on tackling the 'hot spots,' which are checked off when acceptable levels of emissions are reached. Since 1992 out of the original 18 'hot spots' found in Russia, only one has been purged and little progress has been achieved on the remaining. An NDEP project is now carrying out HELCOM's work in Russia.

The NDEP's short-term focus is in north-west Russia. However, the NDEP is part of an integrated, long-term approach involving investments as well as the promotion of awareness and the development of environmental standards in the entire Northern Dimension area.

---

[28] It also provides a frame of reference for intensified transatlantic co-operation of the ND parties in matters concerning the northern regions of the world, through the observer status of the USA and Canada.

[29] See the web page

The environmental co-operation is one of five cross-sectoral co-operation areas covering all aspects of sustainable development (ECONOMIC: economy, business and infrastructure; SOCIAL: human resources, education, culture, scientific research and health; ENVIRONMENTAL: environment, nuclear safety and natural resources; REGIONAL: cross-border co-operation and regional development; LEGAL: justice and home affairs).

3. European Neighbourhood Policy

The European Neighbourhood Policy is a relatively new instrument within the EC Commission. Although common projects with third countries have been developed before, this is the first time the EC addresses the region as a whole.

Key elements of the European Neighbourhood Policy are the bilateral ENP Action Plans mutually agreed between the EU and each partner country. These set out an agenda of political and economic reforms with short and medium-term priorities. At present, the implementation of the first seven ENP Action Plans (agreed in early 2005 with Israel, Jordan, Moldova, Morocco, the Palestinian Authority, Tunisia and Ukraine) is beginning. Their implementation will be promoted and monitored through subcommittees. The Commission will report on progress in early 2007.

The project financing is carried out by the ENP Instrument (ENPI) which itself runs on existing external EC funds, particularly TACIS (Technical Assistance to the Commonwealth of the Independent States), MEDA (Euro-Mediterranean Partnership) and PHARE (Poland and Hungary: Aid for Restructuring the Economies).

Although Russia is also a neighbour of the EC, the bilateral relations are instead developed through a Strategic Partnership covering four "common spaces". This is due to the fact that Russia chose not to join the ENP to avoid being dominated by the EU. Russia's aspires to be an equal partner led to the adoption of the "common spaces" programme for cooperation in different policy areas. However, in practice there are no substantial differences between the sum of these agreements and the ENP Action Plans. In both cases the final agreement is based

---

http://www.ndep.org/projects.asp?type=nh&cont=prjh&pageid=15&content=projectlist

on provisions from the EU *acquis communautaire*[30] and is jointly discussed and adopted. For this reason, the "common spaces" receive funding from the ENPI. The ENP is a powerful tool to spread common EC values across European borders. Particularly in the field of environmental protection it could prove very useful to finance cross-border strategies.

D. EC legislation focussed on marine environmental protection with regard to the regional seas

I. The upcoming Maritime Policy

The idea for an EU wide Maritime Policy as an all-embracing, coherent regime for any possible sea-based activity within ocean and marine regions came up with the Commissions Communication "Towards a new maritime strategy in 1996[31]. After a long collection of statements and the creation of the Directorate General for "Fisheries and Maritime Affairs", a Green Paper was finally issued in 2006[32]. It contains, above all, the request for an integrated approach towards maritime activities, including existing as well as new legislation[33]. The objective of the paper is to show that such an integrated approach needs to incorporate a large number of factors between economic growth on the one hand and ecosystem-based protection on the other[34].

II. The existing legislation relating to the marine environment

The Maritime Policy will in the first place be built upon any existing EC legislation relating to marine activities. With respect to marine environmental protection, legislation in the areas of maritime safety, water protection, integrated coastal zone management, fisheries, nature protection and biodiversity are relevant.

The recent proposal for a marine strategy and the corresponding directive[35] form an outstanding part of this legislation, as they are directly focussed on marine environment protection.

[30] The entire body of legislation of the European Communities and Union. A significant body relates to justice and home affairs.
[31] COM(1996) 81 final
[32] COM(2006) 275 final
[33] COM(2006) 275 final, p.2
[34] COM(2006) 275 final, pp. 2-3
[35] COM(2005) 504 final, COM(2005) 505 final and Directive 2005/0211 (COD)

1. Maritime safety

The EC's greater involvement into international marine protection began with the regulation of shipping safety Two serious oil pollution disasters formed the starting point for the EC's extensive shipping policy. The first one was an oil spill resulting from the tanker *Erika* in 1999. 10.000 tonnes of heavy fuel oil ended up on the coast of Brittany. The second accident occurred off the Galician coast in 2002, when the oil tanker *Prestige* broke into two peaces, spilling 77.000 tonnes of oil into the Atlantic.

In both cases, the EC took immediate steps towards shipping safety in European waters on the basis of Art. 80 (2) EC. The Erika I and II Packages (COM (2000) 142 and 802) implemented IMO regulations to a wide extent, yet they had a wider coverage and included more details. A regulation following the Prestige incident (Reg. 1726/2003) was subject to a controversial discussion as an IMO decision concerning the phasing out of single-hull takers was overrun. The two packages of EC regulations aim at a harmonised and effective implementation of international standards with some additional measures for EU coastal waters and ports[36].

The EC shipping regime will most probably be intensified under the new Maritime Policy. However, it does not affect the regional seas conventions. Shipping issues are regulated on international level through the International Maritime Organization (IMO). They are therefore, except for limited regulations referring to ports[37], excluded from the regional seas conventions.

2. Water protection

In the context of European environmental policy, land-based pollution sources are addressed in the area of water protection under Art. 175 EC. Although the approach remained fractured and uncoordinated, the EU has been addressing land-based water pollution since the early 70s. The earlier environmental policy basically focussed on different types of visible sources of water pollution. Emis-

[36] P. Ehlers, "Schiffssicherheit nach der 'Prestige'", (2003) 13 Zeitschrift für Umweltrecht, pp. 342-349, p. 343

[37] Annex IV of the Helsinki Convention contains a restriction for the discharge of waste water from ships (the regulation corresponds to Annex IV of the IMO MARPOL Convention which is not yet in force)

sion limits as well as water quality standards formed the basis for this initial body of legislation, much of which remains into force today[38].

Contrary to this approach, the Water Framework Directive (WFD, Dir. 2000/60/EC) requires member states to establish an integrated framework for the protection of inland surface water, coastal waters (1nm) and ground water. The WFD represents the first authentic EU attempt to address water pollution issues in a more coordinated and coherent perspective. Provided that it will be fully implemented, it could turn out to be a highly effective tool to tackle land-based marine pollution.[39]

The EC water protection regime intersects with many of the projects and action plans under the regional seas conventions. The HELCOM LAND group as well as the EUC, HSC and RSC Committees under OSPAR and the MED POL under the Barcelona Convention are concerned with marine pollution from land-based sources. However, this intersection did not lead to conflicts in the past, as in most of the cases, the EC developed stricter rules than the regional agreements could achieve. In this respect the development of Community law leads to a better adoption and enforcement of regional projects.

The WFD, for example, will be a great advantage for the HELCOM LAND JCP programme which is working to reduce emissions from designated 'hot spots' of land-based pollution. The WFD provisions will probably lead to the designation and elimination of even more point sources of land-based pollution under an enforceable and coherent regime.

The EC also transferred OSPAR decisions into environmental directives. This happened for example in case of the OSPAR decision on the dumping of sewage sludge, which was included in the EC Urban Waste Water Directive[40].

A co-operation between the regional seas commissions and the EC Commission also exists in the field of data collection. The regional monitoring programmes run by HELCOM MONAS, OSPAR ASMO and Barcelona MED POL form indispensable sources for marine environmental data which is needed for this type of legislation. There is no such instrument on EC level.

---

[38] Examples for emission limits/water quality standards legislation: Directive on pollution caused by certain dangerous substances discharged into the aquatic environment of the Community (76/464/EC); Directive concerning the protection of waters against nitrate pollution (91/676/EC); Directive on integrated pollution prevention control (96/61/EC); Directives on the quality of surface, bathing and shellfish waters (75/440/EC, 76/160/EC, 79/923/EC).

39 G. Reichert, *Der nachhaltige Schutz grenzübergreifender Gewässer in Europa: die Entstehung eines völker- und europarechtlichen Umweltregimes* (2005), p. 278 et seq.

[40] Dir. 91/271/EEC.

3. Integrated Coastal Zone Management

Integrated Coastal Zone Management (ICZM) is a programme developed by the EC Commission. It promotes projects that involve different sectors affecting the development of coastal areas, such as agriculture, fisheries, environmental protection, regional and structural policy.

From 1996 to 1999, the Commission operated a demonstration programme on ICZM designed around a series of 35 demonstration projects and 6 thematic studies. The programme continues under the 6th environmental action programme.

Although the core aim of the ICZM policy is to protect coastal and marine ecosystems, it also seeks to improve the economic and social well-being of coastal zones. ICZM is based on the idea that especially in coastal zones, environmental and socioeconomic goals are closely interconnected. Besides involving any relevant policy sectors, the programme also follows a bottom up approach. Local authorities have considerable influence on the actions taken under the ICZM in their region.

From its structure, this policy can be compared to programmes like Baltic 21 promoting sustainable development in coastal and marine areas on the regional level. However, although spatial planning activities could be coordinated, there is no traceable cooperation between the ICZM actors and comparable regional programmes.

4. Fisheries, Nature Protection and Biodiversity

Latest legislation in fisheries policy is the Directive on a common fisheries policy (CFP, 2371/2002/EC). Fish stocks in the European EEZ are still decreasing. The EU therefore tries to achieve a sustainable fisheries policy, which has not yet been finally successful. However, only 60% of the total catches are taken from European waters. 40% of the European fishing industry is dependant on external agreements allowing European fishing vessels to operate in foreign EEZs. 1800 vessels operate in the North Atlantic (Greenland, Iceland, Norway, Faroe), 800 vessels operate in the South Atlantic (West Africa, Argentina).

These agreements function as separate treaties between the EC and third countries and do not interfere with the regional seas conventions. They do not include fisheries provisions, as there are international fisheries bodies for each region. However, the Fisheries Commission for the Baltic Sea (IBSFC) has recently been closed down, as there were no competences left, which were not covered by the CFP. The EC entered into bilateral negotiations with Russia as the only

IBSFC member state without EC membership. This may also happen to other fishery agencies in future.

Nature protection and biodiversity are governed by the habitats and birds directives[41] on EC level. At the centre of the policy is the creation of a coherent ecological network of protected areas across the EU - known as NATURA 2000 for habitats and species considered to be of international significance and therefore of importance to the maintenance of biodiversity. NATURA 2000 comprises Special Protection Areas (SPAs) to conserve the birds listed in the birds directive and Special Areas of Conservation (SACs) to conserve the habitat types and animal and plant species listed under the habitats directive.

The regional Commissions in both the Baltic Sea and the North East Atlantic have developed comparable networks within their biodiversity units (HABITAT/BDC). In order to harmonise the approaches and the implementation processes for marine protected areas (MPAs) in the Northeast Atlantic and the Baltic Sea, HELCOM and OSPAR have jointly developed a detailed work programme on MPAs, including a concrete timetable for implementation until 2010.

The MPA programme gives preference to areas already under some form of protection, including the NATURA 2000 network. In this way, many designated MPAs receive continued funding by the EC.

5. Others

Other legislation influencing the regional seas derives from the thematic strategies on air, soil, pesticides, recycling, resources and urban environment. There is also legislation on a wide range of land-based human activities, such as agriculture, energy, industry, tourism, coastal and regional development.

Monitoring and assessment of environmental data is addressed in the 7th EC Framework Programme for Research.

III. The upcoming Marine Strategy Directive

The 6th European Environmental Action Programme included the commitment to develop several thematic strategies, including a strategy for the protection and conservation of the marine environment with the overall aim to promote sustainable use of the seas and conserve marine ecosystems.

---

[41] Directive 79/409/EEC on the conservation of wild birds and Directive 92/43/EEC on the conservation of natural habitats and of wild fauna and flora.

The Commission's answer on this request is the proposal for a Strategy on the Protection and Conservation of the Marine Environment (Marine Strategy) which has been issued in October 2005. The Communication includes a description as well as a draft directive establishing a legal regime for the protection of the three regional seas [COM(2005)505 final + 2005/0211 (COD)].
It is important to note that according to a recent statement of the Commission[42] the Marine Strategy will deliver the environmental pillar of the future Maritime Policy.

1. Marine Strategy

The Marine Strategy as a whole is primarily focussed on the protection of the regional seas bordered by EU countries, but also takes into account the international dimension in recognition of the EU's influence on marine areas in other parts of the world, e.g. the High Seas.

2. Marine Strategy Directive

The Marine Strategy Directive (MSD)[43] serves as a legal frame for the goals expressed in the Marine Strategy. It is based on Art. 175 (1) ECT. The MSD establishes European Marine Regions as management units for implementation. For their marine waters within each region, Member States are required to develop Marine Strategies on the basis of the completion of a number of steps. In developing these Strategies, Member States are invited to cooperate among themselves and also with relevant third countries.[44]

The directive designates three marine regions, the Baltic, North-East Atlantic and the Mediterranean Sea (Art. 3 (1) MSD). Member States having waters within these regions under their jurisdiction are obliged to develop and perform national marine strategies.

Art. 4 (a) and Art. 7-11 MSD set up a detailed procedure for the development of these strategies. As a first step, the coastal States are obliged to assess the current environmental status of the marine areas under their jurisdiction. On the ba-

---

[42] Joe Borg, An Overview of the Developments underway towards a Maritime Policy for the European Union, Inauguration of the 11th Annual EC Maritime Law Course of the IMO International Maritime Law Institute (IMLI), Malta, 9 February 2006.
[43] COM(2005) 505 final.

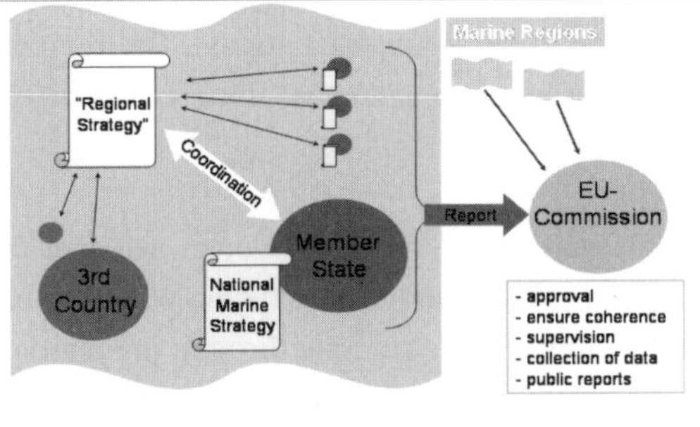

Figure 5: MSD and regional strategies

sis of this assessment, a goal described as 'good environmental status' of the marine area has to be fixed and environmental targets have to be established. This first assessment is followed by the establishment of monitoring programmes for the region.

The results achieved during the process of development will have to be submitted to the European Commission for approval. Having passed this procedure, the results will be developed into the actual strategy, the 'programme of measures', by way of the procedure described in Art. 4 (b) and Art. 12-15 MSD.

This procedure requires the identification of appropriate measures to achieve the 'good environmental status'. In case a defined target cannot be reached by the Member State alone, the respective marine region has to be designated as 'special area'. However, special areas do not impose the involvement of third states. For special areas, the EC Commission may decide on appropriate measures to be taken (Art. 13 MSD).

The 'programmes of measures' must also be submitted to the Commission for approval. As a final step, the Commission will review all national strategies and investigate their coherence. Programmes of measures may be rejected and returned to the states for corrections (Art. 15 MSD). Art. 5 MSD requires all Member States bordering a marine region to coordinate their actions within existing institutional structures. They shall also cooperate with third countries within the region through existing programmes and activities developed in the framework of international agreements. However, the directive does neither explicitly mention the role of the regional seas conventions nor does it give any advice on how to include third countries into the decision-making process.

It is a question of practicalities how and to what extent the regional seas commissions will be involved in the MSD processes. They could definitely play a major role in the assessment of the current environmental status of their marine

[44] The regime is adequate to the water protection regime set up by the WFD.

region and in the development of the 'good environmental status'. The regional seas commissions also run monitoring programmes, so that these could be extended to the scope required for the MSD. [45]

With respect to the programmes of measures the MSD leaves open, whether the regional seas conventions should play a role in performing them. Why, for example, should the States not develop a common programme through the regional conventions in order to ensure the coherence of their measures? This would also be the most effective way to give third countries a serious possibility to participate in the process (Figure 5).

Commitments to contribute to the Marine Strategy were taken by HELCOM and OSPAR-COM at their joint Ministerial Meeting held in Bremen in June 2003 and by the Barcelona Convention at its Ministerial Meeting held in Catania in November 2003.

E. Is there a need for new legislative measures for marine protection within an EU Maritime Policy?

The Commissions Green Paper for an integrated Maritime Policy draws the picture of a transparent, goal-oriented regime covering any maritime activity and based on the three pillars of sustainable development. It describes the proposed Thematic Marine Strategy and Directive as the "environmental pillar" of the Policy[46]. However, the directive rather forms an "umbrella" for existing legislative measures affecting marine protection. Although many regulations exist for the areas described above, there are so far none aiming explicitly on the protection of the coastal and marine environment[47]. It is to be expected, that the EC will work to fill this gap in order to create a coherent regime and use the full potential given by the ECT. Considering the existing regional regimes, to what extent is such new legislation necessary?

---

[45] For the implementation of the Water Framework Directive, which has the same legal structure: G. Reichert, *Der nachhaltige Schutz grenzübergreifender Gewässer in Europa: die Entstehung eines völker- und europarechtlichen Umweltregimes* (2005), pp. 340-341.
[46] COM(2006) 275, p. 10.
[47] A. Proelß, *Meeresschutz im Völker- und Europarecht: das Beispiel des Nordostatlantiks* (2004), p. 415.

I. Some practical considerations

There is no doubt that a purely national approach to protect a marine area must fail. Yet it must be questioned whether the framework of existing regional marine conventions forms an appropriate basis for the protection of European regional seas.
It can be foreseen from the Maritime Policies all-embracing character that its overall aim leads towards a sustainable development approach including not only environmental issues, but also economic and social factors. This is a policy goal that cannot be achieved by the regional seas commissions alone. Their legal frame as defined in the regional seas conventions is too narrow for other than environmental legislation. However, multi-stakeholder programmes like Baltic 21 exist and perform sustainable development in the marine regions. It might even be more effective to work for sustainable development on the regional level, as the social, economic and environmental conditions differ from region to region. This way it would also be easier to approach as many stakeholders as possible for the development of relevant legislation. Hence it is not sure that the goal of sustainable development could be achieved in a better way with EC legislation.

However, two other weaknesses of multilateral regional cooperation must be seen: lack of enforcement and lack of financial mechanisms. Both elements are crucial for the effective implementation of marine protection. And both can be provided by a comprehensive EC policy. Any EC legislation can be enforced via Art. 226 ECT (infringement proceedings). Financial mechanisms provided by the EC exist in a wide field of environmental and other cooperation in the regional sea areas, as stated above, the most important ones being the NDEP, the Interreg III B programmes and action plans under the ENP.

Therefore, the objective to create a coherent, adaptive, enforceable and financially secure regime focussed on sustainable development of all marine areas cannot be sufficiently achieved through the legislation of existing regional organisations, even if a transformation into national law could be secured.

II. Proportionality of such measures

Binding EC legislation in the field of marine protection could greatly improve this situation. However, it is limited by the principle of proportionality (Art. 5 (3) ECT). According to this principle, such measures may not exceed the inten-

sity required to reach the goals set up by the EC Treaty. There are several goals relevant for marine protection and sustainable development:
According to Art. 2 ECT, the achievement of sustainable development is one of the principal aims of the European Community. Art. 6 ECT emphasises the aim of sustainable development once more in the context of environmental protection. To promote sustainable development, it prescribes that environmental protection requirements must be integrated in all other EC policies. Therefore, the achievement of sustainable development is covered by the objectives of the EC Treaty.

However, legislation relating to environmental protection in the European marine regions must also meet the aims of the relevant Community policies. As illustrated above, the legislation areas include marine and inland water protection, nature protection and preservation of biodiversity, fisheries and integrated coastal zone management. The policies involved in this wide range of legislation principally include Environment (174 ff. ECT), Agriculture (Art. 32 ff. ECT), Economic and Social Cohesion (Art. 158 ff. ECT).

Particularly the environmental targets set out in Art. 174 ECT refer to regional cooperation. Paragraph 1 subparagraph 4 requires the EC to promote measures on international level to deal with regional or worldwide environmental problems. Paragraph 3 subparagraph 2 calls for consideration of the diverse environmental conditions in the different regions of the Community. The importance of the balanced development of the European regions is stressed once more in subparagraph 4. Paragraph 4 states that the EC and its Member States shall cooperate with third countries and with the competent international organisations. The negotiation of 'bilateral' environmental agreements between the EC and third countries under Art. 300 ECT shall be without prejudice to the Member States' competence to negotiate in international bodies and conclude international agreements.

A strong regional environmental cooperation within, but also apart of the EC is therefore required by the EC Treaty. In this respect, the regional treaties for the protection of the marine environment must be considered in the legislative process initiated by the Maritime Policy. Their advantages in regional protection must form a limit for EC legislation in this field.

As illustrated above, the greatest benefits of the regional seas conventions are their involvement of third countries on an eye level, their ecosystem based approach and their ability to address the unique environmental conditions of each region in an individual way. The situation accomplished with the help of these advantages would be hard to achieve with an EC policy alone. However, it is questionable whether this is a desirable goal at all, as the development of a separate strategy on Community level would be complicated and expensive. In case of the Integrated Coastal Zone Management, the Water Framework Directive and the Marine Strategy Directive, the EC avoided this process by leaving all organisational matters with the member states.

The principle of sustainable development has a strong position within the EC Treaty. Therefore, coherence between all policies must be achieved. Although environmental aspects form an important basis which is to be considered in any other policy, an effective environmental protection cannot be achieved without including economic and social aspects as well. To reach the overall goal of sustainable development, there is need for coordination of the different aspects and sectors. The many existing strategies have to be connected and all instances and organisations must start to communicate.

This task can best be handled on EC level. Hence, according to the principle of proportionality, the creation of a comprehensive network and the strengthening of existing structures should be the assigned goal of the Maritime Policy, particularly in the field of regional marine protection.

F. Conclusion

The marine environment does not accord with existing geo-political boundaries. It is by essence transboundary and therefore requires cooperation and common action.

Protection of marine areas has been the task of regional seas conventions for more than 30 years. They were the first international fora to discuss marine protection in the range of ecosystems. Their regional experience and their databases of monitoring and assessment data are indispensable for further undertakings. And there is no equal political forum to include third countries into the decision-making process.

On the other hand it is indisputable that the EC has broad possibilities to ensure a coherent approach towards sustainable development. By practical means, EC policies provide for a secure financial background and proper enforcement mechanisms.

The green book and further developments in the Maritime Policy will show whether the EC will manage to balance the advantages of both legal regimes. Commissioner Joe Borg recently stated that, "*despite the many similarities in the maritime regions with regards to the formulation of our Maritime Policy, [the Commission is] not aiming for a 'one size fits all' approach, as the solutions are clearly not the same for all coastal areas. This brings me to the often quoted principle of subsidiarity, which means that as many decisions as possible will be taken at local level, leaving action to the European level only where it can add value.*"[48]

A Maritime Policy developed under such preconditions could greatly contribute to the work of the regional organisations for the protection of the seas. Being part of a network for Maritime issues within the EC, they could form the environmental pillar of sustainable development. At the same time, the EC would benefit from the direct and easy involvement of neighbouring countries in the process.

However, this must be seen against the background of the EC taking up its responsibility to achieve a sustainable development as expressed in the EC Treaty. If the three pillars of sustainable development, economic, social and environmental aspects, are not treated in a balanced way, the Maritime Policy will not add any value to the existing framework.

The regional financial instruments set up by the EC tend to put emphasis rather on economic development than social and environmental needs. The Maritime Policy will be able to correct this course at least with respect to maritime activities. To that effect, the Marine Strategy might be a good start.

---

[48] Joe Borg, Commission Document SPEECH/06/99, 17 February 2006.

Basic Principles of European Sea Fisheries Law and Policy

Jan Boris Ingerowski

A. Introduction: Facts and figures about European fisheries and its challenges

1. The development of fish landings and price decline

From 1992 to 2001 the annual amount of fish landings within the European Union declined by about 27%.[1] This significant minus in the amount of fish landed is mainly the result of the overexploitation of fish stocks.[2] Accordingly, in the year 2000 the profit yielded by fish products only amounted to 5.5 billion €[3] while in 1995 7.5 billion € had been earned.[4] Additionally, this minus in profit can be traced back to a significant price decline for fish products on the world market due to Asian competitors.[5]

As a result of the decline in landings and price a significant portion of the European fishing fleet no longer can be run profitably. Furthermore, the amount of European fish products is not able to meet Community demand, the deficit being compensated for by imports from thir countries. The annual shortage of fish products for the EC-25 nowadays amounts to about 60%, for Germany this was even higher at 80%.[6] In the year 2002 the compensation from non-Community

---

[1] European Commission, *Zahlen und Fakten über die GFP – Die Eckdaten der Gemeinsamen Fischereipolitik* (2001), p. 6.
[2] *See infra* A. IV.
[3] European Commission, *op. cit.*, n. 2, p. 6.
[4] German Advisory Council on the Environment (SRU), *Umweltgutachten* (2002), p. 328.
[5] The price declined by 18 % from 1992 to 2001. European Commission, *op .cit.*, n. 2, p. 6.
[6] BMVEL, *Grundsätze einer neuen Fischereipolitik des BMVEL* (without year specification), p. 2.

sources amounted to 9.13 million t of imported fish products worth more than 24 billion €, while fish exports from the EU yielded a profit of only 14 billion €.[7]

2. Fleet structure

In 1998 a total of about 100.000 vessels ran under an EU flag,[8] corresponding to an overcapacity of about 40% of the European fishing fleet.[9] In the meantime this overcapacity has been recognised and political measures have been introduced to reduce the fleet size: whereas in the year 2000 approximately 95.000 vessels were registered in the EC Member States, by the year 2004 there were only about 85.000 vessels registered.[10]

Fleet structure and capacity vary significantly among the Member States. The strongest European fishing nation is Spain, where about a fifth of the European fishing vessels are registered and a fifth of the European fish catches is landed.[11] With respect to quantity and tonnage, the German fleet is among the smallest in Europe, alongside the fishing fleets of Sweden, Ireland and Belgium.

3. Fisheries as a meaningful factor of employment

In 1998 over half a million Europeans were employed in occupations related to the fishing sector.[12] However, this sector continually reduces jobs. From 1990 to 1997 the job rate within the catching sector declined by about 19% and in the fish processing industry by about 10%.[13]

Most of the current jobs in the fishing sector are downstream jobs in the processing industry (canning, etc.), in retail trade or gastronomy. These jobs are often located in the economically underdeveloped coastal areas and thus constitute a significant economic factor for those areas. Additionally, fishing serves as a traditional part of local and regional culture and economy and also serves as a tourist attraction in coastal regions.

---

[7] European Commission, *Fischerei Jahrbuch* (2003), p. 47 ff.

[8] European Commission, *op.cit.*, n. 2, p. 15.

[9] SRU, *op.cit.*, n. 5, p. 328 and *Sondergutachten Meeresumweltschutz für Nord- und Ostsee* (2004), p. 189.

[10] Eurostat, *see* < http://epp.eurostat.cec.eu.int > (agriculture and fisheries).

[11] SRU, *op. cit.*, n. 10, p. 190, tab. 3-1.

[12] *Ibid.*, p. 190. This includes the catching sector as well as fish processing and related industries.

[13] European Commission, press release IP/01/775 of June 5, 2001.

4. Ecological impacts: Overfishing

The widespread overexploitation of marine fish stocks has been a source of concern for years and the situation has even worsened over the past decades with no signs of slowing or, not to mention, of reversing this development.[14]
It must be remembered that fisheries statistics cannot always deliver fully reliable data in as much as fish is a very mobile resource. Even so, recent figures released by the UN Food and Agriculture Organization (FAO) indicate that about 47% to 50% of worldwide stocks are fully exploited, meaning that they are very close to their maximum limits with no room for further loss, and 18% are overexploited.[15] 9% of the global fish stocks are already depleted, meaning that the only chance for regeneration is by an immediate closure of fisheries on those stocks. The situation is the same in European waters. The International Council for the Exploration of the Sea (ICES), monitoring 113 different fish-stocks in European Waters, states that only 16% of these monitored stocks are within safe biological limits.[16] About 30% of the most important commercial fish stocks are outside of safe biological limits which cannot be further stretched due to conservation of stable stocks.[17]

B. The Common Fisheries Policy (CFP) of the EC

Fish resources have to be seen as a part of our common heritage. Sea water fish delivers almost 16% of the consumed animal protein worldwide.[18] Thus, fish is an important factor in feeding the world´s population and many millions in the world are dependant on fish for their daily subsistence.[19] Therefore international measures are necessary to prevent overfishing by some to the detriment of all.

---

[14] S. Hentrich/M. Salomon, "Flexible management of fishing rights and a sustainable fisheries industry in Europe", (2006) Marine Policy, p. 712 and The Economist, *"Ocean's eleventh hour?"*, May 17, 2003, p. 80. Besides overfishing there are several other sources of negative ecological impact caused by current unsustainable fishery such as unintentional bycatch. *See* for an overview J. B. Ingerowski/M. Salomon, "Ein kritischer Blick auf die aktuellen Entwicklungen in der Gemeinsamen Fischereipolitik unter besonderer Berücksichtigung der neu geschaffenen Fischereibeiräte", (2006) Natur und Recht, p. 535/536.

[15] FAO, *The State of World Fisheries and Aquaculture, Part 1, Fisheries Resources: Trends in Production, Utilization and Trade* (2000).

[16] ICES, *Environmental Status of the European Seas* (2003), p. 40.

[17] M. Salomon/S. Krohn, "Ein kritischer Blick auf den Vorschlag der Europäischen Kommission für eine Thematische Strategie zum Schutz der europäischen Meere", (2006) Zeitschrift für öffentliches Recht in Norddeutschland, p. 371.

[18] FAO, *The State of World Fisheries and Aquaculture, Part 1: World Review of Fisheries and Aquaculture* (2004), p. 3.

[19] Every human individual annually consumes about 16 kg fish products for food purposes worldwide. In Europe the consumption is even higher and measures 24.5 kg per year. *See*

Within the European Community fish resources are considered an agricultural product as cited in Art. 32 (1) ECT. Following this, regulations in the field of sea fisheries law are based on the empowerment articles for the Common Agricultural Policy.[20] The question as to whether agriculture and fishery possess enough similarities to warrant a common empowerment article must be seen in a critical light. In any case there can be little doubt that a fisherman – in contrast to a farmer – has little or no means at his disposal for "crop regeneration" (fertilisation, etc.) with the goal of higher yields.[21]

1. The evolution of the CFP since the 1960s

The initial regulatory legislation of the European Community in the fishing sector dates back to the Treaty of Rome in 1957, creating a common policy on agriculture, including fisheries, with the objectives of increasing productivity, stabilizing markets and ensuring availability of supplies at reasonable prices to consumers.[22] As one of the first policy measures a free trade area in fish and fish products under common rules was created. It was also agreed that fishermen from any state should have access to all waters. As a natural and mobile resource, fish were deemed to be the common property of all EU Member States. An exception was made for the coastal strip (12 miles), where Member States were granted exclusive fishing rights.

European Commission, *Fakten und Zahlen über die GFP – Eckdaten der Gemeinsamen Fischereipolitik* (2004), p. 23. The data is for the year 1999.

[20] Unlike Art. 32 (2) ECT, which is the empowerment article for the Community in the field of fisheries law, Art. 3 ECT has solely descriptive function and is supposed to give an overview on the different policy areas the Community is concerned with. In view of this fact, the statement by R. Wolfrum, "Die Europäische Gemeinschaft als Partei seerechtlicher Verträge", (1994) Archiv des Völkerrechts, p. 317/327, in which he describes (then) Art. 3 d (today: Art. 3 e) together with (then) Art. 38 (3) ECT (today: Art. 35 ECT) as empowerment articles for the installation of a CFP must be considered as false. In contrast, D. Czybulka, "Forschungsbedarf im marinen Fischereirecht", H. Bauer, D. Czybulka, W. Kahl, A. Vosskuhle (ed.), *Wirtschaft im offenen Verfassungsstaat* (2006), p. 803/823 seq. and W. Graf Vitzthum, "Europäisches Seerecht - Eine kompetenzrechtliche Skizze", M. Brenner, P. M. Huber, M. Möstl (eds.), *Der Staat des Grundgesetzes - Kontinuität und Wandel / Festschrift für Peter Badura* (2004), p. 1189/1198, differenciate correctly between the two articles.

[21] As a consequence, D. Czybulka, *ibid.*, p. 807, recognises more structural similarities with hunting activity than with agriculture.

[22] Art. 39 (1) of the Treaty of Rome (1957). For the development of the Common Fisheries Policy *see* C. Nonnenmacher, "Das EG-Fischereiregime als supranationale Ressourcenordnung", (1989) Europarecht, p. 30 seqq., and G. Valatin, "Quota Trading Systems in EU Fisheries", (2000) Review of European Community & International Environmental Law, p. 296/296 seq.

Two factors had a main influence on the policy of the Community in these early years. Firstly, the United Kingdom, Ireland and Denmark, representing strong fishing nations, joined the EEC in 1973. Secondly, the UN Convention on the Law of the Sea went into force[23] leading to the establishment of so-called Exclusive Economic Zones (EEZ) of 200 nautical miles by most countries. The latter development significantly reduced the traditional freedom of the seas by effectively restricting free access to international fishing grounds which is especially consequential for the excluded long-distance fleets, since the coastal zones and the continental shelf are the most profitable fishing grounds.[24]

The European Community installed its 200-mile fishing zone in 1976[25]. Although the EEZ are legally based on the authority and jurisdiction of the individual Member States, which derives from International Law (esp. UNCLOS), the EEZ cannot be seen as individually attached to each Member State. In fact, the national rights deriving from International Law are exercised by the European Community as far as those competencies were conferred to the Community by Member States. Consequently, the EC Treaty leads to extraterritorial effects in such policy areas.[26]

After extensive negotiations, the first Common Fisheries Policy (CFP) was ratified in 1983, creating a comprehensive European Community regulatory framework.[27] This framework defined conservation and management measures and set

---

[23] UNCLOS entered into force for the EC in the year 1998 with Council Decision of 23 March 1998 concerning the conclusion by the European Community of the United Nations Convention of 10 December 1982 on the Law of the Sea and the Agreement of 28 July 1994 relating to the implementation of Part XI thereof.

[24] D. Czybulka, *op. cit.*, n. 21, p. 811.

[25] Council Resolution of 3 November 1976 on certain external aspects of the creation of a 200-mile fishing zone in the Community with effect from 1 January 1977.

[26] W. Graf Vitzthum, *op. cit.*, n. 21, p. 1195, N. Wolff, "Erhaltung lebender Meeresressourcen im Lichte des Nachhaltigkeitsgrundsatzes: Völker- und gemeinschaftsrechtliche Grundlagen", (2003) Zeitschrift für Umweltrecht, p. 356/360, and R. Wolfrum, *op. cit.*, n. 21, p. 328. *See* also the ECJ, Kramer and others v. Arondissementsrechtsbanken of Zwolle and Alkmaar, on EC competencies for fisheries regulation in the EEZ: „It should be made clear that … it follows Art. 102 of the Act of Accession, from Art. 1 of the said Regulation [Regulation No. 2141/70, *insertion by the author*] and moreover from the very nature of things that the rule-making authority of the Community ratione materiae also extends - in so far as the Member States have similar authority under Public International Law - to fishing on the High Seas," [1976] ECR 1279, para. 30/33.

[27] Council Regulation (EEC) No. 170/83 of 25 January 1983 establishing a Community system for the conservation and management of fisheries resources. It was relying on (then) Art. 43 EECT. For details on this early era of the Common Fisheries Policy *see* R. R. Churchill, "The EEC's Fisheries Management System: A Review of the First Five Years of its Operation", (1988) Common Market Law Review, p. 369 seqq., and H. Schneider, "Die Erhaltung und Bewirtschaftung der Fischereiressourcen im Rahmen der Gemeinsamen Fischereipolitik der EG", (1989) Recht der Internationalen Wirtschaft, p. 873 seqq.

rules for the use and distribution of fish resources with separate specifications for coastal fishing and supervisory procedures. The Regulation thus provided for the annual determination of so-called Total Allowable Catches (TACs), i.e. a determination of the overall amount of fish of a certain species to be caught in European waters. The TAC system was then combined with a quota system, which provided for an apportionment of the catch and an allocation of it to individual Member States on a year-to-year basis,[28] according to predefined allocation keys based on the principle of "relative stability". This arrangement effectively led to defining the quotas agreed upon in 1983 as the basis for any future quota allocation, and subsequent quotas were in fact upheld in the following years. This allocation policy, which guaranteed a Member State its actual share based on its traditional "inherited" proportion, has been a source of contention amongst states which later joined the European Community and did not have a historical catch share.[29]

In January 1993, after a review of the former CFP, a new Council Regulation came into force,[30] thus further developing the previous fisheries system and replacing the Framework Regulation of 1983. It specified the operational details of the CFP for the following ten years and tried to address the difficult imbalance between shrinking resources and the overlarge fishing fleet of the Member States, which had become even larger with the accession of Spain and Portugal – traditionally strong fishing nations with huge fleets – to the Community.[31]

The new Regulation introduced a number of different measures allowing for better implementation of conditions of access to waters and resources and the pursuit of exploitation activities such as the establishment of protection zones (so-called boxes), specific catch limits, technical measures, etc. It introduced a fisheries licensing system as well as the possibility of emergency measures, the elaboration of a Community control system and a new structure of consultative committees. A second review of the CFP was planned for 2002.

---

[28] *See* generally R. R. Churchill, *EEC Fisheries Law* (1987), p. 115 seqq. For the legal aspects of the mechanisms of determination of TACs and the division into quotas, in particular on the national level in Germany *c.f.* U. Nußbaum, "Im Netz der Grundrechte: Die Verteilung deutscher Fangquoten nach Gemeinschafts- und nationalem Recht", J. Bröhmer (ed.), *Der Grundrechtsschutz in Europa* (2002), p. 121 seqq.

[29] M. Dross, unpublished manuscript of 2003.

[30] Council Regulation (EEC) No. 3760/92 of 20 December 1992 establishing a Community system for fisheries and aquaculture.

[31] ECJ, Kingdom of Spain v. Council of the European Union, [1999] ECR 6475, para. 23.

2. The reform of the CFP in the year 2002 and the current basic principles

The CFP was then reviewed a second time in 2002 and a new CFP entered into force on January 1, 2003 with the present Framework Regulation.[32] While the old CFP aimed at providing affordable fish products for the consumers and an adequate income for the fishermen, the new CFP shall "ensure exploitation of living aquatic resources that provides sustainable economic, environmental and social conditions."[33] Its objective is therefore a better preservation of declining fish stocks.

Overall it can be stated that the CFP review has addressed many of the environmentalists' concerns as can be witnessed by the consignment of grants for the construction of new boats in lieu of scrapped vessels, by increased premiums for decommissioning existing vessels, and by the adoption of recovery plans for specific threatened species as well as management plans for other stocks. In addition, a Compliance Scoreboard was to be published for Member States to promote a culture of compliance among all stakeholders,[34] as well as a Code of Conduct to encourage responsible fishing.[35]

The new CFP covers five main policy areas (conservation and management of stocks, structural fleet policy, monitoring and inspection of fisheries´ activities, common market organization and external relations).[36] These will be briefly examined in the following.

2.1 Conservation and management of stocks

2.1.1 The setting of the Total Allowable Catch (TAC)

The basic two step approach of setting TACs and then distributing them among Member States by the use of quotas still remains the cornerstone of the CFP today.[37] These TACs are proposed by the European Commission and are determined annually by the Council of Ministers in December. The TACs proposed

---

[32] Council Regulation (EC) No. 2371/2002 of 20 December 2002 on the conservation and sustainable exploitation of fisheries resources under the Common Fisheries Policy. This Framework Regulation lays down the objectives of the CFP and its basic principles and defines elementary terms.

[33] Art. 2 (1) of Council Regulation 2371/2002/EC.

[34] So far three Compliance Scoreboards were published.

35 This non-binding Code of Conduct ("European Code of sustainable and responsible fisheries practices") was adopted by the Advisory Committee for Fisheries and Aquaculture (ACFA) on its plenary meeting of 11 September 2003.

[36] Art. 1 (2) of Council Regulation 2371/2002/EC.

[37] *See supra* B. I.

by the Commission are principally based on scientific advice obtained after consultation with the Scientific, Technical and Economic Committee for Fisheries (STECF). These data on the state of different fisheries that the TACs are to be based on come mainly from the International Council for the Exploration of the Sea (ICES), an independent organization providing scientific background for its 19 Member States in the field of marine resources management in the North Atlantic.[38] Besides the ICES, several other regional marine scientific organisations provide data on marine resources, such as the International Baltic Sea Fishery Commission (IBSFC).[39]

However, according to the European Court of Justice, the Commission and Council enjoy a wide margin of freedom in the determination of TACs, which the Court will not examine in detail, unless "there has been a manifest error or misuse of power" or "the authority in question has clearly exceeded the bounds of its discretion".[40] Thus, according to the NIFPO jurisprudence, within certain limits the Council may well put aside the advice given by marine scientists. In practise, the Council continually disregards the advice given by marine scientists and sets the TACs significantly above the proposed sustainable limits. On the average, the agreed TACs are about 30% higher than the ones advised, in the year 2000 the excess amounted even 50%.[41]

Although most of the quotas cannot be exhausted in practise nowadays due to shrinking fish resources, the decision of the Council is still oriented on the quotas of 1983, which were agreed to be the basis for any future quota allocation ("relative stability").[42] Those quotas were calculated by reflecting socio-economic and political factors[43] and taking into account the average quantities caught by the fleets of the various Member States during the period 1973 to

[38] ICES, http://www.ices.dk. The ICES advice is not legally binding the Council. *See*, for instance, ECJ, Kingdom of Spain v. Council of the European Union, [1999] ECR 6475.
[39] The bureau of the IBSFC was closed on January 1, 2006, due to the entry of the Baltic Republics to the Community.
[40] ECJ, Northern Ireland Fish Producers' Organisation Ltd. (NIFPO) and Northern Ireland Fishermen's Federation v. Department of Agriculture for Northern Ireland, [1998] ECR 681, para. 42. This was reiterated in the case of Kingdom of Spain v. Council of the European Union, [1999] ECR 6475, para. 46. *Cf.* also Court of First Instance, Area Cova, SA and Others v. Council of the European Union and Commission of the European Communities, [2001] ECR 3597, para. 46 seq.
[41] ICES, *Environmental Status of the European Seas* (2003), p. 40.
[42] *See supra* B. I.
[43] *See* the recital clauses of Council Regulation (EEC) 170/83.

1978,[44] also taking into account lost catching opportunities arising from the declaration of EEZ by third countries and the interests of coastal areas heavily dependent on fisheries.[45]

On the national level the Member States are relatively free in their decision as to how to distribute their national fishing rights to the individual fishing vessels. As each Member State is responsible for policing its own quotas, different countries distribute the available stock using various systems.[46]

2.1.2 Multi-annual stock management

In addition to the TAC-system, which was not able to end the declining of fish stocks, the reform of the CFP in 2002 installed a multi-annual fisheries management programme with a differentiation between *recovery plans* and *management plans*.

The *management plans*, adopted by the Council "as far as necessary to maintain stocks within safe biological limits"[47] will establish targets for stocks that are at or within safe biological limits, thus ensuring the conservation of stocks. For stocks which are outside safe biological limits (which means that they are in danger of collapse) *recovery plans* are introduced for rebuilding those stocks.[48]

A central tool of the recovery plans aims at the reduction of fishing effort. It is then up to the Member States concerned to implement measures that meet the objectives set out.[49]

This more or less long-term-oriented strategy began to bear fruit in December 2003, when the Council of Fisheries Ministers adopted two long-term recovery plans, one for a number of cod stocks[50] and the other for Northern hake.[51] A similar plan for certain stocks of Southern hake and Norway lobster was approved in October 2005.[52]

---

[44] ECJ, Albert Romkes v. Officer van Justitie for the District of Zwolle, [1987] ECR 2671, para. 6.

[45] M. Holden, *The Common Fisheries Policy* (1996), p. 42.

[46] For an overview of the Dutch and British national quota systems *see* G. Valatin, *op. cit.*, n. 23, p. 301 seqq.

[47] Art. 6 (1) of Council Regulation 2371/2002/EC.

[48] Art. 5 of Council Regulation 2371/2002/EC.

[49] As opposed to the European Commission's proposal for a new Framework Regulation, the measures will be decided on a case-to-case basis, instead of the adoption of packages of measures.

[50] Council Regulation (EC) No. 423/2004 of 26 February 2004 establishing measures for the recovery of cod stocks.

[51] Council Regulation (EC) No. 811/2004 of 21.4.2004 establishing measures for the recovery of the Northern hake stock.

[52] Council Regulation (EC) No. 2166/2005 of 20 December 2005 establishing measures for

The Framework Regulation of 2002 states that both types of plans must be consistent with the precautionary approach[53] and that "the absence of adequate scientific information should not be used as a reason for postponing or failing to take management measures necessary to conserve target species."[54] Before the installation of such plans, the quotas set by the Commission on an annual basis had earlier led to a "race to fish" especially at the end of each year in order to exhaust the quotas. The new Regulation can also be expected to allow fishermen long term planning, which helps safeguard employment. Under these circumstances the installation of such plans is highly welcome.

2.1.3 Technical conservation measures and emergency measures

Apart from the TAC and quota system, so-called "technical conservation measures" can also be introduced.[55] As of today, there are a vast number of such technical measures, examples being minimum mesh and fish sizes, gear restrictions,[56] closed seasons and closed areas.[57]

Moreover, the Commission is authorized to take emergency measures "if there is evidence of a serious threat to the conservation of living aquatic resources resulting from fishing activities and requiring immediate action."[58] These measures shall not last more than six months but can be extended up to one year. As an important differentiating feature to other management instruments the emergency measures shall have immediate effect,[59] meaning that there can be no transition period for such measures.

---

the recovery of the Southern hake and Norway lobster stocks in the Cantabrian Sea and Western Iberian peninsula and amending Regulation (EC) No. 850/98 for the conservation of fishery resources through technical measures for the protection of juveniles of marine organisms.

[53] Art. 6 (3) and 5 (3) of Council Regulation 2371/2002/EC. The precautionary approach is also mentioned in the "objectives" of the CFP, Art. 2 (1).

[54] Art. 3 (i) of Council Regulation 2371/2002/EC.

[55] *See* especially Council Regulation (EC) No. 894/97 of 29 April 1997 laying down certain technical measures for the conservation of fishery resources.

[56] *See* for a case concerning the withdrawal of a licence for reasons of non compliance with gear restrictions, ECJ, Kvitsjøen A/S v. Commission of the European Communities, [2001] ECR 371.

[57] For different possibilities of technical conservation measures *see* Bord Iascaigh Mhara (Irish Sea Fisheries Board) and Department of the Marine and Natural Ressources, *User Friendly Guide to Technical Conservation Measures* (without year specification).

[58] Art. 7 (1) of Council Regulation 2371/2002/EC.

[59] Art. 7 (3) of Council Regulation 2371/2002/EC. One such measure was at issue in the case Jégo-Quéré et Cie SA v. Commission of the European Communities, [2002] ECR, p. 2365, then relying on Art. 15 of the old Framework Regulation, in which the applicant called for annulment of Articles 3 (d) and 5 of Commission Regulation (EC) No 1162/2001 of 14 June

As well as the Commission, Member States also can take such emergency measures for the marine areas falling under their sovereignty or jurisdiction for up to three months if any undue delay would result in damage that would be difficult to repair[60] as well as long-term conservation restrictions,[61] provided that they are non-discriminatory and have been notified to the Commission, the other Member States and the concerned Regional Advisory Councils.[62]

2.2 Structural fleet policy

One important aspect of the CFP is the structural fleet policy, which is implicitly called for in Art. 2 of the Framework Regulation, since one objective of the CFP is to ensure increasing productivity and a fair standard of living for fishermen. Such fair living standards, however, can no longer be guaranteed because of the overcapacity of the European fishing fleet of more than 40%,[63] which means that most vessels cannot be run economically. This overcapacity has inevitably led to the depletion of certain fish stocks, to the point where their biological condition now gives serious cause for concern.

Thus, the Community has long sought to restrain the growth of fleet capacity brought on by technological innovation, so as to keep fishing effort and fish availability in balance. As an attempt to secure the economical viability of the fishing industry, the balancing of fleet capacity with the available resources was one of the cornerstones of the CFP reforms in 1993 and 2002.

2001 establishing measures for the recovery of the stock of hake in ICES sub-areas III, IV, V, VI and VII and ICES divisions VIII a, b, d, e and associated conditions for the control of activities of fishing vessels.

[60] Art. 8 (1) of Council Regulation 2371/2002/EC

[61] Art. 9 (1) of Council Regulation 2371/2002/EC.

[62] The *Regional Advisory Councils* were installed for a better stakeholder involvement in the CFP, including fishermen, environmental organisations and fishing trade associations. For an overview on their functioning, their working fields and their effectiveness in influencing the CFP - esp. the North Sea RAC - *see* J.B. Ingerowski/M. Salomon, *op. cit.*, n. 15, pp. 539 seqq. The installation of those Advisory Councils is legally based on Council Decision (EC) No. 2004/585 of 19 July 2004 establishing Regional Advisory Councils under the Common Fisheries Policy. The empowerment for the Council Decision derives from Art. 32 of Council Regulation 2371/2002/EC.

[63] S. Hentrich/M. Salomon, *op .cit.*, n. 15, p. 714, SRU, *op. cit.*, n. 5, p. 328 and *op. cit.*, n. 10, p. 189. This figure is likely to have risen due to the further deterioration in fish stocks.

2.2.1 Introduction of Multi-Annual Guidance Programmes (MAGPs)

With the regulatory framework of 1983 first steps were taken towards an adjustment of fleet capacity to shrinking resources. As a capacity adjustment instrument, so-called (non-restrictive) Multi-Annual Guidance Programmes (MAGPs) were introduced. They represent sets of targets, agreed on between the Member States and the European Commission, which map out the development of each Member State's fleet over a period of four or five years. The first two MAGPs[64] did not succeed in reducing the capacity of fishing vessels in Europe.[65] Under MAGP III (which ran from 1992 to 1996) the fishing effort was calculated in a new way by multiplying the capacity of a fishing vessel expressed in tonnage and engine power by the number of days spent at sea. Member States could then agree on a reduction of fishing effort not only by scrapping vessels but also partly by means of tie-ups, i.e. the keeping of vessels in port for a set period of time. However, by 1992, it was recognised that a more fundamental restructuring of the entire fisheries sector was essential and with the CFP reform of 2002 the instrument of the MAGPs was finally eliminated, which had proven to be too complicated and had failed to produce effective reductions in fleet capacity.

As part of the reform of the CFP, therefore, a new scheme – known as the *Entry-Exit Scheme* – was introduced, which gives the Member States greater responsibility for fleet management and is designed to be more effective and simpler to manage. It entirely eliminates public subsidies for vessel renewal after December 31, 2004. In fact, all new capacity introduced must be directly compensated for by the withdrawal of equivalent capacity; in this process no public funding is available. Aid is now targeted at decommissioning vessels affected by the new longterm recovery plans. For transparency reasons the scheme also establishes a new *Community Fleet Register*[66] which should reflect the current situation of the Member States´ fleets. For this purpose Member States are obliged to send a copy of their complete national fleet register database to the Commission several times a year.

---

[64] So far four multi-annual guidance programmes were adopted: MAGP I (1983 – 1986), MAGP II (1987 – 1991), MAGP III (1992 – 1996) and MAGP IV (1997 – 2001).

[65] Compliance with those MAGPs was generally poor with only France and Germany meeting their targets of MAGP I and only five Member States meeting their MAGP II objectives on schedule, *cf.* G. Valatin, *op. cit.*, n. 23, p. 300 seq.

[66] Commission Regulation (EC) No. 26/2004 of 30 December 2003 on the Community Fishing Fleet Register.

2.2.2 Funding of the fishing sector by the Community

The review of the CFP in 1992 showed the need to restructure the entire fishing sector with special emphasis on the public financial aid for the fishing sector. The previous funding policy had led to an increased scrap-and-build-activity because funding had been given for both the decommissioning of old vessels as well as for the construction of replacement vessels. In 1993 the Financial Instrument for Fisheries Guidance (FIFG)[67] was introduced to combine all the different structural budgets available to the fishing and aquaculture sector into a single financial instrument and to install a coherent financial aid policy for the fishing sector.[68] This fund applies varying amounts of financial aid to the different European regions in order to take into account the different dependence of each European region on the fishing sector and therefore to protect the often fragile communities for which fishing represents an economic and social lifeline.[69] Any grant from FIFG must be accompanied by a minimum contribution from the national government and a grant to private business must include a proportionate contribution from the business itself.

From 2000 to 2006 the budget for FIFG totaled 3.7 billions €. Almost a quarter of this money is destined to finance the modernisation and renewal of the fleet. Other measures funded include the elimination of fleet overcapacity by scrapping or reconverting fishing vessels, socio-economic measures to retrain fishermen leaving the industry and entering other professions and early-retirement schemes and compensation to fishermen for temporary cessation of fishing activities. In addition, technical measures improving the selectivity of fishing gear and the implementation of more environmentally friendly fishing techniques are financed.[70]

---

[67] Council Regulation (EEC) No. 2080/93 of 20 July 1993 laying down provisions for implementing Regulation (EEC) No. 2052/88 as regards the financial instrument of fisheries guidance, repealed by Council Regulation (EC) No. 1263/1999 of 21 June 1999 on the Financial Instrument for Fisheries Guidance.

[68] However, financial aid for the fisheries sector still is also available under other structural funds because many fisheries-dependent areas are eligible for support, e.g. the European Regional Development Fund (ERDF), the European Agriculture Guidance and Guarantee Fund (EAGGF) and the European Social Fund (ESF) as well as the PESCA initiative (1994-1999).

[69] European Commission, *Das Finanzinstrument für die Ausrichtung der Fischerei – Leitfaden* (2003), p. 6.

[70] *Ibid.*, p. 6.

In addition to FIFG, a "scrapping fund" of 32 million € was established to support member states affected by a recovery plan for the period between 2003 and 2006.[71] If a fishing vessel had to reduce its fishing effort by 25% or more as a consequence of a recovery plan, it would have been eligible for aid from this fund.

The FIFG came to an end in 2006. In the middle of 2006 a Council Regulation for a successor funding programme, the European Fisheries Fund (EFF), was adopted.[72] The first term of the EFF will run for seven years, with a total budget of around € 3.8 billion. The proposed measures differ from those of the FIFG as they seek to meet the changing needs of both the fisheries and aquaculture sectors and of the coastal fishing areas concerned. The new fund aims to support reductions in fishing pressure so as to allow fish stocks to recover and to encourage the use of more environmentally-friendly equipment and practices not only in fishing and aquaculture, but also in the processing and marketing of fisheries products. The EFF will also provide aid for those regions which are most hard-hit by job losses in the fishing sector and help them diversify and strengthen their economic base.[73]

2.2.3 National subsidies

One of the most disputed topics of the proposed CFP reform was the question of national subsidies for the replacement and modernisation of fishing vessels.[74] Even though all Member States acknowledged the overcapacities of the Community fleet, the timeframe for the phasing-out of subsidies was controversially discussed before the Council of the Fisheries Ministers finally agreed on a compromise defining and authorising three categories of subsidies which now will be examined in detail. Other kinds of subsidies were phased out.

Firstly, three categories of national subsidies for vessels were defined and authorised by the Council:[75]

---

[71] Council Regulation (EC) No. 2370/2002 of 20 December 2002 establishing an emergency Community measure for scrapping fishing vessels.
[72] Council Regulation (EC) No. 1198/2006 of 27 July 2006 on the European Fisheries Fund.
[73] European Commission, *The European Fisheries Fund 2007- 2013* (2006).
[74] *See* in detail D. C. le Bihan, "La reforme de la politique commune de la pêche", (2003) Revue du Marche commun de l'Union Europeenne, p. 85 seqq.
[75] For details about funding *see* European Commission, *op. cit.*, n. 70.

- Aid for the renewal of fishing vessels was only available for two years beyond 2003 and for vessels under 400 Gross Registered Tonnes (GRT). Member States that grant public aid for the renewal of their fleets had to reduce their overall fleet capacity by 3% until December 2004.[76]
- Aid for the modernisation of fishing vessels may be granted until 2004 for vessels that are at least five years old in order to improve safety, product quality or working conditions, to switch to more selective fishing techniques, or to equip vessels with monitoring systems.[77]
- Aid for the permanent transfer of European vessels to third countries including the creation of joint ventures with third country partners will be available until the end of 2004 but limited to countries with which the European Union has signed a fisheries agreement or set up a joint enterprise.[78]

Secondly, the Multi-Annual Guidance Programmes (MAGPs), which set targets for the development of the national fishing fleets (see above), were eliminated. Instead of further MAGPs, reference levels were agreed on, determining the maximum capacity levels of national fleets. Additionally a strict Entry-and-Exit-System for the Member States´ fishing fleets came into force to maintain and manage these capacity levels in a responsible way. The introduction of new vessels into the fleet with the help of national funds has to be compensated for by the previous withdrawal of capacity without public aid. For new vessels equal or less than 100 GRT the withdrawal must be of at least the same amount of the entering capacity and for vessels of more than 100 GRT it has to be of at least 1,35 times the amount. Vessels entering the fleet without public funding are compensated for by the previous withdrawal of at least the same amount of capacity created without public funding.[79]

Under this system, the fleet capacity will at least be stabilized. Furthermore, incentives are created to stop the development towards larger vessels and factory ships with huge fishing nets, which are considered to be one of the main causes of overfishing.

---

[76] Art. 9 of Council Regulation 2792/1999/EC.
[77] Art. 11 (5) of Council Regulation 2371/2002/EC.
[78] Art. 7 of Council Regulation 2792/1999/EC.
[79] Art. 13 (1) of Council Regulation 2371/2002/EC.

2.3 Monitoring and inspection of fisheries' activities

Control effort for the CFP is immensely difficult in as much as fishing activity can be regulated in diverse ways: Each vessel is allocated an individual quota for regulated species, fishermen have to record all catches and landings, sea areas may be closed from fishing due to recovery plans, technical regulations are set concerning the kind of fishing gear which may be used, and so forth. Moreover, the effectiveness of these numerous and complex regulations strongly depends on the quality of enforcement and control.

Ever since the establishment of the CFP, the responsibility for rules enforcement and compliance lies with the individual Member States and it is their task to ensure effective control and inspection according to common rules. For this purpose they are obliged to control fisheries activities within their territory or in the waters subject to their sovereignty or jurisdiction. They shall also control access to waters and resources and fishing activities outside Community waters by Community fishing vessels flying their flag.[80] In the Basic Framework Regulation several exemplary measures of inspection and control are foreseen, such as spot checks and inspections on fishing vessels and in companies,[81] but choice and enforcement of such measures is subject to individual Member States´ regulation. To ensure an effective control the Member States have to set up the necessary administrative and technical structures, including the allocation of financial and human resources.[82]

In addition to adequate control, the Member States are in charge of investigation, legal pursuit of infringements and sanctions. They must take appropriate measures where there are infringements on the common rules, including administrative action or criminal proceedings in conformity with the national laws.[83] The Basic Framework Regulation also gives several examples for possible sanctions, such as fines, seizure of prohibited fishing gear and catches, sequestration

[80] Art. 23 (1, 2) of Council Regulation 2371/2002/EC.
[81] Art. 24 (1) of Council Regulation 2371/2002/EC. In addition to this (one might say "classical") instrument of control, the implementation of a European satellite system for the monitoring of fisheries´activities was provided for in the Basic Framework Regulation, Art. 23 (3). Since January 1, 2005 all Community vessels exceeding 15 metres overall length are subject to this Vessel Monitoring System, excluding those which are used exclusively for aquaculture and operating exclusively inside the baselines of Member States.
[82] Art. 23 (3) of Council Regulation 2371/2002/EC.
[83] Art. 25 (1) of Council Regulation 2371/2002/EC.

of the vessel, temporary immobilisation of the vessel, suspension or withdrawal of licence. The sanctions must in particular depend on the gravity of the offence.[84]

Due to the individual responsibility of Member States for the enforcement, control and, if necessary, legal pursuit of infringements, there can be found, more or less, differences in the law enforcement practise and in the application of sanctions and fines among Community members. Attempts to enhance and harmonise the enforcement of the fisheries policy, such as the introduction of a new regulation in 1993,[85] did not succeed in changing this assessment. This contributed to what the Commission referred to as an uneven and unsatisfactory enforcement of the CFP.[86] The main problem might be seen as a lack of interest of Member States to control and sanction their own national fishermen which would bring disadvantages for national fishing industries. Additionally, there is often a substantial time lag in legal action being taken, which can be as long as a decade.[87]

In order to harmonise enforcement and control among the Community and to monitor the Member States' application of the CFP, a small *Community Fisher-*

---

[84] Art. 25 (3) of Council Regulation 2371/2002/EC. Notwithstanding the Member States´ obligations for the legal pursuit of infringements the Council is to establish a catalogue of measures to be applied by Member States relating to serious infringements Art. 25 (4). This catalogue shall be based on the exemplary list of sanctions and provide for a better conformity of Member States` decisions in such cases. Such a catalogue still does not exist today.

[85] Council Regulation 2847/93/EEC of 12 October 1993 establishing a control system to the common fisheries policy.

[86] European Commission, Green Paper on the Future of the Common Fisheries Policy, COM (2001) 135 final, p. 13 seq. On the topic of weak implementation and enforcement of the CFP by the Member States *see* also G. Valatin, *op. cit.*, n. 23, p. 299 seqq.

[87] For an explicit example of such a time lag *cf.* the following case (Commission of the European Communities v. Commission of the European Communities v. United Kingdom of Great Britain and Northern Ireland, [2002] ECR 10323): The case was brought to the Court of Justice in late 1999 but it related to infringements of the TACs during 1985 to 1988 and 1990, including a failure to carry out inspections and to close fisheries once catch quotas had been taken. *See* also the following case concerning France: In 1991 the Court of Justice ruled against France under Art. 228 ECT for failing to enforce Community technical measures for the conservation of fish resources (Commission of the European Communities v. French Republic, [1991] ECR 2727). In 2002 the Commission found that France had not complied with this judgement and asked the Court of Justice to order the payment of a daily penalty until France complied with the Court ruling. The procedures lasted until the year 2005 when the Court declared that France had not implemented all the necessary measures to comply with the judgment of 1991 and had accordingly failed to fulfil its obligations under Art. 228 ECT (Commission of the European Communities v. French Republic, [2005] ECR 6263).

ies Inspectorate was called into existence.[88] By means of on-the-spot visits to the different Member States the inspectors shall observe and verify how the national authorities have organised their control and inspection activities and how the rules of the CFP are applied in practice. The findings are reported to the Commission and then documented in the annual Compliance Scoreboards. In practise, the Commission's capabilities for carrying out inspections without the willingful assistance of the individual Member States are limited. On the one hand, under the new CFP, the Community inspectors will be able to carry out inspections without being accompanied by personnel of the concerned Member State, in contrast to the situation under the old CFP, where only accompanied inspections were possible, restricting the actions to "looking over the shoulder of national inspectors."[89] On the other hand, the possibility of unaccompanied inspections is now limited to the place of first landing, first sale of catches and to fishing vessels. Such inspections cannot be carried out if the inspected party objects.[90] With this restriction, Community inspectors are more limited under the new regulation than was foreseen in the proposal of the Commission for a new Basic Framework Regulation as a potential increase of the powers of Community inspectors was not in general supported by the Member States.

Since one objective of the CFP reform was the strengthening of cooperation between the individual Member States as well as between the Commission and the Member States, several coordinative instruments were created for a sound enforcement of the CFP. For example, the possibility for the Member States to survey vessels of other Member States in its own waters, in Community waters and in international waters subject to certain catch restrictions was introduced.[91] As a further coordinating instrument a *European Fisheries Control Agency* was established in 2005, which has the task "to organise operational coordination of fisheries control and inspection activities by the Member States and to assist them to cooperate so as to comply with the rules of the Common Fisheries Policy in order to ensure its effective and uniform application" within the Member States.[92]

---

[88] It consists of only 25 inspectors for the entire Community (*see* http://ec.europa.eu/fisheries/cfp/control enforcement/monitoring_en.htm) who carried out 89 inspections in 2004. *Cf.* European Commission, *3rd Edition of the Common Fiheries Policy Compliance Scoreboard* (2005), p. 47.

[89] G. Valatin, *op. cit.*, n. 23, p. 299.

[90] Art. 27 (1) of Council Regulation 2371/2002/EC.

[91] Art. 28 (3) of Council Regulation 2371/2002/EC.

[92] Art. 1 of Council Regulation (EC) No. 768/2005 of 26 April 2005 establishing a Commu-

2.4 Common Market organization

The Common Market organization has been one of the cornerstones of the CFP since its introduction in 1970. It consists of five parts:[93]

- common marketing standards;
- consumer information;
- producer organisations;
- a price support system based on intervention;
- arrangements for trade with third countries.

The Common Market for fish products is broadly and complexly regulated as can be retraced from the numerous enacted Council Regulations[94] which reflect market developments over the last decades. Its main objectives were to gear production to demand for the benefit of producers and consumers and to ensure that the rules of fair competition are respected. To this end, customs barriers and other hindrances to trade between member states were abolished and common rules for the marketing of fish were set up. The core of the common market is a price support system which sets minimum prices below which fish products cannot be sold. At the same time, rules for trading fish products with non-Community countries were introduced.

Public funding is also available under the Common Market for fish products. For example grants were introduced under the FIFG to improve the fish processing industries such as fish filleting, salting, drying, smoking, cooking, freezing and canning with the intention of indirectly assisting the catching industry. There has also been an attempt to introduce new technologies to the sector, improve hygiene conditions, and to fund conversions of fish processing factories to other uses. Money is also available for advertising campaigns to encourage con-

---

nity Fisheries Control Agency and amending Regulation (EEC) No. 2847/93 establishing a control system applicable to the common fisheries policy.

[93] *See* in detail Council Regulation (EC) No. 104/2000 of 17 December 1999 on the common organisation of the markets in fishery and aquaculture products.

[94] *See* as the main laws Council Regulation (EEC) No. 105/76 of 19 January 1976 on the recognition of producers' organisations in the fishing industry, Council Regulation (EEC) No. 1772/82 of 29 June 1982 laying down general rules concerning the extension of certain rules adopted by producers' organisations in the fisheries sector and Council Regulation (EEC) No. 3759/92 of 17 December 1992 on the common organisation of the market in fishery and aquaculture products. These Regulations were repealed by Council Regulation (EC) No. 104/2000 of 17 December 1999 on the common organisation of the markets in fishery and aquaculture products.

sumption of fish species which are not over fished or are unfamiliar with the public. Also, grants are available to assist the industry in improving product quality and managing quotas.[95]

2.5 External relations

Finally, a significant portion of the CFP relates to external relations to non-Community countries after the access to fishing grounds outside EC waters was lost beginning in the 1970s due to the extension by most third countries of their Exclusive Economic Zones to 200 nautical miles. This led to almost 90% of the exploitable fish resources coming under the national control of the coastal states, thus excluding the long-distance fishing-fleet of the Community from these waters.

Problematically, the European fishing sector strongly depends on access to non-Community aquatic resources to sustain jobs in this sector and to meet the increasing demand for fish products in Europe.[96] Therefore, the Community negotiated fisheries agreements with the countries concerned to allow access to the regions that the Community had formerly fished in and to recover some of these fishing grounds.[97] The empowerment of the Community to engage in external relations with third countries derives from Art. 300 ECT. As a result of this policy, however, environmental and social problems are shifted to other regions as overfishing in those waters also occurs, which leads to a depletion of an essential nutritional ressource for these countries.[98]

In the Green Paper[99] and the Roadmap[100] for the CFP reform, the Commission underlined the importance of the external relations but also pointed out a number of environmental and social weaknesses of the bilateral agreements with third countries. In the Fisheries Council in December 2002 on the CFP reform, no de-

---

[95] For information on the market policy *see* http://ec.europa.eu/fisheries/cfp/market_policy_en.htm

[96] *See supra* A. I.

[97] For an extensive differenciation of the different types of external agreements *see* R. Wolfrum, *op. cit.*, n. 21, p. 329 seq.

[98] For a thorough study on the importance of these agreements for EC fisheries and the impacts of such agreements for the concerned third countries *see* IFREMER, *Evaluation of the Fisheries Agreements concluded by the European Community - Summary Report* (1999).

[99] *See supra*, n. 87.

[100] Communication of the Commission Commission Communication on the reform of the Common Fisheries Policy, COM (2002) 181 final.

cisions on the external relations were made, but shortly afterwards the Commission presented a Communication on the fisheries agreements with third countries.[101] Taking into account the subscription to the aim of global sustainable fisheries at the World Summit on Sustainable Development in 2002, the Commission recalled the Community´s duty to contribute to sustainable fisheries outside EC waters as well.

C. Conclusion and Outlook

The CFP today faces many ecological challenges which go hand in hand with socio-economical problems. The former belief that fish would be a never ending resource has turned out to be false. Today a large part of fish stocks in European waters and all over the globe is significantly depleted, and several fish stocks are near to collapse. The distributed quotas often cannot be exhausted because of stock depletion and fishermen are no longer able to run their fishing vessels in a profitable way. While the catches from European waters are not sufficient to meet our needs for fish, our fleet is forced to enter the fishing grounds of third states. This development leads to excess overfishing in those waters as well and destroys an essential source of nutrition of third countries.

It can be stated that the CFP has until today failed to solve these problems and has not been able to preserve fish stocks within EC waters or elsewhere. This is detrimental since the conservation of stable stocks is both an ecological goal and is vital to the continued existence of the European fisheries industry. The latest CFP review has addressed many of the concerns of environmentalists, for example its support for a stabilization of the overly large EU fishing fleet, the phasing-out of harmful subsidies and the legislative focus on a better ecosystem management. However, as the current fisheries policy is highly dominated by short-term socioeconomic and political interests, the Council has for the most part remained unwilling to agree on binding management targets and recovery plans for depleted stocks and there remain considerable deficits in surveillance and control of the present policy measures by the Member States. This unwillingness, in turn, is undermining progress towards sustainable fisheries and endangers the future of the Community fishing industry as overfishing and stock depletion will continue.

---

[101] Communication of the Commission on an integrated framework for Fisheries Partnership Agreements with third countries, COM (2002) 637 final.

On this backdrop, there is an urgent need for a new approach in fisheries management for Europe to support reductions in the fishing fleet, to increase responsibilities among the fishermen themselves and to guarantee long-term conservation of natural marine resources. Problematically, the main management instrument of the CFP, the annual TAC-setting, still forces fishermen into a race for the greatest share at the beginning of each season before fisheries closure takes place due to fulfilment of national quotas. This leads to an even further extension of fleet capacity.[102] The present system is deeply unpopular within the fishing sector as it offers no planning reliability. Fishermen therefore prefer the setting of multi-annual and multi-species TACs as well as economic incentives to strengthen their personal responsibility for the preservation of fish stocks.[103]

Presently, there is no economic motivation for fishermen to support sustainable management of stocks because of the lack of exclusive personal rights. This lack of property interest in fishery means that the individual sees no prospect of sustainable management which would result in his personal benefit since "leaving fish to grow and reproduce is done at the risk of losing the fish to other producers."[104] The same applies to state controls: protecting common stocks while other Member States´controls are lax results in a loss of market share for domestic fishing operations. Summarily, it can be stated that the current CFP sets incentives for selective interests which could exploit common available fish stocks and maximise individual catches at the cost of all. This dilemma is known as the "Tragedy of the Commons".

From the debate among scientists over the past years it has thus been recommended that the fisheries policy should be restructured using a system of reliable individual fishing rights to encourage market participants to protect fish stocks and the marine environment. As one example, the introduction of so-called *Individual Transferable Quotas* (ITQs)[105] is discussed. This scheme gives an indi-

---

[102] D. Czybulka, *op. cit.*, n. 21, p. 825.

[103] N. Wichmann, speech at conference "The Common Fisheries Policy - a view from the industry", April 14, 2000 in Esbjerg/DK, unpublished manuscript.

[104] B. Chaytor, "An Examination of Trade and Environmental Policy Responses to the Challenge of Fisheries Subsidies", (1999) Review of European Community & International Environmental Law, p. 275/276.

[105] *Cf.* B. Chaytor, *ibid.*, n. 105, p. 276 seq., S. Hentrich, "Europäische Fischereipolitik: Wie der Staat den Markt versagen lässt", (2006) GAIA, p. 90 seqq., S. Hentrich/M. Salomon, *op. cit.*, n. 15, p. 714 seqq., O. Renn/S. Köppel, "Einführung: Weder Fisch noch Fleich – Vom Scheitern der europäischen Fischereipolitik und neuen Chancen", (2005) GAIA, p. 293 seq.

vidual fisherman or fishing unit the right to catch a specified quantity and species of fish in a specific location during a specific period of time, and thus leads to the a minimalisation of the common property concept of fishery.[106] A further economic concept is based on the distribution of *Territorial User Rights in Fisheries* (TURFs), which represent exclusive rights of disposal and exploitation for fixed marine areas.[107] The transferability of ITQs and TURFs allows fishermen the flexibility to adapt their individual allocation to their prevailing economic situation as well as the freedom to plan fishing activity on a long-term basis instead of reverting to short-term maximisation of catches.

A number of countries and regions, such as New Zealand and Island, have already implemented such flexible management systems which have proved to be a reliable and effective instrument for stock conservation.[108] It therefore seems worthwhile to enrich future CFP regulation schemes with similar economic instruments which strengthen the personal responsibility of fishermen and set incentives to the long-term conservation and sustainable management of fish stocks.

---

[106] For strategies of economic adaption to such a system *see* B. Chaytor, *op. cit.*, n. 105, p. 276.

[107] S. Hentrich, *op. cit.*, n. 106, p. 91, S. Hentrich/M. Salomon, *op. cit.*, n. 15, p. 715.

[108] For an overview of international experience with transferable quotas *see* S. Hentrich/M. Salomon, *op. cit.*, n. 15, p. 715 seq.

The EU Role under the Fisheries Subsidies International Negotiations – particularly the WTO

Chen-Ju Chen

The definition of subsidies was just officially defined under the World Trade Organization (WTO) Subsidies and Countervailing Measures (SCM) Agreement. Meanwhile, with concerns of fishery conservation and sustainable development, the issues of fisheries subsidies have been raised in the international society, since the Seattle Ministerial Conference of the WTO in 1999. The main global fishing entities, including the European Union (EU), have submitted their proposals regarding to fisheries subsidies disciplines in the WTO framework in the last years.

As one of the biggest fishery importers and exporters, the EU's policy of fisheries subsidies should not be over-emphasized in related studies. Twenty years after its creation, the Common Fisheries Policy (CFP) is confronted with major challenges. Due to the need to reform the CFP, in March 2001, the EU adopted the Green Paper on the future of the CFP (the Green Paper) and state issues related to subsidies or governmental aids of fleet policy and the economic and social dimensions of the CFP. In the course of the CFP reform, the EU has made a clear choice to adjust the objectives of its fisheries policy to ensure sustainable development in environmental, economic, and social perspectives. Moreover, it has submitted several proposals in the WTO framework regarding to fisheries subsidies, complying with its CFP reform. These proposals have influenced the WTO fisheries subsidies negotiations so much that the discussion of this paper will be based on the WTO negotiations.

Furthermore, as the goals of environmental protection and sustainable development have become international responsibility and consensus, the fisheries subsidies policies and proposals of the EU are the pioneer in global and regional negotiations. This paper will discuss its role, policies, and influences in fisheries subsidies negotiations with regard to environmental protection and sustainable development.

I. International Concerns of Fisheries Subsidies

In fisheries subsidies studies, what should be done first is the definition of subsidies. The WTO regulates subsidies as well; therefore, this article is applying its definition to initiate the fisheries subsidies discussion.

A. Subsidies

Subsidies have been used as a strategic trade policy in industrial countries since the 18th century. Just recently it has been defined under the WTO Subsidies and Countervailing Measures (SCM) Agreement. Although the General Agreement on Tariffs and Trade (GATT 1947) did not exactly define subsidies, GATT 1947 Article XVI, para. 4 introduced an obligation to notify subsidy schemes and a prohibition of export subsidies for products other than primary products.[1]

The SCM Agreement, providing greater uniformity and certainty in the implementation, elaborates the provisions related to subsidies and countervailing measures in the GATT 1947 and in the Tokyo Round Negotiation. Moreover, it imposes disciplines to ensure that subsidies do not adversely affect the interests of the WTO Members. Therefore, there are disciplines on countervailing measures aiming at ensuring that they do not unjustifiably impede trade, as well as that they provide relief to products adversely affected by subsidies.[2] In detail, the SCM Agreement contains a definition of the term "subsidy." In *Canada--Measures Affecting the Export of Civilian Aircraft* (*Canada--Aircraft*)[3], the Panel states that

---

[1] GATT 1947, Article XVI para. 4. See J. Steenbergen, "Regulation of Subsidies in International Trade," Jacques H.J. Bourgeols (ed.), *Subsidies and International Trade: a European Lawyers' Perspective* (1991), pp. 21-31, p. 24.

[2] The WTO SCM Agreement, Part V.

[3] Report of the Appellate Body, Canada-Measures Affecting the Export of Civilian Aircraft, WT/DS70/AB/RW, adopted on 21 July 2000. All WTO documents cited in this article are available on the WTO website, at http://www.wto.org.

"A critical issue in this case concerns the definition of "subsidy" within the meaning of Article 1 of the SCM Agreement. Leaving aside the issue of "income or price support[s]" (Article 1.1(a)(2)), Article 1 of the SCM Agreement provides that a "subsidy" exists when there is a "financial contribution" by a "government or any public body within the territory of a Member" (Article 1.1(a)(1)) that confers a "benefit" (Article 1.1(b))."[4]

Therefore, to decide whether a subsidy exists, three elements need to be determined. A "subsidy" exists when there is a "financial contribution" by a "government or any public body within the territory of a member" that confers a "benefit".[5]

All these elements must be satisfied in order for a subsidy to exist (Article I of the SCM Agreement). If a measure is a subsidy within the meaning of the SCM Agreement, it, nevertheless, is not subject to the SCM Agreement unless it has been specifically provided to an enterprise or industry, or a group of enterprises or industries. Only such measures are "specific" subsidies subject to the SCM Agreement disciplines. There are four types of "specificity" within the meaning of the SCM Agreement, including enterprise-specificity,[6] industry-specificity,[7] regional specificity,[8] and prohibited specificity.[9] The SCM Agreement classifies specific subsidies in one of three categories: prohibited subsidies, actionable subsidies, and non-actionable subsidies.[10] The definition and the classification of subsidies are regulated by the SCM agreement. Hence, to define fisheries subsidies, it is also necessary to refer to the SCM agreement, especially since the WTO trade framework is the biggest and the most efficient framework nowadays.

---

[4] *Ibid.*, para. 9.96.

[5] SCM: Definition of a Subsidy,
see http://www.wto.org/english/thewto_e/whatis_e/eol/e/wto04/wto4_24.htm
(last visited 31 January 2007).

[6] Enterprise-specificity is that a government targets a particular company or companies for subsidization.

[7] Industry-specificity is that a government targets a particular sector or sectors for subsidization.

[8] Regional specificity is that a government targets producers in specified parts of its territory for subsidization.

[9] Prohibited specificity is that a government targets export goods or goods using domestic inputs for subsidization.

[10] Part II, III, and IV of the SCM Agreement.

B. Fisheries Subsidies

The definition and issues of fisheries subsidies have been discussed also in other global organizations, such as the United Nations (UN) and the Organisation for Economic Co-operation and Development (OECD). However, this article will merely introduce the basic activities carried out by the UN and the OECD and focus on the WTO framework.

1. The WTO Framework

Since the Seattle Round ministerial negotiation in 1999, the issues of fisheries subsidies have been initiated within WTO through actions by Iceland.[11] Due to the failure of the Seattle Round, fisheries subsidies were discussed again in the Doha Ministerial Meeting in Nov. 2001. The Doha Ministerial Meeting established an ambitious agenda, the Doha Development Agenda, for the new global trade discussions. The Doha Ministerial Declaration was a commitment to begin negotiations that

"aim to clarify and improve WTO disciplines on fisheries subsidies, taking into account the importance of this sector to developing countries."[12]

These negotiations represent a considerable milestone for the WTO.[13] While the negotiations on fisheries subsidies are taking place in the WTO Negotiating Group on Rules, the Doha Declaration explicitly acknowledges the link to the work of the WTO on trade and environment.[14] By launching a trade negotiation based on not only trade liberalization but also environmental conservation and sustainable development,[15] the WTO took a concrete step toward that goal.

In December 2005, the sixth Ministerial Meeting in Hong Kong, complying with the Doha Declaration, again emphasized the Doha Declaration and addressed to

---

[11] Iceland's goals are to reduce and eventually eliminate fisheries subsidies that distort trade, harm the environment, and undermine sustainable development. T. Ibsen, "Iceland's Proposal about Fisheries Subsidies", M.H. Nordquist and J. N. Moore (ed.), *Current Fisheries Issues and the Food and Agriculture Organization of the United Nations* (2000), pp. 459-478, p. 459.

[12] Doha Ministerial Declaration, WT/MIN(01)/DEC/1, adopted on Nov. 20, 2001, para. 28.

[13] A. L. Mattice FN, "the Fisheries Subsidies Negotiations in the World Trade Organization: a "Win-Win-Win for Trade, the Environment and Sustainable Development", (2004) *34 Golden Gate U.L. Rev.*, pp. 573-586, p. 574.

[14] *Ibid.*, n. 1.

[15] See Doha Ministerial Declaration, *op. cit.*, n. 24, para. 31.

"recall our commitment at Doha to enhancing the mutual supportiveness of trade and environment, note that there is broad agreement that the Group should strengthen disciplines on subsidies in the fisheries sector, including through the prohibition of certain forms of fisheries subsidies that contribute to overcapacity and over-fishing, and call on Participants promptly to undertake further detailed work to, inter alia, establish the nature and extent of those disciplines,..."[16]

The major challenge here is to negotiate an effective agreement to protect fisheries from the impact of excessive subsidies. The negotiations aim at helping countries to do what is politically painful but actually good for themselves. The particular challenge of fisheries negotiations derives from the fact that the results will be tested not only against the political will of countries to take action but also against the harsh reality of the environment. An agreement on fisheries that does not protect fish stocks will be seen as ineffective. It is obvious that even after the Hong Kong Ministerial Meeting, further negotiations under the WTO framework still need to be done.

2. The United Nations

Concerned about environmental protection and sustainable development, the UN has developed the concerns of fishery conservation. Not only does the United Nations Convention of Law of the Sea (UNCLOS) emphasize the national responsibility of fishery conservation and management, but also the United Nations Environment Programme (UNEP) and the Food and Agriculture Organization of the United Nations (FAO) have held a series of fisheries subsidies international negotiations to solve the conflicts of fisheries subsidies issues.

Even though the four major international fishery agreements,[17] led by the UNCLOS, do not directly regulate fisheries subsidies, the basic principles of these agreements should be taken into account and can be viewed as legal principles

---

[16] Hong Kong Ministerial Declaration, WT/MIN(05)/W/3/Rev.2, adopted on Dec. 18, 2005, Annex D, para. 9.

[17] With respect to fishery conservation and management, there are four major global agreements regulating international fisheries: the UNCLOS, the Agreement for the Implementation of the Previsions of the United Nations Convention on the Law of the Sea of 10 December 1982, relating to the Conservation and Management of Straddling Fish Stocks and Highly Migratory Fish Stocks Agreement (SFA), the FAO Agreement to Promote Compliance with International Conservation and Management Measures by Fishing Vessels on the High Seas

of fishery conservation and management in the national, regional, and global fisheries subsidies disciplines and policies making. The basic principles consist of the conservation and utilization of the Exclusive Economic Zone (EEZ),[18] the conservation and management of the living resources of the high seas,[19] and the protection and preservation of the marine environment.[20] Due to the difficulties in distinguishing fisheries subsidies and fishery management, these fishery agreements are important to the fisheries subsidies disciplines, especially when the concerns of marine protection need to be taken into account.

In 1992, the FAO stated that subsidies were having negative effects on capture fisheries.[21] Since this initiation, the FAO have held many activities in respect of fisheries subsidies. In the 23rd Session of the Committee on Fisheries (COFI) in 1999, explicit references were made to FAO's role in analyzing these effects. Moreover, at the end of 2000, an "Expert Consultation on Economic Incentives and Responsible Fisheries" [22] was organized by the Fisheries Department. As a follow-up to this meeting and acting on the recommendations by the 24th COFI Session, a technical tool called *"Guide for Identifying, Assessing and Reporting on Subsidies in the Fisheries Sector"* (the Guide)[23] was developed in 2002 as the first step towards an improved understanding of the qualitative and quantitative effects of subsidies. In the Guide, the FAO defines:

"Fisheries subsidies are government actions or inactions outside of normal practices that modify - by increasing or decreasing - the potential profits by the fisheries industry in the short-, medium- or long term."[24]

"Government" here contains not only the governments in the country where the subsidy as such exists but also other governments and public bodies. It also in-

---

(the Compliance Agreement), and the FAO Code of Conduct for Responsible Fisheries (the Code of Conduct).

[18] The UNCLOS, Part V, Article 61 to 64.

[19] *Ibid.*, at Part VII, Sect. 2 of the UNCLOS.

[20] *Ibid.*, at Part XII.

[21] FAO, *Report of Third Ad Hoc Meeting of Intergovernmental Organizations on Work Programmers Related to Subsidies in Fisheries* (2003), p. 37.

[22] *Ibid.*, the preparations for the Expert Consultation included a through inventory of ongoing research activities and existing literature on fisheries subsidies and their effects.

[23] *Ibid.*, the Guide, as a response to the conclusion of the Expert Consultation and according to COFI's recommendations, was developed for assisting governments and institutions in studying fisheries subsidies. It is also designed as a practical and flexible toll for those who carry out studies and prepare reports on subsidies in the fisheries sector.

[24] FAO, *Guide for Identifying, Assessing and Reporting on Subsidies in the Fisheries Sector* (2004), p. 7.

cludes contributions from public and international development aids and cooperation institutions, as well as actions or inactions by non-fishery government agencies and organizations. "Fisheries industry" refers to all productive subsectors of the fisheries and aquaculture sectors, i.e. all types of input industry, including transport and other support services: capture fisheries, aquaculture, processing, and marketing.[25] By "potential profits" the overall profitability of the industry is implied. However, while subsidies affect profits in the short, medium, and long-term, the Guide focuses on the more direct short-term financial effects.[26] Apparently, the content of fisheries subsidies is so wide that fisheries subsidies can exist in any kind of shapes. Therefore, the diversity of fisheries subsidies cannot be ignored.

3. The Organisation for Economic Co-operation and Development

The OECD has done a series of research related to fisheries subsidies. Although different from other organizations, the OECD uses the term governmental financial supports (GFS) instead of fisheries subsidies.[27] GFTs are defined as the monetary value of interventions associated with fishery policies, whether they are from central, regional, or local governments. These studies explore the range of economic, environmental, and social effects and dimensions of government financial supports in fisheries sectors of OECD countries. In its most recent research,[28] it assesses the effects of different categories of GFTs, including research, management and enforcement expenditures, fisheries infrastructure, payments for access to other countries' water, payments for vessel decommissioning and license retirement, transfers for investment and modernization, transfers for income support and unemployment insurance, and other cost-reducing transfers and direct payments.

II. Fisheries Policies of the EU

The EU has played such an important role in international fishery trade that it influences international fishery agreements as well as international fishery organizations, particularly in terms of fishery conservation and management.

---

[25] *Ibid.*

[26] *Ibid.*, p. 8.

[27] Anthony Cox, *OECD Work on Defining and Measuring Subsidies in Fisheries* (17 April 2003), pp.2-4. Since subsidies in general include implicit transfers from consumers to the industry, GFTs are considered to be a subset of the whole range of subsidies.

[28] OECD, *Financial Support to Fisheries: Implications for Sustainable Development* (August 2006).

Moreover, advocating the development of fisheries in the international society, the fishery policy of the EU has been established by the Commission in the Common Fisheries Policy (CFP)[29] and the recent reform in the Green Paper on the Future of the Common Fisheries Policy (Green Paper).[30]

A. The Importance of the EU in the Fishery Trade

Fish and fish products are widely traded, and the importance of international fisheries trade continues to grow. It is estimated that the value of world fishery exports in 1997 was $51 billion and in 2004 was $71.5 billion.[31] In 2004, the top importing countries, including Japan, the United States, Spain, France, Italy, United Kingdom and Germany, imported in excess of $2.8 billion worth of fish and fish products. [32] Six top exporting countries exported in excess of $3 billion, including China, Norway, Thailand, the United States, Denmark, and Canada.[33] The original EC countries (EC-15) continued to expand their dependency on imports for their fish supply, reaching $28.3 billion (+44% since 2000 and +10% since 2003). However, 46% of these imports had an intra-EU-15 origin. EU-15 exports of fish and fishery products were valued at $17.1billion (+51% since 2000).[34] The EU's role in international fishery trade, hence, should be emphasized.

Furthermore, fisheries are particularly important for the developing countries. Unlike most industrial goods, the flow of international fisheries trade is from

[29] According to the statement of Article 38 of the 1957 Treaty of Rome, the Common Fisheries Policy, setting the quotas for which Member States are allowed to catch what amounts of each type of fish and encouraging the fishing industry by various market interventions, is the fisheries policy of the EU.

[30] Green Paper on the Future of the Common Fisheries Policy (Green Paper) is adopted by Commission of the European Communities on 20 March 2001.

[31] FAO, *Fact Sheet: the international fish trade and world fisheries* (May 2006), available on http://www.fao.org/newsroom/common/ecg/1000301/en/enfactsheet2.pdf (last visited 31 January 2007)

[32] *Ibid.*, also see FAO, *Yearbook: Fishery Statistics* (various years).

[33] See http://www.fao.org/focus/e/fisheries/trade.htm (last visited 31 January 2007). And Ted L. McDorman, "Fisheries Conservation and Management and International Trade Law", Ellen Hey (ed.), *Developments in International Fisheries Law* (1999), pp. 501-531, p. 501., says that in 1997 the six top exporting jurisdictions are Canada, Denmark, Norway, China, Thailand and the United States.

[34] *Supra* n. 31, 80% of these exports were destined to other EU-15 countries. In addition, the significant increase of the EU-15 imports and exports are due to the marked appreciation of the European currencies against the US dollars as well.

developing countries to industrial countries.[35] The fisheries sector in developing countries employs far more people than in industrialized countries. For some smaller developing states in the South Pacific, fish exports are a significant percentage of both international trade and domestic economy.[36] 95% of those earning a living from fisheries live in developing countries. The bulk of the export goes to the developed countries, mostly to the EU, the United States, and Japan which together import 75% of internationally traded fishery products, in value terms.[37]

B. The Common Fisheries Policy

Since the CFP is guiding the EU policy of fishery activities and fisheries subsidies, the following paragraphs will briefly introduce its goals and four pillars for further understanding. The CFP aims at ensuring the conservation of increasingly fragile fish stocks while promoting the continuation of fishing activities; modernizing the means of production while limiting fishing efforts; ensuring the proper implementation of conservation measures while Member States retain responsibility in the field of monitoring and sanctions; maintaining employment while reducing fleet capacity; ensuring a decent income for fishermen even though the Community's own supply of fish product is declining and the EU market depends more heavily on imports each year; acquiring fishing rights in the waters of third countries without threatening the sustainable exploitation of fisheries.[38] As a strategic document, the CFP is the EU's instrument for the management of fisheries and aquaculture. The CFP is divided into four distinct pillars, including structural policy, common organization of the market, fisheries agreements with third countries, and resource conservation and management system.[39]

---

[35] *Supra* n. 33, citing Agnes Filhol, Impact of the Urugury Round on International Fish Trade, Globefish Research Report, Vol. 38, FAO, 1995, p. 3.

[36] *Ibid.,* citing see: UN, Economics and Social Commission for Asia and the Pacific (ESCAP), Promoting Exports of Fish and Fish Products in Selected Island Developing Countries of the ESCAP Region, United Nations, 1996, pp. 21-35 and p. 67.

[37] Thorir Ibsen, "Iceland's Proposal About Fisheries Subsidies", Myron H. Nordquist and John N. Moore (ed.), *Current Fisheries Issues and the Food and Agriculture Organization of the United States* (2000), pp. 459-478, p. 460.

[38] *Supra* n. 30, p. 6.

[39] Eugénia da Conceiçao-Heldt, *the Common Fisheries Policy in the European Union: a Study in Integrative and Distributive Bargaining* (2004), p. 17.

The first pillar of the CFP, introduced in 1970, was the structural policy and the common organization of the market. The structural policy aimed at eliminating excess fishing capacity by giving financial assistance to restructure and modernize the fishing fleet of EU Member States. Member States were required to coordinate their national structural policies, and allowed to grant financial aids to their national fishing industries, such as fishing fleet construction and modernization.[40] In 1983, a new package of structural measures was adopted, consisting of a system of further financial aids for the removal of fishing fleet construction and modernization subsidies. Therefore, a new policy instrument, the Multi-annual Guidance Programs (MAGPs) was settled.[41] The MAGPs set targets for fleet capacity reduction for each member States. The EC provided supports for vessel construction and modernization for a member State's fleet on condition that an equal or greater amount of capacity is retired from its fleet, in keeping with the capacity reduction targets set in each Member State's MAGP.[42] The fleet renewal and modernization programme and the financial supports from the EC aimed at providing an incentive for EC Member States to meet the targets of the MAGPs for the reduction of fishing capacity.

The second pillar of the CFP, the common organization of the market, was to establish a common market for fish products.[43] Therefore, there were four components, including common marketing standards for fresh products; a price support system setting minimum prices below which fish products cannot be sold; compensation payments for products withdrawn from the market at minimum prices levels, which is made by producers' organizations (the voluntary associations of fishermen set up to help stabilize the market); rules for trade with non-EC countries. [44] As the main goals were to stabilize the fish markets, to secure supplies, as well as to ensure reasonable consumer prices, the CFP eventually led to a rapid expansion of the European fishing fleets.

---

[40] *Ibid.*, p. 18.

[41] *Ibid.*

[42] G. Porter, *Fisheries Subsidies and Overfishing: Towards a Structured Discussion* (2003), p. 22.

[43] *Ibid.*, p. 18-19. The second pillar took over the principles applied to the Common Agricultural Policy (CAP) of the EC. The CAP was justified as not only making Europe self-subsistent but also preventing people from moving from the country. Furthermore, the EU increased assistance to farmers to increase production and guarantee their incomes.

[44] *Ibid.*, p. 19.

The third pillar of the CFP, settled in 1976, consisted primarily of agreements with third countries negotiated between the EC and the third countries. Since then, a number of EC fisheries agreements, which could be distinguished into three types, including agreements with financial compensation, reciprocal agreements, and "second generation" agreements, have been created.[45]

The fourth pillar of the CFP, the conservation and management of fish stocks, based on the concepts of total allowable catches (TACs) and a national quota system,[46] aimed not only to limit fishing activities by setting annually maximum catches but also simultaneously to decrease the number of fishing fleets in Community waters. The distribution of fishery resources was built on the principle of relative stability, which was relied on three key factors, including historic catches, special allowances based on "vital need" or "Hague preferences", and compensation for jurisdictional losses after the introduction of the exclusive economic zones (EEZs).[47]

C. The Green Paper on the Future of the Common Fisheries Policy

Trying to face the challenges of the CFP after twenty years from its inception, the European Commission presented the Green Paper on the Future of the Common Fisheries Policy (the Green Paper) in March 2001. Due to the various

[45] *Ibid.*, the three types of agreements as below:

Agreement Type	Content	Contracting Countries
Agreements with Financial Compensation.	EU acquires fishing rights in exchange for overall financial compensation paid from the Community budget and the ship owners.	With African and Caribbean Countries.
Reciprocal Agreements.	EU grants fishing rights to third countries in Member States' fishing zones in exchange for similar rights for Community vessels in those countries waters.	With Norway, the Baltic countries, the Faeroer Islands, and Iceland.
"Second Generation" Agreements.	This is based on incentives for setting up joint ventures which can develop the fishing activities in the waters of third countries.	With Argentina.

[46] *Ibid.,* the concept of total allowable catches (TACs) specifies annually the maximum quantity of each fish stock that can be fished. In addition, the national quota system distributes the volume of such catches among the Member States. Both of these can be considered the centerpiece of the conservation measures, which also include permitted gear, restrictions on the allowed time period for fishing, and the fishing areas.

[47] *Ibid.*

challenges and different fields of the Green Paper, the following context will merely discuss the fleet policy which is related to the subsidies of fishery fleets.

1. The Challenges of the CFP

Since the CFP was confronted with major challenges in environmental, economic and political terms after twenty years from its inception, the policy has had not delivered sustainable exploitation of fisheries resources and would need to be changed. Hence, in March 2001, the EC presented the Green Paper which has addressed several main challenges and related resolutions.[48] With respect to the subsidies in the fisheries sector, the Green Paper addresses the issues of fisheries subsidies in its Fleet Policy.

2. The Fleet Policy of the CFP

With technological progress, the efficiency of fishing fleets and environmentally harmful subsidies have led to the fisheries overcapacity. The Commission notices the challenges of the fleet policy and addresses the future of the fleet policy.

a) The Challenges of the Fleet Policy

There are three reasons for demanding improvements of the fleet policy. First of all, the fishery technology improvement increases the fisheries capacity.[49] Secondly, the lack of enforcement worsens the situation. The MAGPs were set by the Council at levels that were not ambitious enough to address the problem of excess capacity effectively and have often not been enforced.[50] Thirdly, not ac-

[48] The main challenges include conservation policy, the environmental dimension, fleet policy, decision-making process and stakeholders' involvement, monitoring and controlling, the economic and social dimension, aquaculture, the processing industry, the international dimension of the CFP, and Mediterranean fisheries.

[49] The current fishery fleets are too large to pursue capacity reduction programmes, because technological progress in vessel gear and design, i.e. fish finding equipment and telecommunications, improves the efficiency of fishing fleets and undermines the efforts of capacity reduction programmes.

[50] *Ibid.*, p.11, MAGP III (1992 to 1996) was relatively efficient and the reduction achieved over this period was approximately 15% in tonnage and 10% in power. Contrarily, the MAGP IV (1997 – 2001), was much weaker, calling for reductions in the Community fleet of just 3% in capacity and 2% in activity over its 5 year period of application. Hence, the Community fleets had already met the final capacity objectives for 2001 when the MAGP IV was adopted in 1997. The MAGP IV targets for capacity reduction for 1997-2001 fall short of what would have been needed to prevent further expansion of capacity in the EC-wide fleet. In addition,

companying with a sufficient decrease in capacity, subsidies for construction, modernization, and running costs may have aggravated the current situation.[51] The lesson of the EC challenges appears to be that subsidies for modernization of the fleet, unless accompanied by stringent management conditions, can actually hinder efforts to reduce overall effort in the fishery as well as the fleet's overall capacity. Such management conditions include standard measures of tonnage and engine power, close attentions to the technological change that is not captured by these measures, and effective monitoring claims of capacity reduction. These management conditions may be polically very difficult to achieve.[52]

b) The Future of Fleet Policy of the Green Paper

As regards the challenges above, the Green Paper has identified the objective for the future CFP regarding to its fleet policy *"to bring fleet capacity into line as soon as possible with the availability and sustainability of the resources"*.[53] The future policy of the CFP is the establishment of a more effective fleet policy in line with multi-annual objectives, taking into account technological progress and ensuring that public aids do not contribute to an increase in fishing effort. Furthermore, the new system should ensure transparency and simplicity with tighter control and enforcement by Member States and stronger sanctions for noncompliance.[54]

The future fleet policy consists of several objectives. Initially, to reach the balance between fleet capacity and exploitation rates consistent with long-term management objectives, a simpler and more effective system must be established in terms of its impact on the state of the resources.[55] Nevertheless, the capacity reduction rate would need to be at least large enough to counter effects of technological progress. Public aids must under no circumstance contribute to an increase in fishing effort. The issues of the distant water fleet need to be adequately addressed as well as special provisions in favor of small-scale fisheries should be envisaged.[56]

---

the introduction of combined activity and capacity reductions made the MAGP IV very complex and costly to administer, both for Member States and for the Commission.

[51] *Ibid.*

[52] G. Porter, *op.cit.*, n. 42, p. 23.

[53] The Green Paper, p.21.

[54] *Ibid.*, p.26.

[55] *Ibid.*

[56] *Ibid.*, p.27.

Moreover, to accomplish these objectives, there are two approaches. The first approach is to continue with a system that fixes quantitative objectives to be achieved over a defined period with the following characteristics: reductions primarily in terms of capacity, a commonly defined segmentation of the fleet for all Member States, and fixed reduction rates for each type of segment across all Member States. The second approach is to dispense altogether with fixed objectives for the period until 2006 and instead to create a mechanism whereby the capacity of the fleet is gradually and automatically reduced over time.[57]

III. The EU's Proposals of Fisheries Subsidies under the WTO

Since fisheries subsidies issues have been raised in the WTO, the EU has submitted several proposals and papers to comply with its concerns of marine environment and fisheries sustainability under the CFP. This chapter will discuss several of its main proposals under the WTO framework.

A. With Respect to Fisheries Subsidies Disciplines

In the course of the CFP reform in 2002, the EU has made a clear choice to adjust the objectives of its fisheries policy to ensure a sustainable development in environmental, economic and social terms, and has submitted a series of proposals regarding to fisheries subsidies disciplines to the Rules Negotiating Group of the WTO. According to the EU's proposal,[58] fisheries subsidies disciplines under the WTO are important to pursue fishery sustainability. As with most specific subsidies, those given to the fisheries sector have over time created overcapacity in the fishery industry. The overcapacity has resulted in a mismatch between fishing capacity and available resources. Hence, the EU holds that it is necessary to prohibit capacity enhancing subsidies after a short transitional period not only for reducing the fishing pressure but also for creating conditions of environmentally, economically and socially sound fisheries as well as sustainable development of the fisheries sector.

Overcapacity in the fisheries sector, one of the major factors contributing to overexploitation of fisheries resources worldwide, has become so serious that it constitutes a risk to the survival of several fish stocks. Some types of govern-

[57] *Ibid.*, p.28.

[58] Submission of the European Communities to the Negotiating Group on Rules-Fisheries Subsidies, TN/RL/W/82, adopted on 23 April 2003.

mental subsidies have led to a considerable increase in fishing fleets both in terms of size and efficiency. The mismatch between fishing capacity and the amount of fish available has led to an excessive exploitation of certain commercially important stocks and brought them to dangerously low levels.

According to the EU's opinion, some types of subsidies are environmentally as well as economically harmful. The subsidies, encouraging investment in fishing fleets, not only work against the objective of achieving and maintaining fisheries resources at sustainable levels, but also produce negative economic effects in the fishing industry.[59] Moreover, as core principles of the Doha Declaration are reflected in the EU's new fisheries policy framework, it believes that these principles are globally applicable and should guide the Rules Negotiating Group for related disciplines.

The EU suggests that WTO rules on fisheries subsidies should be established in line with recognizing subsidy disciplines under the SCM Agreement. The EU classifies fisheries subsidies into two: prohibited fisheries subsidies and permitted fisheries subsidies. Capacity enhancing subsidies should be prohibited,[60] while certain types of subsidies necessary to achieve the objective of reducing fishing capacity should be considered permitted and therefore non-actionable.[61] Certain types of permitted subsidies are essential to achieve the objective of reducing fishing capacity and to mitigate negative social and economic consequences of the restructuring of the fisheries sector. However, these subsidies should be clearly defined to ensure that they are not used to circumvent the prohibition of capacity enhancing subsidies.

---

[59] *Ibid.*

[60] *Ibid.*, capacity enhancing subsidies consist of subsidies for marine fishing fleet renewal (e.g. construction of vessels, increase in fishing capacity) and subsidies for the permanent transfer of fishing vessels to third countries, including through the creation of joint enterprises with third country partners.

[61] *Ibid.*, permitted fisheries subsidies include (1) subsidies to support the retraining of fishermen, early retirement schemes and diversification, (2) limited subsidies for modernization of fishing vessels to improve safety, product quality or working conditions or to promote more environmentally friendly fishing methods, (3) subsidies to fishermen and vessel owners who have to temporarily stop their fishing activity, when stoppages are due to unforeseeable circumstances such as natural disasters, or in the framework of tie-up schemes linked to permanent capacity reduction measures in the context of recovery plans for overexploited fish stocks, and (4) subsidies for the scrapping of vessels and the withdrawal of capacity.

The EC also held that to achieve the ultimate aim to match capacity to the available fish and the sustainable exploitation of fishery resources, the work of relevant international organizations[62] could be taken into account, during the review of the lists of prohibited and permitted subsidies.
Following the Hong Kong Ministerial Meeting, WTO Members have been required to make their text-based proposals to accelerate the fisheries subsidies disciplines making under the WTO. Hence, the EC determined to make a full contribution to the work of the Rules Negotiating Group with a simple, transparent, and comprehensive proposal which addressed the problem of overfishing.[63] In this proposal, the EC suggested new fisheries subsidies articles in the Annex VIII of the SCM Agreement without prejudice to the final architecture of the fisheries disciplines.[64]

B. With Respect to the Implementation and Enforcement

On 12 May 2005, the EC submitted another proposal to the Rules Negotiating Group, emphasizing the importance of implementation and enforcement of fisheries subsidies disciplines.[65] Accordingly, to ensure that any fisheries subsidies ban which is agreed in the negotiations is faithfully implemented and enforced worldwide, the WTO members should be willing to identify and ban harmful subsidies and any existing difficulties in order to create effective enforcement and transparency rules.[66]

The "normal" enforcement mechanism does not work for fisheries subsidies, due to the poor coverage of notifications in the fisheries sector as well as due to the ineffective transparency caused by that the effects of these harmful subsidies are not immediately apparent and thus difficult to detect.[67] Therefore, the EC has put in place an elaborate "*internal state aid control system*" resting on four pil-

---

[62] These international organizations include the FAO or international fisheries management bodies.
[63] Fisheries Subsidies Submission of the European Communities, TN/RL/GEN/134, adopted on 24 April, 2006.
[64] The EC suggested six articles of the Annex of the SCM Agreement, including Article 1: Scope and Definitions; Article 2: Prohibited Subsidies; Article 3: Permitted Subsidies; Article 4: Review; Article 5: Transparency; Article 6: Developing Country Members.
[65] Paper on Fisheries from the European Communities, TN/RL/GEN/39, adopted on 12 May 2005.
[66] *Ibid.*, para. 2.
[67] *Ibid.*, para. 3, effective transparency can help to distinguish the distortion from the "virtuous" subsidies, i.e. ensure that capacity-enhancing subsidies are clearly identified as they are particularly harmful to the environment

lars: the principle of pre-notification and authorization,[68] the principle of *ex post* surveillance,[69] the incorporation of the rules and notification requirements into domestic law, and aids not falling under the general principle of pre-authorization.[70]

The EU also realizes that the enforcement system which has been established in the Community may not be ideal but can be viewed as a guideline to identify an enforcement system for the other WTO Members to this negotiation.[71] Due to the differences of transparency and enforcement amongst the WTO Members, a choice could be provided as to the means by which Members demonstrate their adherence to the WTO rules. The choice would be either a system of enforcement implemented domestically (the "domestic control system") or one imposed at the WTO level (the "WTO control system"). Furthermore, a domestic control system should be ensured as effective as one applied at the multilateral level.[72]

C. With Respect to the Compliance with the CFP

The EU answered other WTO Members' questions regarding to fisheries subsidies in its WTO submissions as well. The following will describe its related answers.

---

[68] *Ibid.,* para. 4, addressing that according to the principle of pre-notification and authorization, every subsidy needs to be notified to the authority in charge of operating the system and authorisation obtained before it can be granted. If the planned subsidy scheme (programme) is not in line with the rules and overall policy objectives, it will be refused. Any subsidies granted unlawfully which are found incompatible with the rules must be repaid with interest. Transparency is ensured with claims, authorisations and rejections published and available on the internet. See http://europa.eu.int/comm/fisheries/doc_et_publ/factsheets/legal_texts/stateaids_en.htm. (last visited 31 January 2007).

[69] According to the principle of *ex post* surveillance, for any subsidy scheme which is in operation, annual reporting requirements ensure full transparency. As for pre-notifications, the system is fully transparent with the results published and made available on the internet.

[70] The fourth pillar includes aids that, either because the amounts involved are small (*de minimis* rule), or because, having limited impact, they serve the objectives of conservation and sustainable exploitation of fisheries resources, as set out in the EC's CFP, do not fall under the general principle of pre-authorisation. For both types there is an obligation to inform the Commission of all aids before they enter into force, and that *ex post* surveillance remains applicable.

[71] *Ibid.*, para. 5.

[72] *Ibid.*

There is a consideration of the CFP that one element of it involves in ensuring the *"economic viability"* of the European fleets, and such supports would seem to go beyond merely ensuring the safety and environmental-friendliness of fishing fleets.[73] However, as from 2004, aids for modernisation of fishing fleets will only be available for fleets which are at least 5 years old *"to improve safety, product quality or working conditions, or switch to more selective fishing techniques or to equip vessels with the VMS (Vessel Monitoring Systems)"*. Such modernisation must not increase the capacity of fishing fleets.

In the CFP, the EC has addressed the issue of overall fishing pressure (fishing effort) on the level of available resources, taking into account the social impact and the need to avoid over-fishing.[74] It has also found that the balance between the capacity of fishing fleets and the available resources could only be achieved by capacity withdrawal. Therefore, the EC aids would be restricted to Member States which have previously met their overall capacity targets set under the MAGP IV. Concerning public aids for fishing fleet renewal, this was phased out and would only be available by 31 Dec. 2004, and only for fleets under 400 GT.[75] These measures were adopted in the course of the CFP reform in order to ensure sustainable development in environmental, economic and social terms.
These policy adjustments have been made on the basis of the previous experience with regard to the relationship between the effects of public aids on fishing capacity and the sustainable exploitation of fisheries resources.

D. With Respect to Bilateral Agreements

The other EU's answer of its fishery policy in the WTO papers is related to bilateral agreements. The conditions in the Community's bilateral "Southern" agreements related to resource management consist of stock conservation measures in the protocols to the agreements, arrangements for monitoring and inspecting the Community fleets, and measures contributing to the fishery sustainability.

---

[73] See Trade Policy Review, the European Communities, WT/TPR/M/136/Add.1, adopted on 18 January 2005. p. 19. Particularly, among the elements of the Financial Instrument for Fisheries Guidance, which, with a 2000-06 budget of € 3.7 billion, remains the leading form of financial assistance to the fisheries sub-sector, is assistance for fleet restructuring and investment, including fleet renewal and the modernization of fishing vessels.
[74] *Ibid.*, one of the outcomes of the reform process is the decision to take measures to reach a stable and lasting balance between the capacity of fishing fleets and the available resources.
[75] *Ibid.*

Regarding to stock conservation measures in the protocols to the agreements, each country has its own particular schemes for preserving fish stocks. The common rules are to govern the mesh size of nets, although these vary slightly between countries for certain species.[76] In respect of monitoring and inspecting the Community fleets, measures for monitoring and inspecting compliance with the rules governing the Community fleets feature in almost all the protocols. The signatory States (both EU and non-EU countries) promote greater compliance with the measures in the agreements by progressively reinforcing two facets of the system: monitoring of vessel presence and monitoring of catches. Furthermore, a third measure focuses on monitoring compliance with the fishing rules of the different non-EU countries.[77] Regarding to the measures contributing to the fishery sustainability, the financial contribution of the EU not only covers access to the fishing zones of the coastal states but also establishes targeted actions with the partners by supporting their fisheries sector and contributing to fishery sustainability in their waters. A protocol attached to each lays down the specific conditions, i.e. technical, financial, type of resources, for implementation of the agreement. A substantial share of the EU financial contribution is earmarked for measures designed to achieve sustainability.[78]

IV. The EU Role in Fisheries Subsidies International Negotiations

As one of the main fishing entities, the EU has played a leading role of not only international fisheries trade but also marine conservation. Nevertheless, it has addressed the issues of fisheries subsidies disciplines in the international society, especially in the WTO framework. The other WTO Members have followed its steps to submit the proposals of fisheries subsidies disciplines under the WTO.

---

[76] *Ibid.*, some measures are commonly used, e.g. controls on by catches and the temporary suspension of fishing activity for reasons of "biological recovery", while others are specific to certain agreements, e.g. the designation of protected species, minimum seize requirements for landing fish of certain species, the exchange of information, and the monitoring of discards.

[77] *Ibid.*

[78] *Ibid.*, the measures that can be financed include scientific research programmes, support to the control and monitoring of fisheries activities as well as the establishment of a satellite vessel monitoring programme to improve fisheries statistics, and support to coastal state's fisheries management institutions.

A. The EU Role in International Fisheries Activities

Recently, the international fisheries law has undergone a revolution. In 1990s, a number of important new instruments were adopted and a number of new principles were introduced into the conservation and management framework. These instruments were designed not only to address the major issues in fisheries management but also to prevent the increasing number of disputes between coastal States and distant-water fishing States as stocks in international waters declined drastically.

The EC has played a key role in the development of these instruments both directly through its participation in the meetings and conferences which developed these instruments, and indirectly through its participation in international fisheries organizations. The Member States of the EC collectively constitute a major fishing power, and have caught, annually, an average of around seven million tons of fish in recent years and currently rank behind only China and Peru in terms of catch.[79] Furthermore, as regards distant-water fishing, the EC occupies a prominent position, with catches comparable to those of Japan at the top of the fishing league.

B. The EU's Influence in the Fisheries Subsidies International Negotiations

As reactions of the EU's proposal, other fishing entities submitted their own proposals standing their concerns and policies of fisheries subsidies as well. In 2004, the United States, supporting the EU's idea, submitted its proposal.[80] It believes that the broad-ban approach offers a simple, administrable, enforceable, and realistic structure for strengthened disciplines on fisheries subsidies with sufficient flexibility to address the realities of the fisheries sector and the legitimate interests of Members.[81] Furthermore, the precise scope of the prohibition will need to be negotiated amongst the Members. Hence, the United States has given examples of programmes not contributing to overcapacity or overfishing that should not be the target of strengthened disciplines. Moreover, Argentina,

[79] These figures are for the period 1995-1997, the most recent years since enlargement that figures are available: FAO (2000).

[80] Additional Views on the Structure of the Fisheries Subsidies Negotiations, Communication from the United States, TN/RL/W/169, adopted 13 December 2004.

[81] *Ibid.*, the broad-ban approach affords sufficient flexibility to address these programmes appropriately. In contrast, the alternative approach proposed by some Members, the bottom-up approach, appears to contemplate a very small number of prohibited subsidies and a large number of permitted subsidies. In the United States' perspective, the bottom up approach could potentially lead to a set of disciplines weaker than the current rules.

Chile, Ecuador, New Zealand, Philippines, and Peru submitted their paper to the Rules Negotiating Group of the WTO for the broad-ban approach, and also pointed out that the features of this approach are simplicity and enforceability,[82] transparency,[83] and flexibility.[84]

Another submission of the United States was regarding to its buyback programme experience.[85] Provided that appropriate programme conditions are attached, buyback and similar programmes designed to permanently remove fisheries overcapacity are strong candidates for an exception to an expanded prohibition of fisheries subsidies.[86] The conditions developed in its recent programmes may be instructive in this regard. The United States Sustainable Fisheries Act and other relevant legislation set forth general principles for constructing buyback programmes, while allowing fisheries managers the flexibility to develop specific requirements for particular fisheries.

As the request of the Hong Kong Ministerial Meeting, New Zealand submitted its delegation, proposing the exhaustive list of non-prohibited fisheries subsidies in the Annex VIII, as well as Brazil, providing more details of disciplines and proposing 11 articles in the Annex VIII.[87] Moreover, the United States submitted

---

[82] Fisheries Subsidies, Communication from Argentina, Chile, Ecuador, New Zealand, Philippines, Peru, TN/RL/W/166, adopted 2 November 2004. Addressing that since the approach establishes a clear rule, using language and concepts that already have a solid basis within the SCM Agreement, it would essentially extend the prohibited subsidies to cover subsidies that benefit the fishing industry and establish a list of defined exceptions.

[83] *Ibid.,* the starting point of the new disciplines will be a prohibition on subsidies that benefit the fishing industry, so the negotiation will then centre on identifying and defining the exceptions to this prohibition. The general rule will provide a strong incentive on Members to come forward with programmes that they wish to maintain. In this way the negotiations will improve our knowledge and understanding of fish subsidies.

[84] *Ibid.*, in no sense would such an approach prejudge the level of ambition of the negotiations. Rather, the exact scope of the broad-based prohibition will be determined by the number of subsidies that should be excluded from that prohibition. In addition, this approach would also be flexible enough to "take into account the importance of this sector to developing countries" as specified in our mandate.

[85] Fisheries Subsidies: Programmes for Decommissioning of Vessels and License Retirement, Communication from the United States, TN/RL/GEN/41, adopted on 13 May 2005. para. 4. Many governments have designed programmes, known generally as "buybacks", aimed at removing overcapacity in targeted fisheries. The United States proposes to define buybacks as government payments to vessel owners for the permanent retirement of vessels or retirement of licences from a fishery. These programmes may include both direct government assistance (grants) and loans to the fishing industry to finance the buyback.

[86] *Ibid.,* para. 12.

[87] Fisheries Subsidies Exhaustive List of Non-Prohibited Fisheries Subsidies Paper from New Zealand, TN/RL/GEN/141, adopted on 6 June 2006. Possible Disciplines on Fisheries Subsi-

its delegation, accepting the methods of either New Zealand or Brazil, but it also addressed two other aspects, including periodic reviews and potential uses of fisheries expertise.[88]

Against the broad-ban approach, Japan, Korea, and the Separate Customs Territory of Taiwan, Penghu, Kinmen, and Matsu (Taiwan), submitted their paper to the Rules Negotiating Group of the WTO,[89] explaining the demerits of the broad-ban approach, and disagreeing with that the negotiation group is bound by the mandate provided in para. 28 of the Doha Ministerial Declaration. In their opinions, inconsistency with the basic principles of the SCM Agreement,[90] lack of flexibility for future policy needs,[91] race for exceptions,[92] and inequity with other sectors are the demerits of broad-ban approach.[93] They advocated several major issues for the future framework,[94] including government support not sub-

dies Paper from Brazil, TN/RL/GEN/79/Rev.3, adopted on 2 June 2006. Since there are seven Annexes in the SCM Agreement, to add Annex VIII is a method of amendment. In the delegation of Brazil, the eleven articles include Article 1: definitions and coverage, Article 2: prohibition, Article 3: exceptions, Article 4: special and differential treatment of developing country members, Article 5: notification, Article 6: monitoring, Article 7: dispute settlement, Article 8: prevention of circumvention, Article 9: review, Article 10: least-developed country members, and Article 11: transitional provisions.

[88] Fisheries Subsidies Communication from the United States, TN/RL/GEN/127, adopted 24 April 2006, p. 2. The two aspects include (1) periodic review by the Committee on SCM of the effectiveness of new disciplines, including an appropriate role for the intergovernmental bodies with fisheries expertise (such as the UN Food and Agriculture Organization) in such a review, and (2) potential use of fisheries expertise in addressing scientific or technical questions involved in disputes under a fisheries subsidies agreement.

[89] Contribution to the Discussion on the Framework for the Disciplines on the Fisheries Subsidies, Communication from Japan, the Republic of Korea, and the Separate Customs Territory of Taiwan, Penghu, Kinmen, and Matsu, TN/RL/W/172, adopted on 22 Feb. 2005.

[90] *Ibid.,* the SCM Agreement takes a positive-list approach, prohibiting merely two types of severely trade distorting subsidies under Art. 3, while the broad-ban approach is based on a negative-list approach, generally forbidding fisheries subsidies without any tests on adverse effect of the subsidies.

[91] *Ibid.,* para. 2, with concerns of a changing environment, the future policy needs to consist of structural adjustment of the fisheries sector, achievement of sustainable fishery, the livelihood of fishermen, and food security.

[92] *Ibid.,* para. 3, under the broad-ban approach, the negotiating members will be forced to race to include their wish list in the exception box as dictated by their policy needs.

[93] *Ibid.,* para. 4, a reasonable starting point of the discussion would be the expansion of prohibited subsidies (red box) based on an adverse effect test, since the United States and the European Community suggested fisheries subsidies that "directly promote overcapacity or overfishing or that have other direct trade distorting effects" (TN/RL/W/77) and "enhance fishing capacity" (TN/RL/W/82) should be prohibited in their proposals.

[94] *Ibid.,* para. 6-7, if governmental support for a certain fishery activity does not fall under the coverage of the SCM Agreement, it should not be the subject of fisheries subsidies disciplines. Therefore, general infrastructure, such as construction of fishing ports, sewage facili-

ject to the SCM Agreement,[95] expansion of prohibited subsidies under the current SCM Agreement, and restoration of green box.[96] Furthermore, having in mind the different situation of fisheries industries, the three members suggested not only to allow flexibility for each country's domestic small-scale subsistence fisheries to ensure adequate protection for the vulnerable fishermen but also to discuss the issue of definition of small-scale fisheries eligible for exception to prohibition as well as the methods to prevent loopholes. As the requirement of the Hong Kong Ministerial Meeting, the three members submitted the proposal regarding to more specific fisheries subsidies disciplines under the WTO.[97] They proposed to amend the SCM agreement by adding footnotes and making modifications of Article I, III, VIII, XXVII, and XXVIII as well as Annex III.

V. Conclusion

Fisheries subsidies issues, resulting in conflicts concerning trade liberalization, marine protection, and sustainable development, have been raised in the international society in decades. One of the main fishing entities, the EU, has played an important role since the beginning, especially in the WTO framework, the world´s biggest trade negotiation framework.

The EU, influencing on policies and reactions of other countries and international organizations in the related negotiation framework, has addressed its proposals of fisheries subsidies disciplines in several of its WTO submissions. Obviously, some like-minded countries support its fisheries subsidies proposals and the broad-ban approach under the WTO negotiations. However, Japan, Korea, and Taiwan, concerned with their diverse fishery industries and domestic small-scale subsistence fisheries, hold different approaches and policies. This may result from the different explanations of para. 28 of the Doha Ministerial Declaration and different styles of fishery industries.

---

ties for the fishing communities, and coastal protection facilities against storms and waves should be outside the scope of the new disciplines for fisheries subsidies by reason of Article 1 and Article 2 of the SCM Agreement.

[95] *Ibid.*, para. 8-9, fisheries subsidies deemed to directly cause serious harm to the resources should be treated as prohibited subsidies.

[96] *Ibid.,* para. 10, government programs which have positive effects on fish stock recovery, social security, welfare and R&D should be permitted as non-actionable.

[97] Fisheries Subsidies: Framework for Disciplines, Communication from Japan; the Republic of Korea; and the Separate Customs Territory of Taiwan, Penghu, Kinmen and Matsu, TN/RL/GEN/114/Rev.1, adopted on 2 June 2006.

Expectably, with the experience of the EU's fleet policy in the CFP and the Green Paper, the EU policy making, implementation, and enforcement could provide other countries and international organizations reference to the fisheries subsidies disciplines in pursuit of the balance of trade and environment.

Die EU als Vertragspartei bilateraler Fischereiabkommen

Cornelius Janzen

A. Einleitung

Die (bilateralen) Fischereiabkommen sind sowohl in ihrer Entstehung als auch in ihrem anschließenden Entwicklungsprozess ein Resultat globaler Geschehnisse. So konstituierte die Entwicklung des modernen globalen Meeresvölkerrechts zum einen das Bedürfnis jener Staaten mit Fischereihintergrund, (bilaterale) Fischereiabkommen abzuschließen, und zum anderen die Motivation der damaligen EG-Mitgliedstaaten, vereint als eine Vertragspartei zu agieren. Neben ihrem ursprünglichen Zweck, den Flotten unter EG-Flagge Fischfanggründe außerhalb der EG-Gewässer zu bescheren, fungieren sie heute über ihre wirtschaftlichen Entstehungsmotive hinaus auch als ein wichtiges außenpolitisches Instrument der EG für Entwicklungsstrategien und für umweltschonende Maßnahmen im Rahmen globaler Abkommen. Denn aufgrund neu aufkommender universaler Tendenzen, in welchen Entwicklungsländer vermehrt nach wirtschaftlicher Emanzipation streben und die Ressourcen überfischt sind, birgt die Fischereimaterie eine Vielzahl wirtschaftlicher, sozialer und politischer Konflikte, welche die betroffenen Staaten zu einer internationalen Zusammenarbeit zwingt[1]. Damit kommt auch den von der EG geschlossenen bilateralen Abkommen im Zusammenspiel mit regionalen und internationalen Abkommen eine neue wichtige Bedeutung bei der Behandlung dieser Probleme zu.

---

[1] Vgl. Schneider, Hartmut: Die gemeinsame Fischereipolitik der Europäischen Gemeinschaften, Köln, Berlin, Bonn, München 1988; zugl. Diss. iur. Münster 1988, S. 1.

Ziel dieser Arbeit ist es, den inhaltlichen Wandlungsprozess der Fischereiabkommen als politisches Instrument der Gemeinschaft nachzuzeichnen und einen Einblick über ihre Rolle innerhalb des internationalen Beziehungsgefüges zu gewinnen. Dazu sollen zunächst – unter dem Blickwinkel der globalen Entwicklung - die Beweggründe für die Gemeinschaft, sich als Partei von Fischereiabkommen zu etablieren, sowie die Stellung der Fischereimaterie innerhalb des Spannungsfeldes unterschiedlicher Interessen beleuchtet werden. Exemplarisch soll anhand der multilateralen AKP-EG-Kooperation[2] dargestellt werden, wie versucht wird, den widerstreitenden Interessen Rechnung zu tragen und wie dafür verfasste Vorgaben und Ziele den Inhalt der bilateralen Fischereiabkommen zwischen der EG und dem jeweiligen AKP-Staat prägen. Die bilateralen Abkommen können hierbei ein wichtiges Instrument für die Zielverwirklichung und eine wichtige Ergänzung zu dieser Kooperation bedeuten. Hierzu sollen einige Maßnahmen, welche die entwicklungspolitischen Ziele der AKP-EG-Zusammenarbeit fördern können, aufgezeigt werden und ihr Verhältnis zu den entwicklungspolitischen Zielen der EG an dem Kohärenzgebot aus Art. 178 EGV gemessen werden. Dabei ist fraglich, ob diese Maßnahmen – und damit die bilaterale Fischereiabkommenspolitik der EG - effektiv zur Erreichung dieser Ziele und somit zur Handhabung der globalen Spannungen auf dem Fischereisektor beitragen und ob ferner die steigende Wichtigkeit umweltpolitischer Aspekte ausreichend berücksichtigt wird.

B. Die Anfänge der gemeinschaftlichen Fischereiabkommen

Die völkerrechtliche Vertragspraxis der EG mit dritten Staaten im Bereich der Fischerei ist Teil einer gemeinsamen Fischereipolitik (GFP)[3] und hat sich seit Mitte der siebziger Jahre des vergangenen Jahrhunderts zu deren Hauptbetätigungsfeld entwickelt[4]. Die Anfänge der gemeinschaftlichen Fischereiabkommen

---

[2] Der Begriff der „AKP-EG-Kooperation" bezeichnet die völkervertragliche Zusammenarbeit zwischen den Afrikanischen, Pazifischen und Karibischen Staaten (AKP) und der EG im Kontext der Nord-Süd-Beziehungen, siehe hierzu unten Punkt D.I.

[3] Die GFP lässt sich in folgende Hauptbestandteile gliedern: 1. Erhaltung und Bewirtschaftung der Fischereiressourcen; 2. Strukturmaßnahmen; 3. gemeinsame Marktorganisation; 4. Fischereiabkommen mit Drittstaaten. Vgl. Bleckmann, Albert: Europarecht. Das Recht der Europäischen Union und der Europäischen Gemeinschaften, 6. Auflage, Köln, Berlin, Bonn, München 1997, S. 821 ff., Bearbeiter: Schneider.

[4] Booß, Dierk: Probleme der gemeinsamen Fischereipolitik, in: Krämer, Hans R. (Hrsg.), Die wirtschaftliche Nutzung der Nordsee und die Europäische Gemeinschaft, Baden-Baden 1979, S. 35 ff. (41).

stehen in engem Zusammenhang mit den damaligen allgemeinen Tendenzen des Meeresvölkerrechts.

I. Die globale Entwicklung

Im Zuge der vermehrten und intensivierten Nutzung der Meere - bedingt durch die Fortentwicklung neuer (Fischfang-)Technologien seit den fünfziger Jahren des 20. Jahrhunderts[5] und den nicht gelungenen Versuch, die Fischerei auf Hoher See zentral und allgemein verbindlich zu regeln[6] – und im Zuge des Interesses, sich einen Zugriff im sich andeutenden Ressourcenwettlauf vorzubehalten[7], begannen die Küstenstaaten seit 1972, unter Kritik des IGH[8], nacheinander durch einseitige Erklärungen ihre für sich beanspruchten Fischereizonen als Ausschließliche Wirtschaftszonen (AWZn) über die max.12 sm umfassenden Küstengewässer[9] hinaus bis 200 sm auszudehnen[10]. Durch diese sich verfestigende – und im Widerspruch zu Grotius' 1609 formuliertem Grundsatz der Freiheit der Meere[11] stehende – Staatenpraxis unterfielen Gewässer der ursprünglich frei befischbaren Hohen See, die 90% der weltweiten Fischressourcen beinhalteten[12], nun einer nationalen „Jurisdiktion"[13] der Küstenstaaten. Somit

---

[5] Vgl. dazu ausführlich Schneider, Hartmut: Die gemeinsame Fischereipolitik der Europäischen Gemeinschaften, Köln, Berlin, Bonn, München 1988; zugl. Diss. iur. Münster 1988, S. 6 ff. .

[6] Vgl. dazu ausführlich Ipsen, Knut: Völkerrecht, 5. Auflage, München 2004, S. 818 ff., Bearbeiter: Gloria.

[7] Lagoni, Rainer: Die Errichtung von Schutzgebieten in der Ausschließlichen Wirtschaftszone, in: Aktuelle Entwicklungen im Seerecht II, Dokumentation der Rostocker Gespräche zum Seerecht 2000 – 2002, Baden-Baden 2003, S. 29 ff. (29).

[8] Urteil vom 25.07.1974, ICJ Reports 1974, S. 192.

[9] Vgl. Calliess/Rufert, Kommentar des Vertrages über die Europäische Union und des Vertrages zur Gründung der Europäischen Gemeinschaft – EUV/EGV, 2. Auflage (2002), Art. 299 Rnr. 2, Bearbeiter: Schmalenbach.

[10] Angefangen durch Island mit einer proklamierten AWZ von 50 sm, vgl. zu diesem Entwicklungsprozess Farnell, John/Elles, James: In Search of a Common Fisheries Policy, Aldershot u.a.,Gower 1984, S. 20 ff; Schneider, Hartmut: Die gemeinsame Fischereipolitik der Europäischen Gemeinschaften, Köln, Berlin, Bonn, München 1988; zugl. Diss. iur. Münster 1988, S. 9 ff.

[11] Grotius, Hugo: Mare Liberum sive de iure quod Batavis Competit ad Indicana Commercio, veröffentlicht in englischer Sprache in: Brown Scott, James (Hrsg.), The Freedom of the Sea or the right which belongs to the Dutch to take part in the East Indian Trade, New York 1916; ein Leitgedanke dieses Grundsatzes war jedoch die Überzeugung, dass die Ressourcen des Meeres unerschöpflich seien, vgl. zu Einzelheiten vgl. Wolfrum, Rüdiger: Die Internationalisierung staatsfreier Räume, Berlin, Heidelberg, New York, Tokyo 1984, S. 188.

[12] Bleckmann, Albert: Europarecht. Das Recht der Europäischen Union und der Europäischen Gemeinschaften, 6. Auflage, Köln, Berlin, Bonn, München 1997, S. 828; Bearbeiter: Schneider; Koers, Albert W.: The European Economic Community and International Fisheries Organisations, in: Legal Issues of European Integration (LIEI) 1984, S. 113 ff. (115, Fn. 15);

hatte ein Prozess eingesetzt, der die Inanspruchnahme der Meeresressourcen unter den Staaten rechtlich regeln musste und den Beginn des modernen Seevölkerrechts bedeutete[14].

II. Die Reaktion der EG-Staaten

Im Bewusstsein der unumkehrbaren seerechtlichen Entwicklung reihten sich die EG-Mitgliedstaaten gemeinsam mit der „Haager Entschließung" des Rates vom 3. November 1976[15] in die AWZ-Proklamationswelle ein[16], die neben der Schaffung einer 200 sm umfassenden EG-Fischereizone (bzw. AWZ) vor den Küsten des Nordatlantiks und der Nordsee den Entschluss beinhaltete, künftig die EG – durch die Kommission vertreten - über mögliche Zugangsrechte für Drittstaatenflotten verhandeln zu lassen. Bedingt durch den – im Zusammenhang mit der Errichtung von AWZn stehenden - eingetretenen Verlust der traditionellen Fanggründe für die EG-Mitgliedstaaten mit Fischereihintergrund[17], umfasste die neue Aufgabe der Europäischen Kommission ferner exklusive Fangrechte für die EG-Mitgliedstaaten, die außerhalb der EG-Gewässer lagen, vertraglich von den jeweiligen Küstenstaaten zu erwerben.

Neben dem protektionistischen Zweck hatte die Entschließung somit auch einen gemeinsam werbenden Charakter, was weniger aus einer kommunitären Gesinnung der EG-Mitgliedstaaten herrührte, als mehr deren pragmatischer Erkenntnis entsprang, ihre Fischereiinteressen im zukünftigen Wettbewerb mit potenten Fischereinationen, wie z.B. der damaligen Sowjetunion, gemeinsam erfolgrei-

---

Brandt, Hartmut: The EU's policy on Fisheries Agreements and the Development Cooperation – The State of Coherence Debate, Deutsches Institut für Entwicklung, Berichte und Gutachten 1/1999, S. 5.

[13] Lagoni, Rainer: Die Errichtung von Schutzgebieten in der Ausschließlichen Wirtschaftszone, in: Aktuelle Entwicklungen im Seerecht II, Dokumentation der Rostocker Gespräche zum Seerecht 2000 – 2002, Baden-Baden 2003, S. 29 ff. (29).

[14] Vgl. Nolte, Jeanette: Die völkerrechtliche Vertragspraxis der EG und die Haftung der Mitgliedstaaten am Beispiel der Fischereipolitik, Frankfurt am Main, Berlin, Bern, Bruxelles, New York, Oxford, Wien 2004; zugl. Diss. iur. Köln 2003, S. 9.

[15] EG ABl. C 105, 07.05.1981, S. 1.

[16] Die Mitgliedstaaten hatten in der abgestimmten Maßnahmen eigene nationale Fischereizonen geschaffen und diese für die Gemeinschaft erklärt, vgl. Steiling, Ronald: Das Seefischereirecht der Europäischen Gemeinschaften, Köln, Berlin, Bonn, München 1989, zugl. Diss. iur. Göttingen 1988, S. 106; Nonnenmacher, Carol: Das EG-Fischereiregime als supranationale Ressourcenordnung, in: EuR 1989, S. 30 ff. (36).

[17] Nonnenmacher a.a.O.

cher gestalten zu können[18]. Es galt hauptsächlich, mit den Gewinnern dieser globalen Entwicklung durch Abkommen verbunden zu werden, wodurch die EG ebenfalls zu einem faktischen Anerkennungsprozess der neu entstehenden AWZn beitrug. Hierbei sollten die Fischereiabkommen ursprünglich nur kurzfristig den Wegfall der traditionellen Fanggründe kompensieren, um auf europäischer Ebene Strukturmaßnahmen schaffen zu können[19]. Doch hat sich die Praxis zum vertraglichen Erwerb von Fischfanggründen zu einem festen Bestandteil europäischer Fischereipolitik entwickelt.

C. Die bilateralen Fischereiabkommen

I. Die EG-Kompetenz zum Abschluss (bilateraler) Fischereiabkommen

Die EG besitzt heute die ausschließliche Kompetenz zum Abschluss von Abkommen mit Drittstaaten i.S.d. Art. 300 EGV auf dem Gebiet der Fischereipolitik und übernimmt die Verwaltung von bestehenden Abkommen der ihr beitretenden Staaten[20]. Die anfänglich zwischen den Mitgliedstaaten und der EG umstrittene Kompetenzverteilung im Bereich der GFP entschied der EuGH zugunsten der EG und sprach in der Rechtssache „Kramer“[21] der EG auch die Vertragsschlusskompetenz mit Drittstaaten zu, um das Gemeinschaftsziel einer „Erhaltung der biologischen Schätze des Meeres“ effektiver erreichen zu können.

Gleichwohl bestehen, mangels einer der EG ausdrücklich zugewiesenen Völkervertragsschlusskompetenz innerhalb der die GFP regelnden Durchführungsvorschriften der Agrarpolitik (Art. 3 Abs. 1 lit. e) EGV i.V.m. Art. 32 ff. EGV), unterschiedliche rechtsdogmatische Begründungsansätze[22] für die Rechtsgrundlage, die unter Berücksichtigung des Prinzips der begrenzten Einzelermächtigung aus Art. 5 EGV[23] einen Nutzungserwerb von Drittstaaten unterstehenden Fische-

---

[18] Booß, Dierk: Probleme der gemeinsamen Fischereipolitik, in: Krämer, Hans R. (Hrsg.), Die wirtschaftliche Nutzung der Nordsee und die Europäische Gemeinschaft, Baden-Baden 1979, S. 35 ff. (41).

[19] Henkelmann, Martin: Seerechtliche Aspekte der AKP-EG-Zusammenarbeit, Tübingen 2003, zugl. Diss. iur. Tübingen 2003, S. 90.

[20] Siehe Art. 67 der Beitrittsakte 1985, Art. 96, 124 der Beitrittsakte 1994, Art. 6 Ziff. 7 der Beitrittsakte 2003.

[21] EuGHE 1976, S. 1276 ff. (Kramer) = EuR 1977, S. 151 ff. .

[22] Für eine ausführliche Analyse einer externen Gemeinschaftskompetenz im Fischereibereich vgl. Nolte, Jeanette: Die völkerrechtliche Vertragspraxis der EG und die Haftung der Mitgliedstaaten am Beispiel der Fischereipolitik, Frankfurt am Main, Berlin, Bern, Bruxelles, New York, Oxford, Wien 2004; zugl. Diss. iur. Köln 2003, S. 13 ff. .

[23] Oppermann, Thomas: Europarecht, 3. Auflage, München 2005, § 4 Rnr. 61.

reigründen decken kann. Nach einer Literaturansicht stellt die GFP (mittlerweile) einen selbständigen – neben der Agrarpolitik stehenden – Politikbereich dar, der im Zusammenspiel mit anderen Primärrechtsquellen zu lesen sei[24]. So begründe Art. 34 i.V.m. Art. 37 Abs. 2 UAbs. 3 EGV i.V.m. Art. 102 der Beitrittsakte von 1972 zur EG-Erweiterung die Kompetenz für den Bereich der Fischerei, was auch den Abschluss von Fischereinutzungsabkommen beinhalte[25]. Zudem erscheint für den Abschluss von Fischereiabkommen, angesichts des seit drei Dekaden praktizierten und von den Mitgliedstaaten politisch anerkannten Gemeinschaftshandelns, mittlerweile eine gewohnheitsrechtliche Verankerung für dieses Handeln begründbar[26].

II. Die bilateralen Fischereiabkommen

Seit dem Jahre 1977 hat die EG als eine völkerrechtlich anerkannte[27] und eine der weltweit größten Vertragsparteien[28] mit über 30 Staaten, die gem. Art. 56 Abs.1 lit. a) des Seerechtsübereinkommen der Vereinten Nationen (SRÜ) die souveränen Rechte über die Fischressourcen ihrer AWZ innehaben, bilaterale Fischereiabkommen geschlossen[29]. Die durch die EG erworbenen Fanglizenzen werden gemeinschaftsintern an die Reedereien der Mitgliedsstaaten verteilt[30].

---

[24] Vgl. hierzu ausführlich Schneider, Hartmut: Die gemeinsame Fischereipolitik der Europäischen Gemeinschaften, Köln, Berlin, Bonn, München 1988; zugl. Diss. iur. Münster 1988, S. 37 ff., S. 60 ff. .

[25] Schneider, Hartmut: Die gemeinsame Fischereipolitik der Europäischen Gemeinschaften, Köln, Berlin, Bonn, München 1988; zugl. Diss. iur. Münster 1988, S. 162; Hailbronner in Hailbronner/Klein/Magiera/Graff, Handkommentar zum Vertrag der Europäischen Union (EUV/EGV), Köln, Stand: 7/1998, Art. 113 Rnr. 21.

[26] Nolte, Jeanette: Die völkerrechtliche Vertragspraxis der EG und die Haftung der Mitgliedstaaten am Beispiel der Fischereipolitik, Frankfurt am Main, Berlin, Bern, Bruxelles, New York, Oxford, Wien 2004; zugl. Diss. iur. Köln 2003, S. 39 f. .

[27] Zur völkerrechtlichen Akzeptanz der EG als eine völkerrechtsfähige Internationale Organisation und damit als berechtigte Vertragspartei internationaler Fischereiabkommen vgl. ausführlich dieselbe, S. 40 ff. .

[28] Oppermann, Thomas: Europarecht, München 2003, § 21 Rnr. 63.

[29] Henkelmann, Martin: Seerechtliche Aspekte der AKP-EG-Zusammenarbeit, Tübingen 2003, zugl. Diss. iur. Tübingen 2003, S. 74, Fn. 324 m.w.N.; gegenwärtig in Kraft befinden sich 14 bilaterale Fischereiabkommen mit Drittstaaten, für eine aktuelle Liste siehe http://ec.europa.eu/fisheries/cfp/external_relations/bilateral_agreements_de.htm (17.02.2007).

[30] Hansen, Katja: Fischfang und Ernährungssicherung in Westafrika: Widersprüche in der europäischen Fischereipolitik, Die sozialen und wirtschaftliche Auswirkung von EU-APK-Fischereiabkommen; eine Studie in Kooperation mit Germanwatch (Hrsg., NRO), S. 17.

Zwei Drittel der Lizenzgebühren werden in der Regel durch den EG-Haushalt getragen[31], was den subventionellen Charakter der Fischereipolitik verdeutlicht. Der finanzielle Aufwand für den Abschluss von Fischereiabkommen ist für die EG in den vergangenen Jahren erheblich gestiegen[32].

1. Kurzüberblick über generelle Regelungen

In den Abkommen werden Regelungen zum Streitschlichtungsverfahren sowie für die Zusammenarbeit und Verwaltung gemeinsamer Ausschüsse bestimmt[33]. Weiter beinhalten sie technische Bestimmungen, wie die Festlegung von Fangzonen, -zeiten und –quoten[34]. Die Geltungsdauer der Fischereiabkommen mit AKP-Staaten belief sich meist auf zwei Jahre, wobei die Abkommen häufig verlängert, ergänzt oder modifiziert wurden[35] und die Parteien eine Tendenz zeigen, die Geltungszeiträume auszudehnen[36], was von einem politischen Willen für eine längere und vertiefte Zusammenarbeit zeugt[37].

2. Typeneinteilung

Weiter regeln die Abkommen die Gegenleistung für das erhaltene Fangrecht. Anhand der von Seiten der EG geleisteten Kompensationsarten lassen sich die Abkommen in drei Typen einteilen[38]: Während den jeweiligen Vertragspartnern

---

[31] Europäisches Parlament: Handbuch der Gemeinsamen Fischereipolitik, Generaldirektion Wissenschaft, 1994, S. 117.

[32] Brandt, Hartmut: The EU's policy on Fisheries Agreements and the Development Cooperation – The State of Coherence Debate, Deutsches Institut für Entwicklung, Berichte und Gutachten 1/1999; S. 21; Hansen, Katja: Fischfang und Ernährungssicherung in Westafrika: Widersprüche in der europäischen Fischereipolitik, Die sozialen und wirtschaftliche Auswirkung von EU-APK-Fischereiabkommen; eine Studie in Kooperation mit Germanwatch (Hrsg., NRO), S. 39 m.w.N..

[33] Europäisches Parlament: Handbuch der Gemeinsamen Fischereipolitik, Generaldirektion Wissenschaft, 1994, S. 118 f.

[34] Vgl. hierzu ausführlich sowie zum Aufbau eines Fischereiabkommens: dasselbe, S. 108 f.

[35] Bleckmann, Albert: Europarecht. Das Recht der Europäischen Union und der Europäischen Gemeinschaften, 6. Auflage, Köln, Berlin, Bonn, München 1997, S. 828 Fn. 62 – 64, Bearbeiter: Schneider.

[36] Henkelmann, Martin: Seerechtliche Aspekte der AKP-EG-Zusammenarbeit, Tübingen 2003, zugl. Diss. iur. Tübingen 2003, S. 77 Fn. 341.

[37] Vgl. Europäische Kommission: Grünbuch über die Zukunft der Gemeinsamen Fischereipolitik, Bd. 1, 20. 03. 2001, S. 40 ff., siehe http://ec.europa.eu/fisheries/greenpaper/volume1_de.pdf (16.02.2007).

[38] Bleckmann, Albert: Europarecht. Das Recht der Europäischen Union und der Europäischen Gemeinschaften, 6. Auflage, Köln, Berlin, Bonn, München 1997, S. 828, Bearbeiter: Schneider.

in den so genannten Gegenseitigkeitsabkommen ein Fangrecht in EG-Gewässern eingeräumt ist[39] und in Handelsvergünstigungsabkommen eine Senkung von Einfuhrzöllen in die EG vorgesehen ist[40], besteht seit Anfang der Achtziger Jahre des 20. Jahrhunderts die Mehrzahl der Abkommen aus Verträgen mit Entwicklungsländern, überwiegend mit AKP-Staaten aus dem Westafrikanischen Küstenraum, die als Kompensation finanzielle Ausgleichszahlungen vorsehen.

D. Die bilateralen Fischereiabkommen im globalen Beziehungsgefüge

Die zwischen der EG und den AKP-Staaten ursprünglich aus Wirtschaftsmotiven geschlossenen Abkommen befinden sich in einem charakterlichen Veränderungsprozess und haben vertiefte entwicklungspolitische und ansatzweise umweltfördernde Züge erfahren. Sie werden „Abkommen der zweiten Generation"[41] genannt (siehe unten Punkt D.V.). Vermehrt erlangen diese mit den AKP-Staaten abgeschlossenen bilateralen Fischereiabkommen auch im Rahmen der gesamten AKP-EG-Kooperation als politisches Handlungsinstrument der EG eine bedeutende Rolle.

I. Die AKP-EG-Kooperation – ein genereller Überblick

Der Begriff der „AKP-EG-Kooperation" bezeichnet die völkervertragliche Zusammenarbeit zwischen Afrikanischen, Pazifischen und Karibischen Staaten (AKP) und der EG im Rahmen der Nord-Süd-Beziehungen[42]. Gegenwärtig fußt die Kooperation auf dem Cotonou-Abkommen (Cotonou), welches am 23. Juni 2000 zwischen der EG und 77 AKP-Staaten[43] für eine Laufzeit von 20 Jahren

---

[39] Solche werden unterhalten mit Norwegen (EG ABl. L 226, 29.08.1980, S. 47, vgl. dazu weiter: http://ec.europa.eu/fisheries/cfp/external_relations/bilateral_agreements/norway_de.htm), mit Island (EG ABl. L 161, 02.07.1993, S. 1, vgl.dazu weiter: http://ec.europa.eu/fisheries/cfp/external_relations/bilateral_agreements/iceland_de.htm) und mit den Färöern (EG ABl. L 226, 29.08.1980, S. 11, vgl. dazu weiter: http://ec.europa.eu/fisheries/cfp/external_relations/bilateral_agreements/faroe_de.htm) (17.02.2007).

[40] Solche bestanden u.a. zu Kanada (EG ABl. L 292, 09.11.1984, S. 7), oder zu den USA (EG ABl. L 272, 13.10.1984, S. 1).

[41] Henkelmann, Martin: Seerechtliche Aspekte der AKP-EG-Zusammenarbeit, Tübingen 2003, zugl. Diss. iur. Tübingen 2003, S. 76.

[42] Vgl. hierzu ausführlich zu den Anfängen und der Fortentwicklung dieser Kooperation: Tchitchi, Andrea: Die Entwicklungszusammenarbeit zwischen der EU und den AKP-Staaten im Wandel, Das Cotonou-Abkommen – eine Zwischenbilanz, München 2005, S. 37 ff.

[43] Für eine Auflistung der AKP-Staaten siehe dieselbe, Anlage 1.

unterzeichnet wurde[44]. Das Abkommen ersetzte die vorherige 25-jährige Zusammenarbeit der Lomé-Abkommen[45].

Stetiger und „klassischer" Bestandteil dieser Zusammenarbeit ist die entwicklungspolitische Hilfe, die sich in den Lomé-Abkommen hauptsächlich durch die Gewährung von nicht reziproken Handelspräferenzen an die AKP-Staaten zeigte. Die AKP-EG-Zusammenarbeit unter Cotonou verfolgt, als Beitrag zu Frieden und Sicherheit und zur Förderung eines stabilen und demokratischen politischen Umfeldes, prinzipiell die wirtschaftliche, kulturelle und soziale Entwicklung der AKP-Staaten (Art. 1 S.1) mit dem Ziel einer schrittweisen Integration der AKP-Staaten in die Weltwirtschaft (Art. 1 S. 2). Durch einen gem. Art. 8 vorgesehenen Dialog über Entwicklung bei der Achtung von Menschenrechten sowie demokratischen Grundsätzen und des Rechtsstaatsprinzips fanden auch politische Elemente Aufnahme in die Zusammenarbeit (Abs.4).

Ein wichtiges Thema des politischen Dialogs stellt auch die verantwortungsvolle Regierungsführung der jeweiligen AKP-Staatsführung (nach dem englischen Begriff „good governance"[46]) dar. Der Begriff „good governance" ist direkt in Art. 9 Abs.3 definiert und fordert u.a. von der Staatsführung die transparente und verantwortungsbewusste Verwaltung der natürlichen Ressourcen und ihren Einsatz für eine nachhaltige Entwicklung. Zur Erreichung seiner proklamierten Ziele sieht Cotonou für die Gestaltung und Umsetzung von Entwicklungsstrategien zudem die Partizipation von Zivilgesellschaften vor (Art. 6 Abs. 1b). Auch für den Inhalt der bilateralen Fischereiabkommen gewinnt dieser Punkt zunehmende Bedeutung (siehe unten Punkt D III.2.a), D V.1.d)).

---

[44]EG ABl. 2000 L 317, 15.12.2003, S. 3.

[45] Die AKP-EG-Kooperation wurde 1963 mit dem Abschluss des Abkommens von Yaoundé (Kamerun) eingeleitet. Am 12.02.1975 wurde das erste AKP-EG-Abkommen (Lomé I) in Lomé (Togo) unterzeichnet und durch Neuauflagen am 31.10.1979 (Lomé II), 08.12.1984 (Lomé III) und 15.12.1989 (Lomé IV) stets weitergeführt. Für eine Liste der - durch die jeweiligen Abkommen – der APK-Gruppe beigetretenen Länder, vgl. Tchitchi, Andrea: Die Entwicklungszusammenarbeit zwischen der EU und den AKP-Staaten im Wandel, Das Cotonou-Abkommen – eine Zwischenbilanz, München 2005, Anlage 2.

[46] Für eine Definition des Begriffes vgl. Bundesministerium für wirtschaftliche Zusammenarbeit und Entwicklung: Good Governance, 2003, S. 1; vgl. Vitzthum, Wolfgang Graf (Hrsg.): Völkerrecht, 3. Auflage, Berlin 2004, 6. Abschn., Rnr. 39 ff., Bearbeiter: Dolzer; Tchitchi, Andrea: Die Entwicklungszusammenarbeit zwischen der EU und den AKP-Staaten im Wandel, Das Cotonou-Abkommen – eine Zwischenbilanz, München 2005, S. 59.

II. Der Rohstoff Fisch im Zentrum des Interessengeflechts

Grundsätzliche Aufgabe der AKP-EG-Kooperation ist es, die – teilweise nicht im Einklang stehenden – Interessen der Vertragsparteien konfliktpräventiv zur Erreichung der verfolgten Ziele zu koordinieren. Der Rohstoff Fisch ist mittlerweile Gegenstand vieler Interessen und prägt entscheidend die Nord-Süd Beziehungen. Um die damit verbundenen Auswirkungen auf die AKP-EG-Kooperation und den dadurch bewirkten inhaltlichen Wandlungsprozess der zwischen EG und hauptsächlich AKP-Staaten unterhaltenen bilateralen Fischereibeziehungen zu verdeutlichen, sollen die verschiedenen Interessen an Fischereiprodukten kurz dargestellt werden.

1. Das partikuläre Interesse der EG an bilateralen Fischereiabkommen

Die EG hat – stark bedingt durch die iberische Erweiterung - ein großes Interesse an der Nutzung von Fischfanggründen dritter Staaten. Denn zum einen ist die EG der weltweit größte Absatzmarkt für Fisch[47], dessen Bedarf lediglich zu 50 % durch Fänge aus EG-Gewässern kompensiert werden kann[48] und der somit neben dem Import auf Fänge in Drittlandsgewässern angewiesen ist. Zum anderen besteht eine Überkapazität im Bereich der Fischereiflotte und der den Rohstoff Fisch verarbeitenden Industrie[49]. Dieser Bedarfsdruck lässt sich bereits auch daraus ersehen, dass die EG bereits vor einer mit dem endgültigen Inkrafttreten des Seerechtsübereinkommens der Vereinten Nationen (SRÜ) (am 16.11.1994) verbundenen Kodifikation des Rechts eines Küstenstaates auf eine AWZ bis 200 sm (Art. 55 ff. SRÜ) im Lomé III-Abkommen von 1989 den AKP-Staaten ein

---

[47] Vgl. Europäische Kommission: Grünbuch über die zukünftige Meerespolitik der EU: Eine europäische Vision für Ozeane und Meere der Gemeinsamen Fischereipolitik, Teil II Anhang, 07. 06. 2006, S. 8, siehe http://ec.europa.eu/maritimeaffairs/pdf/com_2006_0275_de_part2.pdf (18.02.2007).

[48] Beurier/Chaumette/Poutière-Maulion: Droits maritimes, Tome 3, Exploitation et protection de l'ocean, 1998, S. 71.

[49] Acheampong, Anthony: Coherence between EU Fisheries Agreements and EU Development Cooperation: The Case of West Africa, European Centre for Development Policy Management Working Paper No. 52, Dec. 1997, S. 5; für das Beispiel Spanien vgl. ausführlich Hansen, Katja: Fischfang und Ernährungssicherung in Westafrika: Widersprüche in der europäischen Fischereipolitik, Die sozialen und wirtschaftliche Auswirkung von EU-APK-Fischereiabkommen; eine Studie in Kooperation mit Germanwatch (Hrsg., NRO), S. 155 ff.

Recht auf eine AWZ zugestand und damit auch eine völkervertragsrechtliche Anerkennung antizipierte[50].

2. Das Interesse der AKP-Staaten an den Fischereiressourcen

Für die – überwiegend aus dem Dekolonialisierungsprozess entstandenen – AKP-Staaten ist nach ihrer politischen Souveränität eine wirtschaftliche Selbständigkeit von großem Interesse[51]. Neben der Bedeutung der Fischerei für die jeweilige lokale Küstenfischereiwirtschaft[52] sind die AKP-Staaten nun zunehmend an der eigenen wirtschaftlichen Nutzung ihrer Fischbestände interessiert, was durch den Aufbau einer Arbeitsplätze bescherenden industrialisierten Fischereiflotte und den Devisen einbringenden erhöhten Export von Fischgütern ermöglicht werden soll.

3. Globale Interessen an den Fischereiressourcen

Der steigenden Nachfrage durch die bereits bestehenden und sich zusätzlich entwickelnden Fischereiindustrien steht eine limitierte Menge an Fischressourcen, deren Nutzung über das regenerative Maß hinausgeht[53] und die Erschöpfungssymptome zeigt, gegenüber. Das wirtschaftliche Entwicklungsinteresse der AKP-Staaten steht demnach mit den Umweltschutzaspekten im Interessenskonflikt. Ferner sind Fischereiprodukte eine der klassischen Hauptnahrungsquellen für die wachsende Bevölkerung in den Entwicklungsländern, darunter vielen AKP-Staaten, da sie die Haupteiweißquelle darstellen[54].

---

[50] Vgl. Henkelmann, Martin: Seerechtliche Aspekte der AKP-EG-Zusammenarbeit, Tübingen 2003, zugl. Diss. iur. Tübingen 2003, S. 72.

[51] Vitzthum, Wolfgang Graf (Hrsg.): Völkerrecht, 3. Auflage, Berlin 2004, 6. Abschn. Rnr. 56 ff., 107 ff., Bearbeiter: Graf Vitzthum.

[52] Vgl. Hansen, Katja: Fischfang und Ernährungssicherung in Westafrika: Widersprüche in der europäischen Fischereipolitik, Die sozialen und wirtschaftliche Auswirkung von EU-APK-Fischereiabkommen; eine Studie in Kooperation mit Germanwatch (Hrsg., NRO), S. 80.

[53] Nach Angaben der Food Agriculture Organisation (FAO) gelten mittlerweile 70 % der globalen Fischbestände als überfischt, vgl. Ipsen, Knut: Völkerrecht, 5. Auflage, München 2004, S. 882, Bearbeiter: Gloria.

[54] Hansen, Katja: Fischfang und Ernährungssicherung in Westafrika: Widersprüche in der europäischen Fischereipolitik, Die sozialen und wirtschaftliche Auswirkung von EU-APK-Fischereiabkommen; eine Studie in Kooperation mit Germanwatch (Hrsg., NRO), S. 74.

III. Einflüsse der Rahmenabkommen auf die Fischereipolitik der EG

Die Ergänzung der bilateralen Abkommen durch Entwicklungs- und zunehmend umweltschonende Komponenten ist ein Reflex zu den Einflüssen globaler Rahmenabkommen, welchen die EG beigetreten ist. Besonders die Vorgaben des SRÜ, aber nicht zuletzt die wachsenden Umweltaspekte wie auch die AKP-EG-Kooperation, üben vermehrt Einfluss auf die Fischereipolitik der EG aus und erklären ihren Wandlungsprozess.

1. Die wachsenden Umweltaspekte infolge der Rio-Erklärung[55]

Nach dem Konzept der gemeinsamen aber unterschiedlichen Verantwortung (in der Präambel der UNECD-Konferenz von Rio de Janeiro 1992 erklärt) obliegt der Schutz der Umwelt allen Staaten, wobei sich die Höhe des durch den jeweiligen Staat beizutragenden Anteils an seinem entsprechenden Entwicklungsstand orientiert[56]. Darin könnte eine abstrakte Verpflichtung der EG gesehen werden, ihre Fischereipolitik mit umweltpolitischen Aspekten - im Rahmen der AKP-EG- Kooperation und durch konkrete Maßnahmen in bilateralen Fischereiabkommen – zu verbinden. Denn sie besitzt zum einen die monetären Ressourcen und zum anderen die dazu erforderlichen technischen Kapazitäten[57]. Ferner erhielt durch die Rio-Konferenz[58] das Konzept einer „nachhaltigen Entwicklung" Anerkennung[59], wonach Ressourcen nur soweit genutzt werden sollten, ohne dabei die Möglichkeiten zukünftiger Generationen zu beeinträchtigen[60]. Obgleich diese weite Formulierung über den genauen Inhalt dieses Konzepts Fragen aufwirft[61], können Umweltaspekte nicht länger gänzlich bei der Politikgestaltung ausgeklammert bleiben.

---

[55] Vgl. ILM 31 (1992), S. 874 ff.

[56] Orrega Vicuna, Francisco: The Changing International Law of High Seas Fisheries, 1999.

[57] Bäcker, Harald/Foders, Federico: Kooperationschancen mit Entwicklungsländern in der Meeresforschung, der Meeresforschungstechnik und der Meereswirtschaft, in: nord-süd aktuell (NSa) 1994, S. 409 ff. (409).; Hempel, Gotthilf: Partnerschaft in der internationalen Meeresforschung, in: entwicklung + ländlicher raum (e + lr) 1998, S. 25 ff.

[58] So wird in Kap. 17 der Rio-Erklärung der Schutz der globalen Gewässer samt ihrer Ressourcen hervorgehoben.

[59] Vitzthum, Wolfgang Graf (Hrsg.): Völkerrecht, 3. Auflage, Berlin 2004, 5. Abschn., Rnr. 112 ff., Bearbeiter: Graf Vitzthum.

[60] Derselbe, Rnr. 114 .

[61] Vgl. hierzu derselbe, Rnr. 112.

2. Die Fischereimaterie als entwicklungsstrategisches Element in der AKP-EG-Kooperation

Die Fischereimaterie stellte stets als entwicklungsstrategisches Element einen zentralen Punkt in der AKP-EG-Zusammenarbeit dar. Die Gewährleistung der Ernährungssicherheit der AKP-Bevölkerung (Art. 1 S. 1, 4) und die schrittweise Integration der AKP-Staaten in die Weltwirtschaft (Art. 1 S. 2) bilden „klassische“ Komponenten in der Zusammenarbeit, die eng mit der Fischereimaterie verbunden sind. Im Laufe der Kooperation erfuhr der Fischereigehalt in den Abkommen eine zunehmend ausführliche Regelung[62]. Neben finanziellen Zuwendungen zum Aufbau von z.B. Hafen- und Fischzuchtanlagen und Infrastrukturprojekten[63], sollen der einheimischen Bevölkerung Struktur- und Organisationsmethoden vor Ort durch europäische Dienstleistungen vermittelt werden[64] (vgl. Art. 79). Diese für den Fischereisektor vorgeschlagenen entwicklungspolitischen Ideen verdeutlichen, dass die EG im Rahmen der AKP-EG Kooperation im Vergleich zu der Praxis aus den Lomé-Verträgen eine deutlich aktive und auf Kooperation ausgerichtete Entwicklungspolitik anstrebt. Obgleich kein eigenständiges Ziel der AKP-EG-Kooperation[65], bildet beispielsweise die anhaltend steigende Bedeutung von Umweltschutzgesichtspunkten ein für diese Zusammenarbeit zu berücksichtigendes Element, das im Fischereibereich (Art. 32 Abs.1 lit. c) i) als Querschnittsaufgabe mit beeinflussender Wirkung fungiert. Auffällig dabei ist, dass Cotonou die Nutzung der Fischereiressourcen mit dem Gebot einer Beachtung der Nachhaltigkeit verknüpft hat (Art. 32 Abs.1 lit. c)i) und die Nachhaltigkeit im Zusammenhang mit Fischereiabkommen erwähnt (Art 23 lit. d, Art. 53 Abs.1).

IV. Das Kohärenzgebot nach Art. 178 EGV

Nicht zuletzt dürfte auch das durch den Vertrag von Maastricht 1992 eingeführte Kohärenzgebot des Art. 178 EGV einen wichtigen Grund für den Harmonisierungsprozess der bilateralen Fischereiabkommen an die Rahmenvorgaben lie-

---

[62] Zum steigenden Regelungsgehalt der Fischerei anhand der jew. AKP-EG Abkommen vgl. Henkelmann, Martin: Seerechtliche Aspekte der AKP-EG-Zusammenarbeit, Tübingen 2003, zugl. Diss. iur. Tübingen 2003, S. 51 ff.

[63] Bundesministerium für Wirtschaftliche Zusammenarbeit und Entwicklung: Journalistenhandbuch Entwicklungspolitik, 1998, S. 224.

[64] Dasselbe., S. 232.

[65] Henkelmann, Martin: Seerechtliche Aspekte der AKP-EG-Zusammenarbeit, Tübingen 2003, zugl. Diss. iur. Tübingen 2003, S. 8.

fern. Denn – obgleich in der politischen Praxis schwer justiziabel[66] – erlegt es den EG-Organen rechtlich verbindlich[67] auf, bei der Gestaltung ihrer Politiken die entwicklungspolitischen Ziele aus Art. 177 EGV, zu denen sich die EG auch in internationalen Abkommen verpflichtet, zu berücksichtigen. Diesen Ansatz übernimmt auch die AKP-EG-Kooperation in Art. 23 lit. d) Cotonou und setzt für abzuschließende bilaterale Fischereiabkommen den zu beachtenden Rahmen der Unterstützung für die nachhaltige Entwicklung der Fischerei- und Meeresressourcen in den AWZn der AKP-Staaten. Es ist zu zeigen, ob die bilateralen Fischereiabkommen zu den Zielen der AKP-EG-Kooperation kohärente Züge aufweisen (siehe unten Punkt D.V.2.).

V. Die „Fischereiabkommen der zweiten Generation"

Obgleich im AKP-EG-Beziehungsgefüge als Handlungsinstrument involviert, stellen die bilateralen Fischereiabkommen mit AKP-Staaten von Cotonou formal unabhängige völkerrechtliche Verträge dar. Sie können somit eine wichtige Ergänzung zu den in Cotonou vorgesehenen transferierten Leistungen bilden. So ist auch im Rahmen der AKP-EG-Kooperation beispielsweise ein Technologie- und Wissenstransfer vorgesehen (Art. 79), doch sind diese Maßnahmen freiwilliger Natur. Einen - konkrete Leistungen definierenden - Rechtsanspruch vermitteln Cotonou oder übrige Rahmenabkommen für die AKP-Staaten häufig nicht[68]. Dieses zeigt die Wichtigkeit der bilateralen Abkommen, die durch einen konkreten völkerrechtlich verbindenden Anspruch die Entwicklungsmaßnahmen und letztlich die Verwirklichung der Ziele aus den Rahmenabkommen ermöglichen können. Sie bilden damit mittlerweile ein wichtiges Instrument zum Transfer von Meerestechnologie und Fachkompetenz in die AKP-Staaten und geben der Erreichung der Ziele eine konkrete Gestalt. Zur Einschätzung, ob die bilateralen Abkommen mit der entwicklungs- und umweltorientierten AKP-EG-Zusammenarbeit kohärent sind, sollen die Maßnahmen kurz vorgestellt werden und dann unter dem Blickwinkel des Kohärenzgebotes nach Art. 178 EGV betrachtet werden.

---

[66] Vgl. Schmidt, Gerold: Zum Verhältnis des neuen Verfassungsrechts der Entwicklungspolitik der Europäischen Union zum Wirtschaftsrecht, in: Recht der Internationalen Wirtschaft (RIW) 1995, S. 268 ff (271).
[67] Ebenda.
[68] Vgl. ausführlich Henkelmann, Martin: Seerechtliche Aspekte der AKP-EG-Zusammenarbeit, Tübingen 2003, zugl. Diss. iur. Tübingen 2003, S. 56 f.

1. Einzelne Inhaltsmaßnahmen

a) Anlandungsverpflichtungen

Einige Abkommen sehen Anlandungsverpflichtungen für die Flotten der EG vor, wonach diese einen Teil der erzielten Fänge in den Häfen der jeweiligen AKP-Staaten an diese abzuführen haben[69]. Neben einer zusätzlichen Unterstützung für die Ernährungssicherheit der lokalen Bevölkerung können von dieser Regelung auch die lokale Fischereiweiterverarbeitungsindustrie sowie der Hafendienstleistungssektor profitieren. Eine ausgeweitete Kontrolle der EG sowie eine Transparenz bezüglich der Praktiken ihrer Reeder, welche die Anlandungspflicht teilweise umgehen[70], erscheint jedoch hierzu von Nöten.

b) Schutzzonen

Zur Erhaltung und Entwicklung des traditionellen lokalen handwerklichen Fischereisektors legen Abkommen seit Mitte der 90er Jahre des letzten Jahrhunderts vermehrt Sperrzonen fest, die den europäischen Fangschiffen das Fischen erst ab einem Küstenabstand von 10 bis 12 sm gestatten[71]. Ein Interesse der EG-Seite an den Fischbeständen reduziert sich nun lediglich auf die Überschüsse der ausschließlichen Wirtschaftszonen (AWZn).

---

[69] Vgl. z.B. Kap. 8 im Anhang des Protokolls zu dem Abkommen mit den Seychellen, EG ABl. L 348/4, 30.12.2005, siehe: http://eur-lex.europa.eu/LexUriServ/site/de/oj/2005/l_348/l_34820051230de00040025.pdf (17.02.2007); Abschnitt E im Anhang des Protokolls zu dem Abkommen mit der Elfenbeiküste, EG ABl. L 76/3, 22.03.2005, siehe: http://eur-lex.europa.eu/LexUriServ/site/de/oj/2005/l_076/l_07620050322de00030015.pdf (17.02.2007).

[70] Vgl. Hansen, Katja: Fischfang und Ernährungssicherung in Westafrika: Widersprüche in der europäischen Fischereipolitik, Die sozialen und wirtschaftliche Auswirkung von EU-APK-Fischereiabkommen; eine Studie in Kooperation mit Germanwatch (Hrsg., NRO), S. 70.

[71] Vgl. z.B. Art.2 im Anhang des Protokolls zu dem Abkommen mit den Komoren, EG ABl. L 348/4, 28.09.2005, siehe: http://eur-lex.europa.eu/LexUriServ/site/de/oj/2005/l_252/l_25220050928de00110026.pdf (17.02.2007); Abschnitt F im Anhang des Protokolls zu dem Abkommen mit der Elfenbeiküste, EG ABl. L 76/3, 22.03.2005, siehe: http://eur-lex.europa.eu/LexUriServ/site/de/oj/2005/l_076/l_07620050322de00030015.pdf (17.02.2007).

c) Technologie- und Wissenstransfer

In zahlreichen Abkommen verpflichtet die EG sich, einen Technologie- und Wissenstransfer vorzunehmen[72], um dem jeweiligen AKP-Staat, der meist nicht über das Fachwissen und das technische Gerät verfügt, zum einen die Erfüllung seiner aus bestimmten Rahmenverträgen gegründeten Verpflichtungen und zum anderen den Ausbau seiner lokalen Fischereiindustrie (siehe Punkt D III.2.1) zu ermöglichen. So arbeiten die Fischereiabkommen den globalen Vorgaben des SRÜ zu und unterstützen die Ziele von Cotonou.

aa) Hilfe für Evaluierungsmaßnahmen

Unter der Perspektive der eigenen Nutzung nach Art. 62 Abs. 2 SRÜ und der Nutzungsvergabe der AWZn in Form von Fischereiabkommen nach Art. 62 Abs. 3 SRÜ erlegt Art. 61 SRÜ einem Küstenstaat die Pflicht auf, seinen Ressourcenbestand wissenschaftlich zu ermitteln und auf Grundlage dieser Daten die zu verteilende Fangquote mit einer Höchstgrenze an zu fangendem Fisch (TAC – „total allowable catch“) zu definieren, soweit dieses in dem komplexen Ökosystem überhaupt möglich ist[73]. Für die effektive Bestandserhaltung der Fischereiressourcen ist die TAC-Grenze somit ein entscheidender Faktor. Grundsätzlich ist diese zwar vom Küstenstaat zu regeln, faktisch wird sie jedoch zwischen den jeweiligen Vertragspartnern, der EG und dem jeweiligen AKP-Staat, ausgehandelt[74]. Daher besteht auch immer eine mögliche Gefahr, dass – angesichts des nach Fischereiprodukten bestehenden Bedarfsdrucks von Seiten der EG sowie des grundsätzlichen Interesses der APK-Staaten an einer höchstmöglichen Deviseneinnahme – die Vertragsparteien dabei nicht die Studien favorisieren, die zu einem effektiveren Ressourcenschutz niedrigere Fangmengen vorschlagen. Auch sind zuvor Fangquoten nicht stets konsequent auf der Grundlage der wissenschaftlichen Empfehlungen nationaler und regionaler Organisationen

[72] Henkelmann, Martin: Seerechtliche Aspekte der AKP-EG-Zusammenarbeit, Tübingen 2003, zugl. Diss. iur. Tübingen 2003, S. 80.
[73] Brandt, Hartmut: The EU's policy on Fisheries Agreements and the Development Cooperation – The State of Coherence Debate, Deutsches Institut für Entwicklung, Berichte und Gutachten 1/1999, S. 12.
[74] Henkelmann, Martin: Seerechtliche Aspekte der AKP-EG-Zusammenarbeit, Tübingen 2003, zugl. Diss. iur. Tübingen 2003, S. 80; Europäisches Parlament: Handbuch der Gemeinsamen Fischereipolitik, Generaldirektion Wissenschaft, 1994, S. 122 f.

in AKP-Staaten festgesetzt worden[75]. Dies verdeutlicht einmal mehr die Notwendigkeit eines grundsätzlichen Bewusstseinswandels aller involvierten Parteien in Richtung eines besonnenen Ressourcengebrauchs und einer Orientierung an konservativen wissenschaftlichen Bestandsschätzungen.

bb) Hilfe für Erhaltungsmaßnahmen

Zur Einhaltung der TAC-Grenze, deren Durchführung einem jeweiligen Küstenstaat nach Art. 56 Abs. 1 lit. a, Art. 6, 10 FAO-Kodex obliegt, sind umfassende Kontrollen notwendig. Präzise Überwachungsregelungen enthalten diese Vorschriften jedoch nicht. Zudem ist der aus technologischer und personalqualifizierter Sicht organisationsschwache Kontrollapparat der AKP- Staaten grundsätzlich zur praktischen Durchführung der SRÜ-Vorgaben kaum in der Lage. Umso wichtiger ist der in einigen bilateralen Fischereiabkommen vorgesehene Transfer von Überwachungshilfen[76] durch Fachwissen und Technologie, um begangene Verstöße[77] gegen die Fangbedingungen zukünftig zu verhindern und einen nachhaltigen Bestandsschutz der Fischbestände zu erreichen. Allerdings wird teilweise bezweifelt, dass der bisherige Transferumfang ausreicht, um die strukturellen Defizite der AKP-Staaten zu kompensieren[78].

d) Die gemischten Unternehmen als Wirtschaftsförderungsprojekt

Zum Aufbau der Wirtschaft auf dem Fischereisektor kennen die Fischereiabkommen in der Praxis auch die Gründung von gemischten Unternehmen, die zwar nicht in Cotonou als vorgeschlagenes Optionsinstrument erwähnt, aber im Vorschlagskatalog zu Erhaltungsmaßnahmen aus Art. 62 Abs. 4 S. 3 lit. j) SRÜ aufgelistet sind. Hierbei erwirbt die EG lediglich indirekt die Fischereilizenzen,

---

[75] Hansen, Katja: Fischfang und Ernährungssicherung in Westafrika: Widersprüche in der europäischen Fischereipolitik, Die sozialen und wirtschaftliche Auswirkung von EU-APK-Fischereiabkommen; eine Studie in Kooperation mit Germanwatch (Hrsg., NRO), S. 69 m.w.N..

[76] Vgl. z.B. Art. 4 des Protokolls zu dem Abkommen mit Guinea-Bissau , EG ABl. L 19/35, 22.01.2002, siehe: http://eur-lex.europa.eu/LexUriServ/site/de/oj/2002/l_019/l_01920020122de00350046.pdf (17.02.2007).

[77] Hansen, Katja: Fischfang und Ernährungssicherung in Westafrika: Widersprüche in der europäischen Fischereipolitik, Die sozialen und wirtschaftliche Auswirkung von EU-APK-Fischereiabkommen; eine Studie in Kooperation mit Germanwatch (Hrsg., NRO), S. 69.

[78] Ebenda.

die nur noch an Unternehmen und Bürger des Küstenstaates verliehen werden[79]. Als Gegenleistung zu der Teilhabe an den Fangquoten bringt die europäische Seite Fischereischiffe, Fachwissen und Technologie in das Unternehmen mit ein, was einen direkten Wissens- und Technologietransfer ermöglichen und somit zum Aufbau einer nationalen Fischereiflotte beitragen kann.

Dieses Modell verdeutlicht das gestiegene Selbstvertrauen der AKP-Staaten und zugleich dessen Kooperationscharakter. Auch zuvor kannten Fischereiabkommen Regelungen über die Beschäftigung von AKP-Staatsangehörigen auf den Flotten, was diesen den Umgang mit Technik- und Organisationsmethoden ermöglichen kann[80]. Das Modell eines gemischten Unternehmens birgt allerdings den möglichen Nachteil, dass die europäische Seite unrentable Schiffe mit einbringt, die sich – wenn auch unter anderer Flagge - weiter am Fang zu Lasten der Ressourcen beteiligen. Ferner besteht auch keine Gewähr, dass ein Austausch auf Basis des aktuellsten und umweltkonformsten Niveaus hinsichtlich der Technik und des Fachwissens vonstatten geht.

2. Einordnung

Ein verfasstes Ziel der AKP-EG-Kooperation bildet die Ernährungssicherheit (Art. 1 S. 1, 4 Cotonou). Dieses Ziel wird von den bilateralen Fischereiabkommen durch die festgelegten Sperrzonen, die dem Fischfang der lokalen Bevölkerung vorbehalten sind, beachtet. Das Interesse der EG bezieht sich hierbei auf die Bestände der AWZn. Zudem fördern auch die Anlandungspflichten dieses Ziel. Ferner kann der Technologie- und Wissenstransfer auf dem Fischereigebiet hierzu beitragen, indem er den Aufbau von parallelen gemeinsamen AKP-Projekten, wie den Aufbau einer Fischzuchtanlage (siehe oben Punkt D.III.2.), ermöglicht. Dieser Transfer kann zudem auch zum Aufbau einer Fischerei– und der damit verbundenen Verarbeitungsindustrie (siehe oben Punkt D.V.1.c)) beitragen, was eine umfangreichere Versorgung und ferner die Integration in die Weltwirtschaft (Art. 1 S. 2 Cotonou.) grundsätzlich unterstützt. Hierbei wird deutlich, dass viele Maßnahmen der Fischereiabkommen ineinander greifen und sich ergänzen können. Dabei geht die EG sogar so weit, eine Konkurrenzflotte mit aufzubauen und sich somit zukünftig möglicherweise Zugänge zu den Fang-

[79] Vgl. hierzu Europäisches Parlament: Handbuch der Gemeinsamen Fischereipolitik, Generaldirektion Wissenschaft, 1994, S. 122.
[80] Vgl. dasselbe. , S. 117.

gründen der AKP-Staaten, die an einer eigenen Nutzung Gefallen finden, zu verbauen. Gleichwohl kann eine industrialisierte Fischereiflotte auch einen inneren Konfliktherd hinsichtlich der Ressourcenverteilung bedeuten, wenn damit verbundene erhöhte Fänge und Exporte den Ernährungsinteressen zuwiderlaufen, zumal die Sperrzone nur für Flotten unter EG-Flagge gilt und nicht für Flotten eines AKP-Staates. Eine dauerhafte Gewährleistung der Ziele und damit eine langfristige Kohärenzpolitik scheinen ohnehin nur über die konsequente Berücksichtigung der natürlichen Ressourcenbestände zu führen, denn ohne vorhandene (Fisch-)Rohstoffe wäre neben einer Gefährdung der ausreichenden Ernährung für die AKP-Bevölkerung auch keine Integration in die Weltwirtschaft möglich. Ein Schutz der natürlichen Ressourcen, wie dem Wasser oder den Fischbeständen, erscheint somit schon aus diesen entwicklungspolitischen Gesichtspunkten begründet. Um die in Cotonou festgelegte verknüpfte Nutzung und Nachhaltigkeit (siehe oben Punkt D.III.2.b)) zu erreichen, dürfen die Fischabkommen in der Unterstützung des Flottenaufbaus also nicht so weit gehen, dass sie diese Ziele unterlaufen. Das setzt beispielsweise an dem Modell der gemischten Unternehmen an, wobei europäische Schiffe zum Druck auf die Ressourcen beitragen, sowie an den ausgehandelten Fangquoten. (vgl. oben Punkt D.V.1.c)aa)). Das Kohärenzgebot erlegt der EG dabei die Beachtung ihrer in den Rahmenabkommen geschlossenen Verpflichtungen und somit auch eine Mitverantwortung auf, so dass die EG sich bei der Umfangsbestimmung der TAC-Grenze nicht komplett hinter der grundsätzlichen Erhaltungsverantwortung des souveränen Küstenstaates für seine Ressourcen (Art. 56 SRÜ) verstecken kann. Doch lässt sich festhalten, dass die bilateralen Abkommen durchaus Maßnahmen vorsehen, die mit den Zielen der AKP-EG-Kooperation kohärent sind. Gleichwohl erscheint die Kohärenz langfristig nur erreichbar, wenn der Inhalt der Fischereiabkommen auch bestandsschutzfördernde Maßnahmen vorsieht und diese auch praktisch durchgeführt werden.

E. Ausblick

Die von der EG geschlossenen Fischereiabkommen haben einen interessanten inhaltlichen Veränderungsprozess durchlaufen. Dieser Vorgang hängt letztlich mit der Erkenntnis zusammen, dass sich die widerstreitenden wirtschaftlichen Partikularinteressen und die globalen Grundinteressen, wie der Bestandsschutz und die sicherzustellende Ernährung für die in den AKP-Staaten wachsende Bevölkerung, nur in einer gemeinsamen Koordination bewältigen lassen werden.

Insoweit eröffnen die Rahmenabkommen samt ihrer verfassten Ziele eine Vorgabe, die Probleme anzugehen. Hierbei kommt den bilateralen Fischereiabkommen eine wichtige Bedeutung zu: Zum einen besitzen sie eine funktionale Bedeutung und erfüllen die Ziele und Aufgaben formulierenden Rahmenabkommen mit organisatorischem Leben. Zum anderen bilden sie zwischen der EG und dem jeweiligen Staat ein konkretes verbindliches Rechtsverhältnis. Damit können sie eine formale Ergänzung zu den vorgesehenen Kooperationsmaßnahmen innerhalb der Rahmenabkommen bilden, oder unverbindlichen und weit gefassten Zielvorgaben und Entwicklungsmaßnahmevorschlägen Kontur und die rechtlichen Zähne verleihen. So ermöglichen die Fischereiabkommen beispielsweise den Technologie- und Wissenstransfer von der EG in die AKP-Staaten und stellen ein wichtiges handlungspolitisches Instrument der EG dar. Fraglich ist nur, ob die Fischereiabkommen inhaltlich weit genug gehen, um den globalen Problemen effektiv zu begegnen. Denn die Rahmenabkommen in Kombination mit dem Kohärenzgebot nach Art. 178 EGV, das den EG-Organen einen weiten Einschätzungsspielraum zubilligt[81], bilden nur ein schwer evaluierbares abstraktes Rechtsrahmengeflecht.

Wie weit die inhaltliche Fixierung eines völkerrechtlich verbindlichen Fischereiabkommens geht, liegt letztlich an dem politischen Willen der Vertragsparteien. Gerade hier scheint es erstrebenswert, dass die EG einer Fischbestände erhaltenden Politik - trotz eines internen wirtschaftlichen Bedarfsdrucks nach Fischereiprodukten (siehe oben Punkt D.II.1.) - erhöhtes Gewicht einräumt (so beispielsweise bei der Festlegung von Fangmengen, vgl. oben Punkt D.V.1.c)aa)). Denn eine dauerhaft mit den Entwicklungszielen kohärente Fischereipolitik erscheint ohne die ausreichende Berücksichtigung der Umweltaspekte nicht erreichbar (vgl. oben Punkt D.V.2.)[82].

---

[81] Schmidt, Gerold: Zum Verhältnis des neuen Verfassungsrechts der Entwicklungspolitik der Europäischen Union zum Wirtschaftsrecht, in: Recht der Internationalen Wirtschaft (RIW) 1995, S. 268 (271).

[82] Die EG betont als Vorgabe für die künftige Meerespolitik „die Bedeutung einer gesunden Meeresumwelt für eine nachhaltige Nutzung unserer Meeresressourcen" und die Notwendigkeit einer Verknüpfung der Sektoren Umwelt- und Fischereipolitik, vgl. Europäische Kommission: Grünbuch über die zukünftige Meerespolitik der EU: Eine europäische Vision für Ozeane und Meere der Gemeinsamen Fischereipolitik, Teil II Anhang, 07. 06. 2006, S. 4 ff., 10 f., siehe: http://ec.europa.eu/maritimeaffairs/pdf/com_2006_0275_de_part2.pdf (18.02.2007).

Die EG ist heute durch zahlreiche multi[83]- und bilaterale Abkommen tief in dem internationalen Beziehungsgefüge auf dem Fischereisektor verwurzelt und besitzt eine Fachkompetenz sowie technologische Kapazitäten für eine umweltorientierte Fischereipolitik. Jedoch erscheint dafür ein genereller Bewusstseinswandel von Seiten der EG als Vorraussetzung und - angesichts der real schwindenden Fischbestände - als Notwendigkeit. Denn die an kurzfristig wirtschaftlichen Ressourcennutzungen orientierten Führungskräfte der AKP-Staaten scheinen einer nachhaltig praktizierten Bestandspolitik weniger Priorität einzuräumen. Die gestiegenen Preise für die Fischereiabkommen, deren wirtschaftliche Rentabilität teilweise bezweifelt wird[84], haben somit auch den Mehrwert, dass sie der EG eine mögliche Einflussnahme auf die Entscheidungsprärogative des AKP-Staates im Umgang mit seinen Ressourcen ermöglichen, was somit dem globalen Interesse einer umweltorientierten Bestandspolitik hinsichtlich der Fischereiressourcen dienen kann. Schlösse nicht die EG die Fischereiabkommen, so würden andere Staaten dieses tun mit der Gefahr, dass umweltpolitische Aspekte kaum berücksichtigt würden. Gleichfalls sinnvoll könnte es auch sein, im Wege der Konditionalität vermehrt Entwicklungshilfegelder mit Auflagen für Fischereierhaltungsmaßnahmen zu verknüpfen[85].

Um jedoch die Verantwortungsstruktur des SRÜ, wonach der Küstenstaat eigens seine Ressourcen zu verwalten hat, zu beachten, muss es auf lange Sicht das Ziel sein, den verantwortlichen Stellen der AKP-Staaten einen bewussten Umgangswillen mit den Ressourcen zu verpflanzen, der die Nachhaltigkeit gegenüber einer kurzfristigen wirtschaftlichen Nutzung favorisiert, und durch Transfermaßnahmen des erforderlichen Know-hows und der Technik die Handhabung des bedachten Ressourcengebrauchs strukturell zu ermöglichen. Dieses kann nur im Rahmen der intensiven Zusammenarbeit bilateraler Fischereiabkommen erreich-

[83] Für eine Übersicht geschlossener multilateraler Fischereiabkommen durch die EG vgl. Bleckmann, Albert: Europarecht. Das Recht der Europäischen Union und der Europäischen Gemeinschaften, 6. Auflage, Köln, Berlin, Bonn, München 1997, S. 829, Bearbeiter: Schneider; Nolte, Jeanette: Die völkerrechtliche Vertragspraxis der EG und die Haftung der Mitgliedstaaten am Beispiel der Fischereipolitik, Frankfurt am Main, Berlin, Bern, Bruxelles, New York, Oxford, Wien 2004; zugl. Diss. iur. Köln 2003, S. 11.

[84] Henkelmann, Martin: Seerechtliche Aspekte der AKP-EG-Zusammenarbeit, Tübingen 2003, zugl. Diss. iur. Tübingen 2003, S. 82 m.w.N.

[85] Die EG betont, dass sie mit ihren außenpolitischen Instrumenten auf die Einhaltung von internationalen Standards und Regeln durch andere Staaten hinwirken möchte, vgl. Europäische Kommission: Grünbuch über die zukünftige Meerespolitik der EU: Eine europäische Vision für Ozeane und Meere der Gemeinsamen Fischereipolitik, Teil II Anhang, 07.06.2006, S. 45 ff.; siehe: http://ec.europa.eu/maritimeaffairs/pdf/com_2006_0275_de_part2.pdf (18.02.2007).

bar sein. Dadurch könnten regional[86] und international multilaterale Abkommen zum Schutz der Fischereibestände effektiv mit Leben gefüllt werden und förderlich auf das das erklärte Ziel der EG zur Verbesserung des Standards aller Flaggenstaaten[87] hinwirken. Fischschwärme kennen keine Grenzen und wechseln frei zwischen den von Menschen definierten nationalen AWZn, was eine regionale konfliktpräventivorientierte Abstimmung der Fischereitätigkeiten zum nachhaltigen Bestandserhalt unumgänglich zu machen scheint. In welcher Tragweite diese Punkte zum einen durch ein jeweiliges konkretes Abkommen, das rechtliche Verbindlichkeit entfaltet, ausgestaltet und zum anderen tatsächlich durchgeführt werden, ist mit einem generellen Bewusstseinswandel aller involvierten Parteien verknüpft. Dieses ist letztlich für den Effekt der bilateralen Fischereiabkommen, die einen bedeutenden Strang im Rahmen der entwicklungs- und umweltpolitischen Nord-Süd Beziehungen darstellen, entscheidend.

- Abstract -

The EU as a party to (bilateral) fisheries agreements

In the year 1977 the EC concluded its first bilateral fisheries agreement. Since that time, the conclusion of (bilateral) fisheries agreements has become the essential element of a European Common Fisheries Policy (CFP).

Global trends in the fields of fishery – such as the increasing concern for fisheries ressources - have been the reason for the EC member states to conjunctly conclude fisheries treaties with third states. Due to the fundamental interests of the European Market and of the EC' member states' fisheries industries in the global fishing stocks, the EC member states - facing a worldwide contention for fishery ressources - decided to act externally as a unified weighty party among the industrial fisheries nations. Characteristically, since coastal states had gradually extended their national jurisdiction over the free fishing grounds of the High Seas in the mid-1970s, the EC has been acquiring permissions from such third

[86] für eine Auflistung einiger regionaler multilateraler Fischbestandsschutzabkommen siehe: http://ec.europa.eu/fisheries/cfp/external_relations/rfos_de.htm (19.02.2007).

[87] Europäische Kommission: Grünbuch über die zukünftige Meerespolitik der EU: Eine europäische Vision für Ozeane und Meere der Gemeinsamen Fischereipolitik, Teil II Anhang, 07. 06. 2006, S. 25 ff.; siehe: http://ec.europa.eu/maritimeaffairs/pdf/com_2006_0275_de_part2.pdf (18.02.2007).

states, allowing the EC's vessels to fish in their waters. Those states have mainly been developing countries from the Westafrican coast.

Global trends have also been the reason for the altering contents of (bilateral) fisheries agreements over the years, since several political, economical, and social interests and tensions in the fields of fishery have emerged: According to information of the Food Agriculture Organisation (FAO) 70% of the global fishing stocks have already been overfished. However, governments of developing countries aim at a more economical use of their fisheries ressources by establishing fisheries industries as well as selling further fishing permissions to industrial third states. And beyond, one has to consider that fish is one of the main nourishments in the third world. This development has forced the states to find an arrangement.

The EC and its Member States are among the signatory states of numerous agreements functioning within the framework of the Nort and South Cooperation. Several of those global and regional agreements schedule the developing aid as a central topic. Moreover, environmental aspects have been gaining more and more influence due to the global goal to work towards a sustainable development. Thus, global and regional agreements now constitute guidelines on the external policy of the EC, which also have an impact on the contents of bilateral fisheries agreements. One significant agreement within the North and South Cooperation is the Cotonou agreement. This agreement was concluded in the year 2000 between the EC and its member states on the one side, and 77 African, Pacific and Carribean states (ACP-states) on the other side. The Cotonou agreement has pursued the cooperation between the ACP-sates and the EC since 1975, which has mainly focused on developing aid at the benefit of the ACP-states.

As a result, bilateral fisheries agreements with developing countries have actually become amended by components of developing aid and environmental aspects (e.g. the transfer of technology and scientific know-how). On the basis of the multilateral Cotonou agreement and the bilateral fisheries agreements between the EC and coastal African countries, this paper shall illustrate the (new) function of bilateral fisheries agreements as a political instrument and their interplay with global and regional agreements.

Overall, it is the challenge to the EC to promote its particular interests on the one hand, and – in view of the real universal fisheries problems and the colliding interests – to consider the directives of the global treaties on the other hand. Therefore, it is relevant, to which extent environmental aspects and elements of developing aid become virtually recognized and conveyed in the bilateral fisheries agreements with third states. This criteria is not only an essential point for the question as to whether the global fisheries problems become effectively approached by the EC, but it is also essential for the question as to whether (bilateral) fisheries agreements contribute to a coherent external policy of the EC.

Access to the Market of Port Services – the European Port Package II

Hongyan Liu

Introduction

Ports play a vital role within the Community's transport policy: 90% of the external trade of the European Union (EU) and over 40% of its internal trade is transported by sea. 3.5 billion tons of cargo per year and 350 million passengers pass through European seaports. Approximately 350.000 people work in ports and related services which together generate an added value of about € 20 billion.[1] Following the EU enlargement in 2004,[2] ports play an even more important role in the EU economy since 20 of 25 Member States have ports.[3] Therefore, the efficiency of ports in the EU is critical to the EU competitiveness in the global market. This paper is concerned with the second proposal for an EU Directive on access to the market for port services,[4] presented by the European Commission on 13 October 2004. Following a brief introduction for the necessity of the Proposal for a Directive of The European Parliament and of The Council on Market Access to Port Services (hereinafter PP II) on itself (Part 1) and its legislative process (Part 2), this paper provides an overview of PP II (Part 3) and a legal assessment of several important issues included in PP II (Part 4).

---

[1] The Green Paper Toward a Future Maritime Policy for the Union: A European Vision for the Oceans and Seas, (7 June 2006), COM(2006) 275 final, pp. 6-7.

[2] Ten new Member States joined the EU on 1 May 2004. They are Cyprus, the Czech Republic, Estonia, Hungary, Latvia, Lithuania, Malta, Poland, Slovakia and Slovenia, seven of which are port states.

[3] Proposal for a Directive of the European Parliament and of the Council on Market Access to Port Services (13 October 2004) (hereinafter PP II), COM(2004) 654 final, p. 3.

[4] COM(2004) 654 final.

Finally, it gives some conclusions, especially in view of the competition law analysis of PP II (Part 5).

1. The necessity of a Community legal framework

From the Commission's point of view, it is necessary to establish a Community legal framework on market access to seaports and port services, in order to keep the EU transport sector functioning, to complete the Internal Market and create a level playing field between ports, and to increase employment in this sector with full respect of the existing social and labor acquis.[5] The Commission repeats its proposal's doctrine, philosophy and general principles, which it has expressed in its previous legislative initiative. As to the fulfilment of the Lisbon Agenda,[6] all institutions are expected to be called upon to work towards adoption of the Port Services Directive. The Commission emphasises the EU-Treaty's four fundamental freedoms[7] as well as its competition rules, which apply also to the port services sector. In addition, the Commission emphasises its right and duty to examine all issues of market opening in the provision of port services. The implications of the primary European Community law for the port sector are not always clear to see,[8] at the same time, the available case law on port services inevitably paints a fragmented picture of the legal status of the port sector under Community law.[9] Moreover, case law here is often unclear and in constant evo-

[5] PP II explanatory memorandum (hereinafter PP II EM), Parts 1 and 2.

[6] In the Lisbon Agenda of 28 March 2000, the European Council has come to the conclusion, that transport is among the areas where the Commission, the Council and the Member States, each in accordance with their respective powers, were asked to "speed up liberalisation" in all transport sectors.

[7] The four fundamental freedoms consist of the freedom of establishment, free movement of workers, goods and services.

[8] E. van Hooydonk, "Propects after the Rejection of the European Port Services Directive", (2004) Il diritto marittimo, pp. 851-873, p. 856; E. van Hooydonk, "The European Port Services Directive: the Good or the Last Try?", (2005) 11 Journal of International Maritime Law, pp. 188-220, p. 201.

[9] See, for example, Case C-179/90, *Merci convenzionali porto di Genova SpA v Siderurgica Gabrielli SpA* [1991] ECR I-5889, [1994] 4 CMLR 422, [1994] 1 CCH 196. Also see Case C-66/86, *Ahmed Saeed Flugreisen and Silver Lline Reisbüro GmbH v Zentrale zur Bekämpfung unlauteren Wettbewerbs e.V* [1989]. For more related case law see Commission Decision of 11 June 1992, *B&I Line/Sealink Harbours & Stena Sealink (Sealink I)*, [1992] 5 CMLR 255; Commission Decision 94/19, *Sea Containers/Stena Sealink (Sealink II)*, [1994] *O.J.* L.15/8; Commission Decision 94/119, *Rødby Port*, [1994] *O.J.* L.55/52; Commission Decision of 16 May 1995, *Irish Continental/CCI Morlaix*, not published.

lution. A Directive could fix, codify and complete the jurisprudence in an all-embracing and surveyable set of norms.[10]

2. Overview of the legislative process: from Port Package I to Port Package II

In its Green Paper on Seaports and Maritime Infrastructure (1997),[11] the European Commission announced for the first time a Community legal framework on the liberalisation of the port services market.[12] In 2000, in the interests of the consumers and of business alike, liberalisation in all transport sectors was explicitly included in the Lisbon Agenda.[13] On 13 February 2001, the Commission adopted a Communication to the European Parliament and to the Council entitled "Reinforcing Quality Service in Sea Ports: A Key for European Transport".[14] The cornerstone of this Communication was a Proposal for a Directive on Market Access to Port Services,[15] which is known as the Port Package (hereinafter PP I).[16] After almost three years of inter-institutional legislative process,[17] on 20 November 2003, the European Parliament rejected the Directive

---

[10] For a detailed analysis of the reasons for the need for the Directive on port operations, see E. van Hooydonk, "Propects after the Rejection of the European Port Services Directive", (2004) Il diritto marittimo, pp. 851-873, p. 856; E. van Hooydonk, "The European Port Services Directive: the Good or the Last Try?", (2005) 11 Journal of International Maritime Law, pp. 188-220, pp. 201-202.

[11] COM(1997) 678 final.

[12] For a detailed analysis of the 1997 Green Paper on Seaports and Maritime Infrastructure, see G. Jarzembowski, "Grünbuch der Europäischen Kommission über Seehäfen und Seeverkehr-Infrastruktur aus Sicht des Europäischen Parlaments", R. Lagoni (ed.), *Beiträge zum deutschen und europäischen Seehafenrecht* (2001), pp. 87-93.

[13] PP II EM, p. 2.

[14] COM(2001) 35 final.

[15] Proposal for a Directive of the European Parliament and of the Council on Market Access to Port Services, COM(2001) 35 final, OJ 2001/C 154 E/290.

[16] Compared to Port Package II, the port package proposed in 2001 is here called Port Package I (hereinafter PP I).

[17] The proposal for the Directive was dealt with by the European institutions in accordance with the co-decision procedure, which essentially implies that the Council of Ministers and the European Parliament share legislative power and that the Directive should have been adopted by both these institutions (see Article 251 EC). On 20 September 2001, the Committee of the Regions adopted a draft legislative resolution comprising a number of amendments (OJ 2002/C 19/3). On 14 November 2001, the resolution was in turn revised during the plenary session of the European Parliament (OJ 2002/C 140 E/294). On 29 November 2001, the European Economic and Social Committee adopted its opinion on the proposal (OJ 2002/C 48/122). On 19 February 2002, the European Commission published an amended Directive proposal (COM(2002) 101 final, OJ 2002/C 181 E/160, hereinafter the 2002 amended proposal). On 5 November 2002, the European Council adopted its common position

narrowly but decisively, following strong disagreements over key points of the legislation.[18]

On 13 October 2004, the European Commission presented the second Proposal for a Directive on Market Access to Port Services,[19] called Port Package II (PP II). PP II is based both on the 2001 proposal (i.e. PP I)[20] and the 2002 amended proposal,[21] as well as numerous constructive amendments brought forward by

---

(CS/2002/11146/, OJ 2002/C 299 E/1). On 14 November 2002, the European Commission declared that it supported the latter (SEC/2002/1225/ final). On 11 March 2003, the European Parliament amended the text at the second reading (OJ 2004/C 61 E/111). The Commission gave a partly negative advice on this new text on 15 April 2003 (COM(2003) 208 final, OJ 2004/C 76/14). The Conciliation Committee adopted a joint draft on 22 October 2003 (2001/0047(COD) C5-0461/2003 PE-CONS 3670/03, hereinafter the 2003 conciliation draft). For a detailed analysis of PP I and its amendments, see the papers in R. Lagoni (ed.), *Deutsche Seehäfen: Hafenwettbewerb – Hafensicherheit – Schiffsentsorgung* (2004): G. Jarzembowski, "Der Richtlinienvorschlag über den Marktzugang für Hafendienste – Entwicklungsstand und Perspektiven", pp. 1-10; D. K. Behrendt, "Der Richtlinienvorschlag aus Sicht einer Hafenbehörde", pp. 11-22; K. Heitmann, "Richtlinienvorschlag über den Marktzugang für Hafendienste: Welche Auswirkungen erwarten die Seehafenbetriebe?", pp. 23-31; E. van Hooydonk, "The Regime of Port Authorities under European Law Including an Analysis of the Port Services Directive", E. van Hooydonk (ed.), *EU Seaports Law: EU Law of Ports and Port Services and the Ports Package* (2003), pp. 79-185; S. Farrell, "If it ain't bust, don't fix it: the Proposed EU Directive on Market Access to Port Services", (2001) 28 Maritime Policy and Management, pp. 307-313; J. McConville, "EU Port Policy", (2002) 29 Maritime Policy and Management, pp. 1-2. On general EU seaports law, see the papers in E. van Hooydonk (ed.), *EU Seaports Law: EU Law of Ports and Port Services and the Ports Package* (2003): V. Power, "European Union Seaports Law: The General Principles of European Union Law", pp. 17-78; S. Carbone and F. Munari, "The Regime of Technical-Nautical Services (Pilotage, Towage, Mooringmen) under European Law", pp. 187-206; A. van den Bossche, "The Regime of Stevedores, Terminal Operators and Harbour Workers under European Law", pp. 207-228; the papers in R. Lagoni (ed.), *Beiträge zum deutschen und europäischen Seehafenrecht* (2002): H. J. Rabe, "EU-Kompetenzen im Gebiet der Seehäfen und Seeverkehrs-Infrastruktur im Überblick", pp. 95-104; T. Lechner, "Wettbewerb und EG-Freiheiten im Bereich der technisch-nautischen Dienste", pp. 147-154; C. Perez-Labajos and B. Blanco, "Competitive Policies for Commercial Sea Ports in the EU", (2004) 28 Marine Policy, pp. 553-556; V. Power, "European Community Competition Law and Sea Ports", (2001) Il diritto marittimo, pp. 90-115;

[18] With 229 votes against, 209 in favour and 16 abstentions. For a detailed analysis of the strenghths and weaknesses of PP I as well as the consequences of its rejection, see E. van Hooydonk, "Prospects after the Rejection of the European Port Services Directive", (2004) Il diritto marittimo, pp. 851-873.

[19] COM(2004) 654 final, OJ 2005/C 24/9. On 13 April 2005, the Committee of the Regions adopted a draft legislative resolution (OJ 2005/C 231/38). On 14 June 2005, the Committee on Transport and Tourism organised a public hearing. On 13 July 2005, the European Economic and Social Committee (EESC) adopted its opinion on PP II (OJ 2005/C 294/25).

[20] COM(2001) 35 final, OJ 2001/C 154 E/290.

[21] COM(2002) 101 final, OJ 2002/C 181 E/160.

the European Parliament's two Readings, the Council's Common Position and Conciliation texts.[22] Most of the interested parties had not expected the Commission to come forward with a new legislative initiative so soon.[23] Compared to PP I, PP II is more complex both in its individual provisions and in its overall structure.[24] PP II has resolved a considerable number of the legal and instrumental problems presented by PP I and included several important amendments agreed upon by interested parties during the previous legislative process, but it still does not respond adequately to some fundamental criticism of PP I.[25]

3. Outlines of Port Package II

The main objective of PP II,[26] just as same as of PP I,[27] was and is defined as the application to Community port service providers of freedom to provide port services in seaports.[28] PP II shall apply to technical-nautical services, cargo handling operations and passenger services.[29] Furthermore, it shall apply only to seaports or port systems located in the territory of a Member State and open to general commercial maritime traffic, provided that the individual port's average annual maritime traffic volume over the previous three years is not less than 1.5 million tons of freight and/or 200,000 passengers.[30] PP II also defines some key

---

[22] PP II EM, p. 5.

[23] E. van Hooydonk, "The European Port Services Directive: the Good or the Last Try?", (2005) 11 Journal of International Maritime Law, pp. 188-220, p. 188.

[24] For a comparative analysis of PP II with the previous version, see E. van Hooydonk, *op.cit.*, n. 23, pp. 188-220.

[25] E. van Hooydonk, *op.cit.*, n. 23, pp. 219-220.

[26] The studies prepared by the Institute of Shipping Economics and Logistics (Institut für Seeverkehrswirtschaft und Logistik, ISL) for the German Federal Ministry of Transport, Building and Housing (Bundesministerium für Verkehr, Bau- und Stadtentwicklung, BMVBS)" indicates that PP II EM and the recitals provide also the final market-related objectives: to improve competition in and among the Community ports on the whole; to improve access to the port service market at Community level; to abolish the existing restrictions impeding access for port service providers and self handlers; to improve the quality of the services performed for the port users; to increase the efficiency and flexibility, to make a contribution to a cost reduction and thus; to contribute to the promotion of short sea shipping and combined transport. See ISL, "Impact Assessment of the Draft Directive of the European Parliament and of the Council on Market Access to Port Services (Port Package II): Summary Report" (September 2005), available online at <http://www.bmvbs.de/Anlage/original_945462/Report-Impact-Assessment-Port-Package-II.pdf> (hereinafter ISL Studies), pp. 7-8.

[27] Article 1 PP I.

[28] Article 1(1) PP II.

[29] Article 3(6) PP II. For a detailed analysis, see *infra*, Part 4.1.

[30] Article 2(1) PP II. For a detailed analysis, see *infra*, Part 4.1.

terms, such as port services, provider of port services, self-handling, authorisation, limitation of the number of providers.[31]

It is stipulated that PP II must in no way affect the application of the social legislation of Member States, including national rules on health, safety and employment of personnel. Social Standards must not be below those laid down by applicable Community legislation.[32] Taking into account the developments after 9/11,[33] PP II states that it shall in no ways affect the rights and obligations of Member States in respect of law and order, safety and security at ports or environmental protection.[34] In addition, PP II shall not infringe on existing EU rules on public procurement and on the mutual recognition of professional education and training.[35]

Under PP II, authorisations for service providers become mandatory.[36] PP II further describes and defines the selection procedure to be used for granting authorisations in certain cases.[37] As regards the limitation of the number of providers of one or more port services, PP II sets out transparent rules to be followed and requires that the highest possible number of service providers must be allowed.[38] PP II encourages the development of new ports and port facilities[39] and contains a specific article on investments in basic port infrastructure by cargo-handling companies or terminal operators in particular.[40] The politically sensitive concept of self-handling, which had been fiercely debated and was perhaps the main reason for the rejection of PP I in 2003,[41] is still a fundamental article under PP II.[42] Under PP II, self-handling shall always be subject to an authorisation. Such authorisations shall remain in force so long as the self-handler complies with the criteria for granting them.[43]

---

[31] Article 3 PP II.
[32] Article 4 PP II.
[33] E. van Hooydonk, *op.cit.*, n. 23, p. 191.
[34] Article 5 PP II.
[35] Article 6 PP II.
[36] Article 7 PP II. For a detailed analysis, see *infra*, Part 4.3.
[37] Article 8 PP II. For a detailed analysis, see *infra*, Part 4.4.
[38] Articles 9 and 10 PP II. For a detailed analysis, see *infra*, Part 4.5.
[39] Recital 45 of PP II.
[40] Article 11 PP II. This article does not apply to technical-nautical services (Article 11(4) PP II).
[41] E. van Hooydonk, *op.cit.*, n. 23, p. 198.
[42] Article 13 PP II.
[43] Article 13(3) PP II. For a detailed analysis, see *infra*, Part 4.6.

As for decisions or individual measures taken under PP II by competent authorities or the managing body of the port, PP II grants interested parties the right to appeal them[44] and to be informed of the reasons for not having been authorised or selected.[45] It also requires Member States to take the necessary measures to ensure that decisions taken by appeal bodies are subject to judicial review.[46] Besides, PP II sets out rules on transparency of financial relations between ports and Member States[47] and on state aid.[48] PP II further requires selected service providers to keep separate accounts for each port service for which they hold an authorisation.[49] PP II also introduces transparent accounting requirements for the managing body of the port.[50]

Finally, it is stipulated that PP II shall in no way affect the rights and obligations of the Member States with regard to the international status of ports, waterways and maritime zones.[51] The transition period for the Member States is 18 months. Within this period, Member States have to adapt their laws, regulations and administrative provisions to PP II.[52] Furthermore, PP II obliges Member States to send the Commission a report on the application of PP II not later than 36 months following its entry into force.[53]

[44] Article 15(1) PP II.
[45] Article 15(2) PP II.
[46] Article 15(3) PP II.
[47] Article 16 PP II.
[48] Article 17 PP II.
[49] Article 18 PP II.
[50] Article 19 PP II. For a detailed analysis, see *infra*, Part 4.2.
[51] Article 20 PP II.
[52] Article 22 PP II. PP II would enter into force on the 20th day following that of its publication in the *Official Journal of the European Union* (Article 23 PP II).
[53] Article 21(1) PP II. According to Article 7(1) PP II, the general obligation to issue authorisations will not enter into force until 36 months after the date of entry into force of PP II. As a result, there would be no time to assess the application of PP II in the report. See E. van Hooydonk, *op.cit.*, n. 23, p. 201, n. 79.

4. Legal assessment of the key issues in Port Package II

4.1 The scope

4.1.1 PP II provisions

The scope of PP II includes (1) seaports or port systems and (2) port service operations.

4.1.1.1 Seaports or port systems

PP II does not apply to all ports, but only to seaports or port systems[54] located in the territory of a Member State and open to general commercial maritime traffic, provided that the individual port's average annual maritime traffic volume over the previous three years is not less than 1.5 million tons of freight and/or 200,000 passengers.[55] These traffic thresholds[56] are lower than those in PP I[57] and the same as under the 2003 conciliation draft[58]. Meanwhile, Member States may decide to apply PP II to other ports as well.[59] The Commission shall publish for information, in the Official Journal of the EU and on the basis of information provided by Member States, a list of the ports and port systems to which PP II will apply.[60] As regards ports with a high seasonal character,[61] Member States

---

[54] A port system is defined as "two or more ports in the same geographical area and managed by a single managing body" (Article 3(3) PP II).

[55] Article 2(1) PP II. In determining the total annual traffic volume, Member States may decide that traffic in parts of a port that are not open to general commercial traffic will not be taken into consideration (Article 2(2) PP II).

[56] The traffic thresholds correspond with those for "international seaports (category A)" as defined in Decision 1692/96/EC of the European Parliament and of the Council of 23 July 1996 on Community Guidelines for the Development of the Trans-European Transport Networks (OJ 1996/L 228/1) as amended by Decision 2004/884/EC (OJ 2004/L 167/1) (Recital 8 of PP II). Where a port reaches only one of the two traffic thresholds without reaching the other, PP II shall only apply to the traffic threshold which is reached (Article 2(3) PP II).

[57] The traffic thresholds included in PP I (COM(2001) 35 final) are that the port's average annual throughput over the last 3 years has not been less than 3 million tons or 500,000 passenger movements (Article 2(2) PP I).

[58] Article 2(2) of the 2003 conciliation draft.

[59] Article 2(4) PP II.

[60] Article 2(6) PP II. Such list shall be published for the first time within three months following the entry into force of PP II, and thereafter annually (Article 2(6) PP II).

[61] "Port with a high seasonal character" means any port that reaches 50% of the average total annual maritime traffic volume over the previous three years in any three consecutive months (Article 3(4) PP II).

may exclude them from the scope of PP II on condition that they are satisfied that an adequate level of market access for port services is ensured.[62]

4.1.1.2 Port service operations

PP II shall apply to the following port service operations which are provided against payment for users of the port:[63] the technical-nautical services of pilotage (within the limits of Article 14 PP II),[64] towage and mooring; all cargo handling operations (including loading and unloading, stevedoring, stowage, transhipment and other intra-terminal transport) and passenger services (including embarkation and disembarkation).[65] It should be noted that it is not relevant whether these services are provided inside the port area or on waterway access[66] to and from the port or port system.[67] That is, the spatial scope relates to ports as well as waterways connecting ports to the sea. However, Member States may exclude from the scope of PP II services to which Article 296 EC Treaty[68] ap-

---

[62] Article 2(5) PP II. A list of these ports shall be reviewed regularly, for the first time within five years of the entry into force of PP II, and thereafter every three years, and any modification shall be notified to the Commission for information (Article 2(5) PP II).

[63] Article 2(1) PP II. More see ECORYS Studies, "Complementary Economic Evaluation study on the Commission proposal for a Directive on market access to port services" (Final Report, Framework Contract No TREN/A1/17-2003/Lot), available at <http://ec.europa.eu/transport/maritime/studies/doc/2005_05_icf_study_en.pdf>, Part 2.2.

[64] Article 14 PP II sets out a specific regime for pilotage.

[65] Article 3(6) PP II.

[66] The "waterway access to and from a port" means water access to the port from the open sea and vice versa, such as fairways, rivers, canals and fjords (Article 3(2) PP II). In the opinion of the Federation of German Industries (Bundesverband der Deutschen Industrie e.V, BDI), PP II's scope should be extended to include not only the actual port area and the access waterways but also the seaward access. This is important with a view to pilot services, whose operational areas are not restricted to access waterways. Therefore, this should be expressly standardized in the scope. See BDI, "Comments on PP II", 19 August 2005, available online at <http://www.bdi-online.de/sbrecherche/infostartpage.asp?InfoID={F210C319-3844-4038-9F62-296007799778}>, p. 3.

[67] Article 3(6) PP II.

[68] Article 296 (ex Article 223) EC Treaty rules at first, that the provisions of this Treaty shall not preclude the application of the following rules: (a) no Member State shall be obliged to supply information the disclosure of which it considers contrary to the essential interests of its security; (b) any Member State may take such measures as it considers necessary for the protection of the essential interests of its security which are connected with the production of or trade in arms, munitions and war material; such measures shall not adversely affect the conditions of competition in the common market regarding products which are not intended for specifically military purposes. Furthermore, Article 296 EC Treaty provides that the Council may, acting unanimously on a proposal from the Commission, make changes to the list, which it drew up on 15 April 1958, of the products to which the provisions of paragraph 1(b) apply.

plies, or which are declared secret or the execution of which must be accompanied by special security measures in accordance with the laws, regulations or administrative provisions in force in the Member State concerned or when the protection of basic interests of the State's security so requires.[69]

4.1.2 Legal assessment

4.1.2.1 Ports and port systems open to general commercial maritime traffic

PP II applies only to EU ports and port systems "open to general commercial maritime traffic".[70] Literally, if a port or port system is not open to general commercial maritime traffic, it would not fall within the scope of PP II. Such single-user port facilities might be linked to an industrial plant, or, a port system might consist only of dedicated terminals and be reserved for one or more shipping companies only.[71] In this way, port authorities might be able to neutralize the very essence of PP II by closing the port to general commercial maritime traffic.[72]

Moreover, PP II aims at granting access only to "port infrastructure that is generally accessible".[73] Under general competition law, the right of access to essential facilities only applies to ports for which there is no realistic alternative. However, PP II seems to open up the market for port services in all European ports attaining one of the above-mentioned traffic thresholds, regardless of their competitive substitutability.[74] Although such market access to port infrastructure is limited to the extent necessary for providers of port services and self-handlers to carry out their activities, what is meant here by "necessity" is vague.[75] As a result, existing property rights of private port infrastructure owners may be affected by PP II, which may in the long run further hamper new investments.[76]

---

69 Article 2(8) PP II.
70 Article 2(2) PP II.
71 E. van Hooydonk, *op.cit.*, n. 23, p. 207.
72 *Ibid.*
73 Article 1(3) PP II.
74 E. van Hooydonk, *op.cit.*, n. 23, p. 208.
75 *Ibid*, p. 208, n. 137.
76 *Ibid*, p. 208.

4.1.2.2 The traffic thresholds

The traffic thresholds mentioned above are derived from the Community Guidelines for the Development of the Trans-European Transport Networks.[77] The introduction of these traffic thresholds may present some inherent dangers.[78] For example, the traffic threshold may result in a distortion of competition between larger and smaller ports. Distortions may also happen, taking into account the difference of the economic significance between one ton of general cargo and one ton of dry or liquid bulk.[79]

In addition, the BDI suggested in its comments on PP II that ports which, such as (private) oil ports, may exceed the critical limits and are nevertheless not "competition-relevant" ports, should be excluded from PP II's scope.[80]

4.1.2.3 Pilotage

PP II considers pilotage to be a service of a commercial nature and therefore keeps pilotage within PP II's scope, but, taking into account the important special characteristics of pilotage,[81] enforces liberalisation in this sector less strictly than for the other port services.[82]

Several interested parties agreed on the application of PP II to pilotage.[83] PP II only covers pilotage as such, and not its supporting services as far as they are organised separately from the pilotage service.[84] However, the European Maritime Pilots' Association (EMPA) indicated in its position paper on PP II that the effectiveness of pilotage services cannot be improved by competition. A pilot should remain free of commercial pressure. Only in this environment can a pilot

---

77 See *supra*, Part 4.1.1.1.

78 E. van Hooydonk, "The Regime of Port Authorities under European Law Including an Analysis of the Port Services Directive", E. van Hooydonk (ed.), *EU Seaports Law: EU Law of Ports and Port Services and the Ports Package* (2003), pp. 79-185, p. 144.

79 *Cf. Ibid*, pp. 144-145.

80 BDI, *op.cit.*, n. 66, p. 3.

81 In particular, public service obligations and maritime safety considerations of pilotage.

82 PP II EM, p. 5.

83 For example, the European Community Shipowners' Associations (ECSA), the European Shippers' Council (ESC) and the BDI.

84 E. van Hooydonk, *op.cit.*, n. 23, p. 199, n. 64.

give priority to safety and find the right balance between the interest of one ship and the remaining traffic.[85]

Under PP II, Member States may submit the granting of the authorisation for pilotage to particularly strict criteria relating to maritime safety and public service requirements.[86] The competent authorities of Member States may also make pilotage compulsory, and PP II provides the Member States with the option of performing the service themselves or assigning it directly to a single provider.[87] In the EMPA's opinion, the EU maritime policy should look into possibilities to reconcile rights of innocent passage as guaranteed by the United Nations Convention on the Law of the Sea (UNCLOS 1982) and the need for compulsory pilotage in certain European water (Particularly Sensitive Sea Areas (PSSAs) and Straits) or for certain "high risk" ships.[88]

An exemption from compulsory pilotage or the exemption of certain categories of vessels from compulsory pilotage, possibly through pilotage exemption certificates (hereinafter PECs),[89] shall constitute self-handling. However, from the point of view of the European Community Shipowner's Association (ECSA), PECs should be a part of the provision on pilotage[90] and should not be linked to "self-handling".[91] Moreover, the process to obtain PECs should not include a protectionist element[92] as is the case now and should require English to be the Bridge/Pilotage language.[93]

---

[85] EMPA, "Position Paper on PP II", available online at <http://www.empa-pilots.org/ETCS/EMPA%20Maritime%20Policy.pdf>, p. 3.
In contrast to the EMPA's opinion, the BDI pointed out that safety and ease of maritime transport could readily be incorporated in a competition-friendly framework. The progress achieved in liberalizing European air traffic control underlined this. See BDI, *op.cit.*, n. 66, p. 5.

[86] Article 14(1) PP II.

[87] *Ibid.*

[88] EMPA, *op.cit.*, n. 85, p. 3. Here the "high risk" ships do not mean sub-standard ships but ships for which, due to their cargo/bunkers, the impact of a collision or grounding could be huge for the sea and coastal environment.

[89] The "pilot exemption certificate" means a document issued by the competent authority by which an exemption from or modification of compulsory pilotage is granted (Article 3(11) PP II).

[90] Article 14 PP II.

[91] ECSA, "European Parliament Working Document on Market Access to Port Services", available online at <http://www.ecsa.be/publications/051.pdf>, p. 3.

[92] The BDI also found that a special protectionist status would not be justified. See BDI, *op.cit.*, n. 66, p. 5.

[93] ECSA, *op.cit.*, n. 91, p. 3.

Where such exemptions are subject to special authorisation, the conditions for this authorisation must be appropriate, objective, transparent and non-discriminatory. In addition, PP II obliges Member States to report to the Commission no later than five years following the entry into force of PP II on measures to improve the effectiveness of pilotage services.[94]

4.2 Competent authority

4.2.1 PP II provisions

According to the definitions of the "competent authority or authorities"[95] and of the "managing body of the port" or "port authority"[96] under PP II, these two authorities may not be identical. That is, the managing body of the port should, in principle, be the competent authority for services provided within the port area. If appropriate, Member States can appoint a different competent authority or competent authorities for the purpose of implementing PP II. This or these authorities may be public or private and may be responsible for one or more tasks covered by this Directive and for one or more ports.[97]

According to the wording of PP II, the competent authority may be itself a provider of port services or may have direct or indirect control over a provider of port services.[98] In addition, PP II provides specially that in case where no suitable service provider could be found for a specific port service as a result of a selection procedure, the managing body of the port may reserve the provision of this service for itself for a limited period,[99] provided that it fulfils the criteria

[94] Article 14(2) PP II.
[95] "Competent authority or authorities" means a body designated by member States which, whether or not in conjunction with other activities, has as its objective under national law or regulations the implementation of the present Directive. It may consist of several separate bodies or be responsible for more than one port (Article 3(15) PP II).
[96] "Managing body of the port" or "port authority" (hereinafter referred to as "managing body of the port") means a body which, whether or not in conjunction with other activities, has as its objective under national law or regulations the administration and management of the port infrastructures, and the coordination and, where appropriate, the control of the activities of the operators present in the port or port system concerned. It may consist of several separate bodies or be responsible for more than one port (Article 3(5) PP II).
[97] Recital 12 of PP II.
[98] Articles 8(7) and 9(3) PP II.
[99] Article 8(6) PP II. This period may not exceed five years. At the end of this period a new selection procedure should be launched.

established for the granting of an authorisation[100] and observes the criteria for transparency[101] as set out in PP II.[102] In case where the competent authority carrying out the selection procedure or deciding on limitations in relation to one or more port services in a specific port is itself a provider of the same or a similar service or services or has direct or indirect control over a provider of the same or a similar service or services, Member States shall designate a different and independent competent authority and entrust it with the selection procedure or the decision on limitations, or approval or supervision of such procedure or decision.[103] In addition, in case the managing body of the port also provides port services, the managing body of the port shall be required to keep accounts for its activities carried out in its capacity as managing body separate from those carried out on a competitive basis.[104] PP II further require Member States to ensure that any party with a legitimate interest has the right to appeal against the decisions or individual measures taken, under PP II, by competent authorities or the managing body of the port.[105]

4.2.2 Legal assessment

The debates on the competent authority focused mainly on additional bureaucracy and administrative costs. As regards the selection procedures for authorisations, it would put a disproportional bureaucratic burden on large port authorities, as they would be compelled also to organise cumbersome selection procedures for authorisations of little significance.[106] Furthermore, imposing a separate competent authority to take over decisions in case the managing body of the port also provides services would lead to unnecessary duplication of functions and additional bureaucracy.[107] In addition, the mandatory authorisation and the selection procedure would lead to extra administrative costs. Such costs would

[100] Article 7(3) PP II.
[101] Article 19 PP II.
[102] Recital 30 of PP II.
[103] Articles 8(7) and 9(3) PP II.
[104] Recital 41 of PP II.
[105] Article 15(1) PP II.
[106] E. van Hooydonk, "Propects after the Rejection of the European Port Services Directive", (2004) Il diritto marittimo, pp. 851-873, pp. 859-860.
[107] The European Sea Ports Organization (ESPO), "Initial Response to the Directive Proposal on Market Access to Port Services" (24 November 2004), available online at <http://www.espo.be/policy/position%202004/ESPO%20PP II%20-%20Initial%20reaction%20-%20Final.pdf>, p. 3.

be incurred by the competent authorities and eat up at least part of the probable additional revenue through authorisation fees.[108]

The competent authority is the only party with sufficient knowledge of and practical experience with the port it has under its supervisions. Therefore, the competent authorities should have full autonomy over access to the services that are being provided within the area under its jurisdiction. To ensure the neutrality of decisions made by the competent authority, an efficient and effective appeal system combined with a basic transparency requirement is a better way.[109]

4.3 Authorisations for service providers

4.3.1 PP II provisions

4.3.1.1 The meaning of authorisations

In the interest of efficient and safe port management, Member States should require that providers of port service operations obtain authorisations.[110] The "authorisation" is defined as any permission, including a contract, allowing a natural or legal person to provide one or more categories of port services or to carry out self-handling.[111] This definition may be assumed to include land leases, concessions of the public domain and service concessions, but not sales of lands and buildings in the port area.[112] Furthermore, it is considered that authorisations cannot be granted to service providers as such; a separate authorisation would be required for each of the port services, quays or terminals concerned.[113]

---

[108] ISL Studies, *op.cit.*, n. 26, p. 23. At the same time, the study shows that a serious bidder competition may also lead to considerable costs for the applicants which the successful bidder has to recover during the duration of the authorisation and which also have to be eared by the defeated applicants, for example in their other terminals (if terminal operators apply), via the cargo markets (in case of liner shipping companies), or in their other fields of business. In any case prices will be forced upwards.
[109] ESPO, *op.cit.*, n. 107, p. 3.
[110] Recital 17 of PP II.
[111] Article 3(12) PP II.
[112] E. van Hooydonk, *op.cit.*, n. 23, p. 191. For a detailed analysis, see E. van Hooydonk, *op.cit.*, n. 78, pp. 150-152.
[113] E. van Hooydonk, *op.cit.*, n. 23, p. 191.

Unlike the previous versions,[114] authorisations for service providers become mandatory under PP II.[115] No later than 18 months[116] after the date of transposition of PP II, all providers of port services in a port shall operate on the basis of an authorisation granted by the competent authority, within the maximum durations[117] foreseen in PP II.[118] The Commission wishes in this way to reconcile the need to allow efficient and effective access of competent port service providers with the need to ensure proper management of a port with its inherent constraints as well as to ensure a satisfactory level of professional qualifications.[119]

4.3.1.2 The criteria for granting authorisations

According to Article 7(3) PP II, the criteria for granting authorisations by the competent authority must be transparent, non-discriminatory, objective, relevant and proportional. The criteria shall only relate, where applicable, to: (a) the professional qualifications of the service provider and of his personnel, his sound financial situation and sufficient insurance cover; (b) maritime safety or the safety and security of the port or access to it, its installations, equipment and persons; (c) compliance with employment and social rules, including those laid down in collective agreements, provided that they are compatible with Community law. In any case, those minimal rules set out in European social law will be respected; (d) compliance with local, national and international environmental requirements; (e) the development policy of the port. The authorisation may include public service requirements relating to safety, regularity, continuity, quality and price and the conditions under which the service may be provided.[120] The above criteria must be published.[121] According to Article 7(7) PP II, the competent authority is given the right to vary or revoke an authorisation where, in a

---

[114] Under the previous versions, the introduction of a requirement to obtain an authorisation was optional for Member States. See E. van Hooydonk, *op.cit.*, n. 23, p. 191. For example, according to Article 6 PP I, Member States may require that a provider of port services obtains prior authorisation under certain conditions.

[115] PP II EM, p. 6.

[116] Erroneously, PP II EM mentioned a period of 12 months (PP II EM, pp. 7 and 8).

[117] See *infra*, Part 4.3.1.4.

[118] Article 7(1) PP II.

[119] PP II EM, pp. 6-7.

[120] Article 7(3) PP II.

[121] Article 7(4) PP II. Moreover, providers of port services shall be informed in advance of the procedure for obtaining the authorisation. This requirement shall apply equally where an authorisation links the provision of service to an investment in immovable assets (Article 7(4) PP II).

substantial manner,[122] the authorisation criteria are not, or no longer complied with, or where the Member State's social legislation is not or is no longer complied with.

According to Article 7(5) PP II, Member States may adopt rules on access to the occupation and on the certificates of competence to be acquired by examination. Additionally, where the required technical professional qualifications include specific local knowledge or experience of local conditions, Member States shall ensure that there exists adequate access to relevant training for applicant service providers under transparent and non-discriminatory conditions, and where appropriate, against payment. Here PP II takes into account concerns about professional qualifications in the port sector as well as the interests of existing service providers such as pilots, who could not reasonably be expected to organise training for their competitors free of charge.

4.3.1.3 The procedure for granting authorisations

The proposed system allows for an authorisation simply to be granted without any further requirements, but it also foresees the possibility for this to be done through a selection procedure (described in Article 11), either if a port authority so decides and/or an existing (or new) service provider so demands.[123] For a detailed analysis of the selection procedure, see below Part 4.4.

4.3.1.4 The duration of authorisations

Taking into account the normal depreciation and return on the investments made, the Commission proposes to limit the duration of authorisations according to the respective levels of investment.[124] Under Article 12 PP II, authorisations shall be granted for a limited period and be renewable, this period to be determined in accordance with the following criteria:

1. In cases where no investments which are considered significant by the competent authority in order to carry out the provision of services are involved, the maximum duration of its authorisation shall be 8 years.

---

[122] This wording is considered a potential cause of legal uncertainty. See E. van Hooydonk, *op.cit.*, n. 23, p. 193.
[123] PP II EM, p. 7.
[124] Recital 31 of PP II.

2. In cases where investments which are considered significant by the competent authority involve:
   a) movable assets, the maximum period shall be 12 years;
   b) immovable assets and comparable movable capital assets, such as container bridges, ship-to-shore gantry cranes, bridge unloaders and specialised tugboats, the maximum period shall be 30 years, irrespective of whether or not their ownership will revert to the managing body of the port.

If the investments made by the service provider include both movable and immovable assets, the maximum period shall be the longer of the maximum periods considered.

The 2003 conciliation draft envisaged a renewing option of 10 years. That is, Member States may permit a possible extension of an existing authorisation for a period of 10 years.[125] PP II also expressly states that the duration periods of authorisations are "renewable".[126] Member States may establish a procedure which allows a service provider who intends to make or irrevocably contract for significant investments in immovable assets during the last 10 years before the end of the existing authorisation and can demonstrate that these investments will lead to an improvement in the overall efficiency of the service concerned, to request the competent authority to launch a selection procedure in accordance with Article 8 for a new authorisation before the authorisation in question expires.[127]

4.3.2 Legal assessment

4.3.2.1 Maximum durations

As indicated above, the following maximum durations for authorisations are envisaged under PP II: 8 years in case of no significant investment;[128] 12 years in

---

[125] Article 15 of the 2003 conciliation draft.
[126] Article 12 PP II.
[127] Article 12(3) PP II.
[128] In the ECSA's opinion, there is no justification for long authorisations in services that do not require important investment (e.g. mooring). Moreover, shorter periods would promote more frequent competition even in small ports with a limited number of providers. Duration periods must be especially short, where only *one* provider is allowed, which should be very

case of significant investment in movable assets; and 30 years in case of significant investment in immovable and comparable movable capital assets. These durations are longer than those under PP I,[129] but shorter than those under the 2003 conciliation draft.[130] However, it is doubtful whether the maximum durations under PP II allow a sufficient return on investment.[131]

In many Member States with efficient ports and considerable private sector investments, national legislation provides for longer periods.[132] Meanwhile, port authorities in many Member States are entitled to withdraw or terminate a contract prematurely if the general interest of the port so requires. Thus, longer durations are not necessarily contrary to the needs of port development or to the general interest.[133]

On the other hand, apart from major investments in the ports, companies engaged in the transhipment of containers are making more and more investments in land-side transport equipment.[134] These companies are linked for long periods and in many ways with other companies in logistics chains. Compared to the life span of the most important investment goods, the maximum durations of authorisations under PP II seem shorter and do not offer an adequate development perspective for companies of this size and this structure.[135]

Consequently, compared to existing national legislation and practice, the maximum duration periods envisaged in PP II seem rather short and may not allow a sufficient return on investment, and in the end discourage new investments and hamper the further development of the port.[136] It should be noted that the gravely negative effects on investment may be alleviated at least gradually by

---

exceptional. Therefore, the ECSA suggests that the maximum durations for non-significant investments should be reduced to 5 years. See ECSA, *op.cit.*, n. 91, pp. 4-5.

[129] The maximum durations under PP I were 5, 10 and 25 years respectively (Article 9 PP I).

[130] The 2003 conciliation draft envisaged concession periods of 10, 15 and 36 years respectively (Article 15 of the 2003 conciliation draft).

[131] E. van Hooydonk, *op.cit.*, n. 23, p. 212.

[132] E. van Hooydonk, *op.cit.*, n. 78, pp. 169-170; E. van Hooydonk, *op.cit.*, n. 23, p. 212. For example, French Act on "droits réels administratifs" provides for a maximum duration of 70 years.

[133] *Ibid.*

[134] ISL Studies, *op.cit.*, n. 26, p. 36.

[135] *Ibid.*

[136] E. van Hooydonk, *op.cit.*, n. 78, p. 170.

longer periods of stability to be achieved through slowing down the frequency of the imposed interruptions.[137]

4.3.2.2 Renewability of authorisations

Options for extension of authorisations are absolutely necessary to be able to counter, with the necessary elasticity, inadequate investments, but also in view of cases of hardship.[138] The only real possibility for renewing an authorisation is through an open selection procedure, since the provision on maximum durations in the end would become pointless if a new selection procedure is not required.[139] However, it is questionable whether existing operators will ever have recourse to this option in practice, as they would risk prematurely losing their existing authorisations.[140] The German Federal Ministry of Transport, Building and Housing (Bundesministerium für Verkehr, Bau- und Stadtentwicklung, BMVBS) proposes that PP II should prohibit the competent authority to shorten the duration of an existing authorisation, except where conditions of the authorisation or contractual duties (both not to be regulated in PP II) are isolated.[141]

4.3.2.3 Modification and revocation of authorisations

Article 7(7) PP II, which gives the competent authority the right to vary or revoke an authorisation where the criteria referred to in Article 7(3) PP II are not complied with or where the Member State's social legislation is not complied with, is applicable to any authorisation granted under PP II whatever its legal nature, including contracts. This right of the competent authority should only be exercised to the extent that the criteria allowed under PP II have actually been put into effect by the Member State or the competent authority.[142] That is, non-compliance with any of the authorisation criteria allowable under PP II but not actually used at the granting of a given authorisation, may never be invoked in order to vary or revoke this authorisation later.[143] In addition, according to Article 7(7) PP II, it seems self-evident that it does not preclude competent authori-

[137] ISL Studies, *op.cit.*, n. 26, p. 36.
[138] *Ibid.*
[139] E. van Hooydonk, *op.cit.*, n. 23, p. 218.
[140] *Ibid.*
[141] ISL Studies, *op.cit.*, n. 26, p. 36.
[142] E. van Hooydonk, *op.cit.*, n. 78, p. 156.
[143] *Ibid.*

ties from terminating authorisations for other reasons, for example, termination of concessions in the general interest or due to non-compliance with minimum throughput clauses.[144]

4.4 The selection procedure

4.4.1 PP II provisions

Under the earlier versions, an objective selection procedure only had to be followed in the case of a limitation of the number of service providers.[145] Under PP II, an objective selection procedure before granting an authorisation shall be applied in the following cases: (1) a decision to that effect taken by the competent authority;[146] (2) a request from an existing service provider;[147] (3) a request from a new potential service provider;[148] or (4) a termination of existing authorisations where they were not granted after an open selection procedure prior to the entry into force of PP II and where a limitation has occurred after 18 months after the transposition of PP II.[149]

Under PP II, a transparent and objective selection procedure must be organised by the competent authority using proportionate, non-discriminatory and relevant criteria.[150] The competent authority shall publish an invitation to interested parties to participate in the selection process.[151] In addition, the competent authority shall ensure that full documentation is provided to interested parties requesting

---

[144] E. van Hooydonk, *op.cit.*, n. 23, p. 193.

[145] For a detailed analysis, see E. van Hooydonk, *op.cit.*, n. 78, p. 157 *et seq.*

[146] Article 7(2) PP II.

[147] *Ibid.*

[148] *Ibid.*

[149] Article 10(2) PP II. Under Article 22(1) PP II, the transition period of PP II should be 18 months from the date of entry into force of PP II. Thus, a limitation of the number of service providers should appear later than 36 months after PP II comes into force. PP II EM says that the use of a selection procedure shall be necessary in cases of limitations of the number of service providers for one or more port services (PP II EM, p. 8). It must be assumed that the explanation in PP II EM, which conforms to the logic of PP I but not to that of PP II, is erroneous. See E. van Hooydonk, *op.cit.*, n. 23, p. 212.

[150] Article 8(1) PP II.

[151] Article 8(2) PP II. This publication shall be made in the Official Journal of the European Union for authorisations concerning Article 12(2)(b) (i.e. involving significant investments in immovable or comparable movable assets and long durations) and for all other authorisations in any appropriate manner which makes the necessary information available in a timely way to any person interested in the process (Article 8(2) PP II).

it. The documentation given to potential providers shall include at least authorisation, selection and award criteria, regulatory and organisational conditions for the provision of the service, penalties and the terms governing cancellation in the event of non-compliance, and the authorisation period.[152]

PP II further sets out a minimum interval of 52 days between the dispatch of the call for proposals and the latest date for receiving them[153] and requires the competent authority publish the decision resulting from the selection procedure.[154]

In cases where a selection procedure finds no suitable service provider for a specific port service, the managing body of the port may, while guaranteeing transparency, reserve the provision of this service for itself for a period, which may not exceed five years, following which a new selection procedure for granting an authorisation shall be launched.[155]

When an authorisation as a result of a selection procedure is taken over by another service provider, the rules on employment of the personnel of the previous service provider shall not be affected. Social standards must not be below those laid down by applicable Community legislation.[156]

The managing body of the port shall be compensated by the newly selected service provider for all relevant investments it made during this period, which have not yet been fully amortised and which the newly selected service provider takes over, taking into account the overall economic balance of the service provided during the previous period, according to clear and pre-established criteria.[157]

4.4.2 Legal assessment

4.4.2.1 Request of an open selection procedure

Under PP II, an existing service provider or a new potential service provider may request an open selection procedure. In the case of an expiring existing au-

[152] Article 8(3) PP II.
[153] Article 8(4) PP II.
[154] Article 8(5) PP II.
[155] Article 8(6) PP II.
[156] Article 8(8) PP II.
[157] Article 8(6) PP II.

thorisation of a given service provider, competitors who do not have a genuine interest in submitting a proposal of their own and obtaining the new authorisation may be tempted to abuse their right to request an open selection procedure, merely to complicate business, to cause harm to the interests of a competitor or to obtain commercially interesting information on operational conditions.[158]

4.4.2.2 Employment after take-over of authorisations

The provision[159] concerning employment of the personnel of the previous service provider after the take-over of authorisations seems to be an entirely new provision which again stresses social concerns.[160] According to this provision, the rules on employment of the personnel of the previous service provider shall not be affected, when an authorisation, as a result of a selection procedure, is taken over by another service provider.[161] However, it is not clear whether the "rules on employment" refers only to mandatory labour law provisions or also to clauses contained in contracts of employment.[162] Moreover, it is also not clear whether personnel should be taken over and social achievements should be fully respected by new service providers.[163]

4.5 Limitation of the number of providers of one or more port services

4.5.1 PP II provisions

Similar to PP I,[164] PP II retains the limitation concept but takes a fundamentally different line as to its significance to the Directive's normative structure.[165] The "limitation of the number of providers" is defined as a situation in which the

---

[158] E.van Hooydonk, *op.cit.*, n. 23, p. 213.
[159] Article 8(8) PP II.
[160] E. van Hooydonk, *op.cit.*, n. 23, p. 194. For a more industrial and social analysis, see ISL Studies, *op.cit.*, n. 26, Part 4.
[161] Article 8(8) PP II.
[162] E. van Hooydonk, *op.cit.*, n. 23, p. 217.
[163] *Ibid.*
[164] Under PP I, the existence or lack of a limitation of the number of service providers had far-reaching consequences for the application of the Directive's individual provisions. The articles on the conditions for the introduction of limitation, the objective selection procedure and the limitation of the duration of authorisations would only have applied in the case of a limitation within the meaning of the Directive. For a detailed discussion on limitations of the number of port providers provided for in PP I, see E. van Hooydonk, *op.cit.*, n. 78, pp. 157-162.
[165] E. van Hooydonk, *op.cit.*, n. 23, p. 194.

competent authority does not allow a provider that fulfils the criteria for authorisation laid down in accordance with the Directive to provide one or more categories of services. This may only be done for reasons or constraints relating to available space or capacity, safety considerations or requirements deriving from environmental regulations.[166]

PP II requires Member States to ensure that in the case of a limitation of the number of providers, the competent authority must: (a) inform interested parties of the category or categories of port services and, where appropriate, the specific part of the port to which the restrictions apply as well as the reasons for such restrictions; (b) allow the highest number of service providers appropriate under the circumstances.[167]

Under PP II, it is specially stipulated that in cases where the competent authority may, in accordance with the published development policy of the port, determine the range of commercial activities to be carried out in the port or parts of the port, in particular the categories of cargo to be handled, and the allocation of port space or capacity to such activities, this should not be considered as a limitation of the number of service providers.[168]

In the case of a limitation of the number of service providers, this number should be the highest appropriate under the circumstances. The service providers should be selected by the competent authority under a transparent, objective, open and fair selection procedure with non-discriminatory rules.[169]

As far as the procedure of granting of authorisations in the case of a limitation of the number of service providers is concerned, PP II introduces a different treatment on the basis of the way the authorisation was granted (with or without se-

---

[166] Article 3(13) PP II. In addition, Recital 20 of PP II reads: "Since ports are made up of limited geographical areas, access to the market may, in certain cases, be subject to constraints relating to space or capacity, traffic-related safety concerns or requirements in accordance with environmental rules. In such cases and in order to ensure the ports' overall efficiency it may therefore be necessary to limit the number of authorised providers of port services whilst public service obligations of a service provider or the managing body of the port as well as environmental rules are respected. The criteria for any limitation should be objective, transparent, non-discriminatory, relevant and proportional."

[167] Article 9(1) PP II.

[168] Article 9(2) PP II and Recital 21 of PP II.

[169] Article 9(1)(b) PP II and Recital 22 of PP II.

lection procedure).[170] Where such limitations are introduced later than 36 months after PP II comes into force, and the "condition foreseen in Article 7(2) PP II has been fulfilled",[171] which probably means that existing authorisations were granted after an objective selection procedure, these authorisations remain in force until they expire;[172] where this condition is not met, the authorisations must be terminated and an objective selection procedure shall be launched within six months after the limitation has been introduced.[173] If in that procedure, an existing service provider is not selected, it should be compensated by the newly selected service provider for those past investments which it has made and have not yet been fully amortised and which the newly selected service provider takes over, taking into account the overall economic balance of service provided during the previous period, according to clear and pre-established criteria.[174]

4.5.2 Legal assessment

4.5.2.1 Conformity of prior selection procedures to PP II requirements

As indicated above, authorisations granted prior to PP II but not through a call for tenders should be terminated in case limitations appear later than 36 months after PP II comes into force; in that case, a new selection should take place. At first sight, the criterion appears to be whether or not the existing authorisation was granted after an open selection procedure, whatever its legal nature, basis or further specifications had been.[175] However, according to PP II's literal meaning,[176] it seems that PP II requires that the initial selection procedure be in strict

---

[170] PP II EM, p. 9.

[171] Article 7(2) relates to the application of the selection procedure to the granting of the authorisation according to a decision of the competent authority or a request from an existing and/or new potential service provider. It is not phrased in terms of a "condition", so the passage "the condition foreseen in Article 7(2) has been fulfilled" is confusing. In accordance with PP II EM (PP II EM, p. 9) and Recital 26, the "condition" here refers most probably to the condition that the existing authorisations for the relevant service or services should been granted after an objective selection procedure. See E. van Hooydonk, *op.cit.*, n. 23, p. 195.

[172] Article 10(1) PP II.

[173] Article 10(2) PP II.

[174] *Ibid.*

[175] E. van Hooydonk, *op.cit.*, n. 23, p. 213.

[176] Here it relates to the passage "the condition foreseen in Article 7(2) has (not) been fulfilled" in Article 10(1) and (2) PP II.

conformity with PP II provisions.[177] Such a requirement is unreasonable, since one cannot expect port authorities to have organised their previous open selection procedures in literal conformity with a then non-existing European Directive. Moreover, it would be even more pointless to see an existing authorisation, although granted after an open selection procedure, terminated due to a minor procedural deviation from subsequent EU Directive prescriptions.[178] Therefore, the fuzzy meaning of the PP II provision[179] could not be avoided, unless an amendment could be done so as to keep an existing authorisation in force where it was granted in an open selection procedure, whatever its further nature and characteristics and regardless of its strict conformity with the detailed procedural requirements of PP II.[180]

4.5.2.2 Compensation payments

As indicated above, where the number of providers is to be limited, if, in an objective selection, an existing service provider is not selected, it should be compensated by the newly selected service provider for past investments not yet fully amortised.[181] Furthermore, where the managing body of the port reserves the provision of the port service for itself as no suitable service provider was found in a selection procedure, the managing body of the port should also be correspondingly compensated by the new service provider which is selected in the new selection procedure.[182] However, where an authorisation expires at the regular expiry date, PP II does not envisage any competition payments.

In the opinions of the BDI and the BMVBS,[183] the PP II provisions on compensation payments are inadequate and do not provide clear rules for the determination of the bases and the scope of the liability for compensation; this would endanger investment especially during the last years before existing authorisations expire and would discourage potential investors, thus entailing the risk of a negative selection. In addition, PP II does not provide criteria for the determina-

---

[177] E. van Hooydonk, *op.cit.*, n. 23, p. 213.
[178] *Ibid.*
[179] Article 10 PP II.
[180] E. van Hooydonk, *op.cit.*, n. 23, p. 213.
[181] Article 10(2) PP II.
[182] Article 8(6) PP II. The period that the managing body of the port reserves the provision of the service for itself may not exceed five years, following which a new selection procedure for granting an authorisation should be launched.

tion of a full amortization of the investment.[184] A criteria could be, for example, that compensation payments should be obligatory for every kind of change of authorisation and that an objective evaluation on investments which have not yet been fully amortised and should be compensated should be based on business criteria and should be laid down in the tendering conditions.[185] Moreover, under PP II, compensation is limited to material issues. The Federation of European Private Port Operators (FEPORT) pointed out that several immaterial aspects, such as licenses, goodwill, clientele, logistic and software networks, image, entrepreneurial initiative, should also be taken into account.[186]

4.6 Self-handling

4.6.1 PP II provisions

Under PP II, "self-handling" means a situation in which an undertaking (a self-handler), which normally could buy port services, provides for itself, using its own land-based personnel, with the exception of the situation foreseen in Article 13(2),[187] and its own equipment, one or more categories of port services in accordance with the criteria set out in this Directive.[188] Here the "land-based personnel" refers to persons employed by the self-handler and who are not members of its seafaring crew.[189]

According to PP II, Members States shall take the necessary measures to allow self-handling to be carried out, wherever possible, in accordance with the Directive.[190] As regards cargo handling operations and passenger services for an

183 BDI, *op.cit.*, n. 66, p. 4; ISL Studies, *op.cit.*, n. 26, p. 44.
184 ISL Studies, *op.cit.*, n. 26, p. 44.
185 BDI, *op.cit.*, n. 66, p. 4.
186 FEPORT, "Initial Position on the Proposal for a Directive on Market Access to Port Services" (January 2005), available online at <http://www.feport.be/pdf/initpositionjan05final.pdf>, p. 3. Under PP II conditions (namely, the compensation is limited to material issues), it might even turn out to be cheaper to press for tendering and try to take over a leased area instead of acquiring in the normal public market the company operating the area.
187 Article 13(2) PP II relates to Short Sea Shipping and Motorways of the Seas operations.
188 Article 3(9) PP II.
189 Article 3(10) PP II.
190 Article 13(1) PP II.

authorised regular shipping service[191] carried out in the context of Short Sea Shipping and Motorways of the Seas operations,[192] self-handler may also use the vessel's regular sea-faring crew in addition to its own land-based personnel.[193] Furthermore, self-handling for a service can be refused only in exceptional and well defined cases,[194] in detail, merely due to objective reasons or constraints relating to available space or capacity, safety considerations or requirements deriving from environmental regulations.[195]

Self-handling shall be subject to an authorisation. The criteria for such authorisation must be the same as those applying to providers of the same or a comparable port service and as referred to in the provision on authorisations,[196] provided these are relevant. Moreover, authorisations for self-handling shall remain in force so long as the self-handler complies with the criteria for granting them.[197]

In addition, PP II provides that the Directive shall in no way affect the application of national rules concerning training requirements and professional qualifications, employment and social matters, including collective agreements, provided that they are compatible with Community law and the international obligations of the Community and the Member States concerned.[198]

Finally, where self-handling is subject to the payment of a fee as a contribution to public service obligations for technical-nautical services which cannot be met by self-handlers, the fee shall be determined in accordance with relevant, objective, transparent and non-discriminatory criteria and shall be proportional to the costs of maintaining these public service obligations.[199]

---

[191] An "authorised regular shipping service" is a regular short-sea service, which operates exclusively between ports situated in the Customs territory of the Community. The service may not come from, go to or call at any ports outside the Community Customs territory (e.g. in a third country) or a free zone of a port (where the free zone is principally segregated by a fence) in this territory (Article 3(14) PP II).

[192] As defined in Decision No. 884/2004/EC of the European Parliament and of the Council of 29 April 2004, amending Decision No. 1692/96/EC on Community guidelines for the development of the trans-European transport network, OJ L 167, 30.04.2004.

[193] Article 13(2) PP II.

[194] PP II EM, p. 9.

[195] Article 13(1) PP II.

[196] Article 7(3) PP II. See *supra*, Part 4.3.1.2.

[197] Article 13(3) PP II.

[198] Article 13(4) PP II.

[199] Article 13(5) PP II.

4.6.2 Legal assessment

Self-handling, as a politically sensitive concept, was a focus of the debate on PP I and was perhaps one of the major reasons for the rejection of PP II by the European Parliament.

4.6.2.1 The need for self-handling in seaports

The self-handling principle – i.e. the right of the infrastructure user to organise own handling services – was adopted by the Commission from the Airport Services Directive.[200] The Commission never demonstrated the sense, let alone the necessity, of self-handling in the seaport sector.[201] PP II, too, does not demonstrate this.[202] The Commission does point out in PP II EM that self-handling is necessary in order to promote short sea shipping and to move goods from environmentally less friendly transportation modes to maritime transport,[203] but this is unconvincing.[204] The Commission's further argument that self-handling by land-based personnel will increase employment[205] is also doubtful.[206]

4.6.2.2 Self-handling to be allowed "wherever possible"

"Wherever possible", self-handling should be allowed in accordance with the conditions laid down in PP II.[207] The phrase "wherever possible" may invite unwilling Member States to invoke all kinds of "impossibilities" in order to frustrate the self-handling principle. As a consequence, such wording may be expected to contribute little to the eagerly awaited "level playing field" for EU ports.[208] Moreover self-handlers may use their own land-based personnel and the vessel's regular sea-faring crew.

---

[200] Article 7 of Council Directive 96/67/EC of 15 October 1996 on Access to the Groundhandling Market at Community Airports, OJ 1996/L 272/36. See E. van Hooydonk, *op.cit.*, n. 106, p. 858.
[201] E. van Hooydonk, *op.cit.*, n. 106, p. 858.
[202] E. van Hooydonk, *op.cit.*, n. 23, p. 206.
[203] PP II EM, p. 6.
[204] E. van Hooydonk, *op.cit.*, n. 23, p. 206.
[205] PP II EM, p. 6.
[206] E. van Hooydonk, *op.cit.*, n. 23, p. 206.
[207] Recital 34 of PP II.
[208] E. van Hooydonk, *op.cit.*, n. 23, p. 218.

4.7 Implications for registration of dock workers

4.7.1 PP II provisions

According to Article 7(6) PP II, a provider of port services carrying out a service covered by an authorisation shall have the right to employ personnel of his own choice, on condition that he fulfils the authorisation criteria laid down in accordance with Article 7(3) PP II[209] and with the legislation of the Member State in which the service provider is providing the services in question, provided that such legislation is compatible with Community law. In addition, if an authorisation as a result of a selection procedure is taken over by another service provider, the rules on employment of the personnel of the previous service provider shall not be affected.[210] PP II stresses that it shall in no way affect the application of national social legislation. It even indicates that social standards must not be below those laid down by applicable Community legislation.[211]

4.7.2 Legal assessment

The provision on the right of employment for personnel is one of the most debatable provisions. Fearing that the liberalisation of European port services will ultimately be carried out to the detriment of dock workers, the European Transport Worker's Federation (ETF) mobilized three huge demonstrations on 21 November 2005, 11 January 2006 and 18 January 2006 respectively.[212] The strong mobilization against the liberalisation of port services did exercise a great influence on the rejection of PP II by the European Parliament.

The Commission still does not stipulate whether or not a system of priority of employment for registered dock workers is contrary to EU law.[213] On one hand, PP II provisions[214] imply that national social standards may be stricter than under Community instruments. On the other hand, PP II expressly provides that national social conditions must conform to international obligations of the

[209] See *supra*, Part 4.3.1.2.
[210] Article 8(8) PP II.
[211] Article 4 PP II.
[212] On 18 January 2006, the demonstrators even displayed violence in front of the European Parliament building in Strasbourg.
[213] E. van Hooydonk, *op.cit.*, n. 23, p. 211.
[214] Articles 4 and 8(8) PP II.

Community and Member States.[215] These may be deemed to include obligations of the contracting Member States to ILO convention C 137 of 1973 on Dock Work, which requires priority of engagement for registered dock workers.[216] The Commission wishes even to invite Member States to ratify that Convention.[217]

In addition, although PP II states that national social legislation must be in conformity with Community law,[218] the latter is still extremely unclear in this respect and is held by some to oppose the continuance of exclusive rights for dock workers.[219] As a result, it seems unlikely that PP II will do anything to enhance legal certainty.[220]

5. Conclusion

The EU Parliament rejected PP II in the first reading by an overwhelming majority on 18 January 2006.[221] At the first sight, the political pressure within Member States has played an important role during the debates from the submission of the proposal till the final decision procedure.[222]

As a matter of fact PP II has resolved a considerable number of instrumental problems which had arisen in relation to PP I. In particular, the Commission has shown its willingness to accept several important amendments agreed upon by

---

215 Article 7(6) PP II.

216 E. van Hooydonk, *op.cit.*, n. 23, p. 211.

217 PP II EM, p. 4.

218 Articles 7(3) (c) and 7(6) PP II.

219 E. van Hooydonk, *op.cit.*, n. 23, p. 211. The author further indicated in n. 163 that the Labour Court of Brussels ruled on 11 January 2002 (AR No. 17866/00) that the Belgian Dock Work Act of 8 June 1972 is incompatible with the free movement of services as laid down in Article 49 EC Treaty. The appeal procedure is pending.

220 E. van Hooydonk, *op.cit.*, n. 23, p. 211.

221 With 532 votes against, 120 in favour and 25 abstentions. Following the result of the vote, Commissioner Barrot regretted that the European Parliament did not express its opinion on the substance of the amendments and expressed the wish that the Parliament would not lose sight of the motivations behind the Directive Proposal.

222 The European Transport Workers' Federation (www.itfglobal.org/etf/), which represents 2.5 million transport workers in 39 European countries, has called for several massive demonstrations against PP II since the submission of this proposal. According to its information press, a total of about 40,000 people were participating in 12 European countries to protest against PP II.

interested parties during the previous legislative process.[223] However, as indicated above, PP II is still counterproductive in many areas. It might lead to a negative investment climate in ports and weaken the willingness of the transhipment enterprises to make investment. This would form a barrier to modernization, innovation and development of seaports. More bureaucracy would be built up with the enforcement of the regulation instrument, especially with respect to the aspired new licence system. PP II could lead to more legal uncertainty and even create additional hindrances to market access.[224]

The most crucial argument, which contributes to a negative assessment of PP II, is situated in its fundamental defects in view of competition law.

PP II sets an assumed reality as fundamental precondition for its competition intervention, that there is a lack of competition in the market of seaports and port services. But the Commission has neither identified the relevant economic facts about the so-called markets, nor given convincing explicit theoretical and/or empirical reasons. In fact the competition in port and especially transhipment services today in the EU takes place between the seaports.[225] The market for container transhipment in Northwestern Europe is characterized by strong competition which has led to a relatively low and partially falling price level whereas the performance has been improving continuously. The aspired coercion for competition within ports in PP II starts out from wrong preconditions. The assumed reality of lack of competition, on which PP II is based, is distorted or even grossly wrong.

PP II is only superficially aiming at better market results through increased competition, but settling the essential initial point on the insufficient even incorrect market analysis.[226] In this respect the intention of PP II, through the more aggressive intervention than that of PP I in the relevant market to achieve an improvement of these market results, is objectively not plausible. Moreover, as far as the risk of potential market concentration is concerned, the decentralized tendering of a large number of licences within the aspired short period of time,

---

[223] E. van Hooydonk, *op.cit.*, n. 23, pp. 219-220.
[224] ESPO, *op.cit.*, n. 107, p. 1.
[225] Compared with the ECORYS Studies, *op.cit.*, n. 63, Part 2.3 and 2.4. More detailed in view of competition law analysis, see ISL Studies, *op.cit.*, n. 26, Parts 3 and 6.
[226] ISL Studies, *op.cit.*, n. 26, Part 3.

which PP II names as an essential control instrument, could not exactly ensure an adequate control of concentration. On the contrary, this decentralized system could lead to a higher risk of predictable market concentration much presumably.[227]

On the other side PP II increases the danger of concentration of market power in the port services sector. The coercion for a local authority to periodically issue an obligatory licence gives suppliers equipped with a lot of capital the possibility to implement an expansion and monopoly policy. PP II does not take account of this danger. Furthermore, the competition law, especially the law on merger control, could not restrain such a development either, since the acquisition of a services licence in seaports is not a merger in the meaning of the law on merger control. Therefore there arises a possibility of an uncontrolled development of market power in the European seaports. The proposed system is completely unsuitable to detect or counter the formation of market dominating positions in the relevant markets.[228]

Finally, PP II calls the competitive regime of market access according to principles which have proved to be successful in the seaport sector (the so-called essential facilities doctrine) into question. According to the scope of application of PP II and contrary to the provisions of the law of competition, not only enterprises which are dominating the market but all enterprises are expected to suffer an intervention in their infrastructures. The current economic and competition policies of European Union, which is tied to the EC Treaty and Community competition rules and case law as well, adhere to limited and justified administrative intervention or regulation and always trust the self-regulation of the economic activities through competition in the framework of the existing competition rules.

[227] Compared to the current situation which is characterized by competition, a high performance level, continuous investments and access possibilites on the basis of entrepreneurial decisions, the proposed bureaucracy system of the Commission is clearly inferior. It will not promote the performance of functioning ports, on the contrary, it will have a sustainably negative impact. It is not in a position to counter the formation of dominant market positions and endangers competition between the ports. More competition law analysis, see ISL Studies, *op.cit.*, n. 26, pp. 23-28.

[228] For an empirical statistic and analysis, see ISL Studies, *op.cit.*, n. 26, p. 25.

In short, the shortcomings of PP II, especially fundamental defects in view of competition law, which contributed to negative response and ultimately the rejection by the European Parliament, should be definitely resolved in the future legislation effort.

Seminarreise nach Brüssel vom 12. bis 16. September 2006

Nina Peters

Im Anschluss an ihr im Februar 2006 veranstaltetes Seminar "Seerecht und maritime Politik der EG" boten Prof. Dr. *Rainer Lagoni*, LL.M., Direktor des Instituts für Seerecht und Seehandelsrecht an der Universität Hamburg, und Prof. Dr. Dr. h.c. *Peter Ehlers*, Präsident des Bundesamtes für Seeschifffahrt und Hydrographie (BSH) für die Teilnehmer eine Exkursion nach Brüssel an. Die Reisegruppe bestand neben den beiden Professoren aus Promotionsstudenten bzw. Doktoranden der Universität Hamburg und der International Max-Planck-Research-School for Maritime Affairs at the University of Hamburg (IMPRS) sowie fortgeschrittenen Studierenden. Unter den insgesamt 12 studentischen Teilnehmern befanden sich Juristen, Naturwissenschaftler und Politologen.

Der Besuch zahlreicher an der Europäischen Meerespolitik beteiligten Institutionen und Interessenvertretungen sollte allen Beteiligten die Möglichkeit eröffnen, während des Seminars erworbene Kenntnisse und gemeinsam entwickelte Problemlösungen in einen praktischen Kontext zu bringen. Ziel der Reise war außerdem, den Studierenden die Möglichkeit zu geben, ihre Ansichten aktiv mitzuteilen und mit Entscheidungsträgern zu diskutieren. Ein derartiger Beitrag zur aktuellen Diskussion im maritimen Bereich wird ausdrücklich begrüßt. Die Termine bei den verschiedenen Institutionen und Interessenvertretungen sind vor der Reise von den Studierenden selbst vorbereitet worden. Die Gruppe ist auf diese Weise vor jedem Besuch sowohl schriftlich als auch mündlich über die bevorstehende Diskussion und behandelten Themen informiert worden. Darüber hinaus hat jeder Teilnehmer bei einem der 7 Termine als Sprecher der Gruppe und Diskussionsleiter agiert.

Mittwoch, 13. September 2006

- Besucht des Europäischen Parlaments: Dr. Georg Jarzembowski

Am ersten Tag empfing uns Herr *Dr. Georg Jarzembowski*, Abgeordneter des Europäischen Parlaments (EP), gemeinsam mit seinem wissenschaftlichen Mitarbeiter Herrn *Sebastian Dreyer* im Plenarsaal des Europäischen Parlamentes. Zunächst wurde den Teilnehmern die interne Funktionsweise des EP und seiner Ausschüsse, die Zusammenarbeit der Europäischen Parteien sowie die Einflussmöglichkeiten externer Interessenvertreter auf die Abgeordneten erläutert. Es ergab sich dadurch ein sehr praktisches und lebendiges Bild von der demokratischen Entscheidungsfindung im EP. Während des anschließenden gemeinsamen Mittagessens informierte Herr *Dr. Jarzembowski* die Gruppe eingehend über sein Engagement im maritimen Bereich. In seiner Funktion als Sprecher der EVP-ED-Fraktion im Verkehrsausschuss des EP hat er als Berichterstatter bzw. "Schattenberichterstatter" für seine Fraktion viele Rechtsakte im Bereich der Seeverkehrspolitik begleitet. So entstanden interessante Diskussionen zu den "Erika"-Paketen, insbesondere zur aktuellen Entwicklung eines dritten Paketes. Auch das gerade erstellte Grünbuch für eine Maritime Politik der EU wurde in diesem Zusammenhang angesprochen. Es wurde jedoch schnell klar, dass im EP die eher pragmatische Ansicht vorherrscht, Rechtsakte sollten besser einzeln verabschiedet werden als im Paket oder gar eingebettet in eine kohärente Politik. Das Bedauern über die beiden missglückten Versuche, die Hafendienste durch ein "Ports Package" zu liberalisieren, war Herrn *Dr. Jarzembowski* deutlich anzumerken.

- Besuch des "Hanse Office": Dr. Thomas Engelke

Am Nachmittag empfing Herr Dr. *Thomas Engelke* die Gruppe im Hanse Office, der Vertretung der Bundesländer Hamburg und Schleswig-Holstein bei der EU. Herr Dr. *Engelke* ist dort Referent für Fischereipolitik und Maritime Angelegenheiten. Zunächst erläuterte er die Einflussmöglichkeiten der Vertretung auf den Europäischen Gesetzgebungsprozess. Das Hanse Office kann im Ausschuss der Regionen Stellungnahmen und Vorschläge abgeben. Daneben betonte er die wichtige Möglichkeit, Eingaben auch direkt an die Kommission zu richten, da diese häufig auf konkrete Vorschläge und Expertise von außen angewiesen ist. Auf diese Weise konnte das Hanse Office unter anderem einen gewichtigen Beitrag zum Grünbuch für eine Maritime Politik der Generaldirektion Fischerei und

Maritime Angelegenheiten leisten. Schwerpunkte in der anschließenden Diskussion bildete nicht nur die Beteiligung des Hanse Office bei verschiedenen Rechtsakten im maritimen Bereich, sondern auch die Positionierung der Regionen innerhalb der EU allgemein. Insbesondere die Frage nach der zukünftigen Ausrichtung der EU und den Inhalten des noch nicht in Kraft getretenen Verfassungsvertrages stieß bei den Studierenden auf reges Interesse.

Donnerstag, 14. September 2006

- Besuch der Generaldirektion Verkehr und Energie: Jacques Michaux

Der 14. September begann mit einer Präsentation der Direktion für Seeverkehr, Binnenschifffahrt und Intermodalität der Europäischen Kommission. Der stellvertretende Leiter der Abteilung für Seetransportpolitik und Schiffssicherheit, Herr *Jacques Michaux*, informierte die Gruppe zunächst umfassend über die Tätigkeiten der Direktion und gab einen Ausblick auf künftige Projekte. Die Diskussion im Anschluss drehte sich insbesondere um die derzeitigen und zu erwartenden Kompetenzen der "European Maritime Safety Agency" (EMSA), die drei "Erika"-Schiffssicherheits-Pakete und die beiden gescheiterten "Ports Packages". Herr *Michaux* bestätigte auf Nachfrage, dass eine neue Initiative zur Förderung von Wettbewerb und Transparenz in den Häfen bereits angedacht sei. Darüber hinaus verdeutlichte er den Standpunkt der Kommission im Hinblick auf ein gemeinsames Europäisches Schiffsregister.

- Besuch der Ständigen Vertretung Deutschlands bei der EU: Sabine Dannelke

Danach standen Mitarbeiter des Referates Verkehr, Bau und Stadtentwicklung (VBS) der Ständigen Vertretung Deutschlands bei der EU (StäV) der Gruppe Rede und Antwort. Neben den Attachés Frau Dr. *Margit Tünnemann* und Herrn *Ulrich Berner* diskutierte auch die Referatsleiterin Frau *Sabine Dannelke* mit den Studierenden. Zunächst ging es um die grundsätzlichen Kompetenzen der StäV und deren Verbindung zur Bundesregierung. Der organisatorische Aufbau des EU-Rates von der fachlichen bis hin zur ministeriellen Ebene wurde von den Mitarbeitern anschaulich beschrieben. Das Referat VBS vertritt die BRD auf fachlicher Ebene im Verkehrsausschuss des Rates. Besonders im Blickpunkt der Studierenden stand die Ratspräsidentschaft Deutschlands in der ersten Hälfte des Jahres 2007. Frau *Dannelke* bestätigte, dass die StäV sich in erhöhtem Maße auf diese Zeitspanne vorbereitet. Sie benannte als Schwerpunktthema für die

Deutsche Präsidentschaft unter anderem die Meerespolitik der EU und betonte, dass das vorliegende Grünbuch auch erhebliche Beiträge der Deutschen Ministerien beinhalte. Eine eingehende Diskussion entwickelte sich im späteren Verlauf zu den Vor- und Nachteilen einer Mitgliedschaft der EU in der IMO. Frau *Dannelke* erläuterte den Studierenden die deutsche Position. Deutschland lehne eine Mitgliedschaft der EU vor allem aus Gründen der Stimmgewichtung innerhalb der global orientierten IMO ab. Anhand der praktischen Abläufe in EU und IMO machte sie deutlich, dass ein unilateraler Vorschlag innerhalb der IMO im Nachhinein wesentlich zeitsparender abgestimmt werden könne als ein "Europäischer Vorschlag" innerhalb der EU-Institutionen.

- Besuch der Generaldirektion Fischerei und Maritime Angelegenheiten: Paul Nemitz

Nachmittags empfing Herr *Paul Nemitz*, stellvertretender Direktor der *Maritime Task Force* der Europäischen Kommission, die mit der Entwicklung der EU-Meerespolitik betraut ist, die Gruppe. Herr *Nemitz* hatte die Seminarbeiträge aller Teilnehmer durchgearbeitet, auf deren wesentliche Thesen er zunächst einging. Herausgegriffen wurden insbesondere die Aspekte Meeresumweltschutz auf regionaler Ebene, nachhaltige Fischerei, Kriminalisierung von Umweltverschmutzung und Mitgliedschaft der EG in internationalen Organisationen. Zu den mit Fischereipolitik befassten Arbeiten äußerte sich zeitweise ein weiterer Beamter der Kommission. Danach gab Herr *Nemitz* umfassende Informationen zum Grünbuch und verteidigte dessen Inhalte gegen die Kritik der Studierenden, es werfe im wesentlichen Fragen auf, anstatt Lösungen anzubieten. Mit großem Interesse nahm er das Angebot der Seminargruppe an, eine offizielle Stellungnahme für das Grünbuch zu verfassen.

Freitag, 15. September 2006

- Besuch der European Sea Ports Organisation (ESPO): Patrick Verhoeven

Am Freitag besuchte die Gruppe vormittags die ESPO. Herr *Patrick Verhoeven*, der Generalsekretär der Organisation, gab den Studenten zunächst eine umfassende Einführung in die wirtschaftliche Struktur der Europäischen Häfen und deren einflussreichste Nutzer. Eine Harmonisierung der nationalen Wettbewerbsgesetzgebung bewertete er dabei als positiv. Auf Nachfrage äußerte er Bedauern über das Scheitern der beiden "Ports Packages" und beschrieb dessen nähere Hintergründe. Thematisiert wurden ferner Einzelaspekte einer transparenteren Hafenwirtschaft, insbesondere die Notwendigkeit von Ausschreibungen.

- Besuch der European Community Shipowners' Association (ECSA): Alfons Guinier

Der Generalsekretär, Herr *Alfons Guinier*, empfing die Gruppe am Nachmittag. Er hielt eine umfangreiche Präsentation sowohl über die ECSA als auch über europäische Regelungen im gesamten maritimen Bereich. Im Gespräch wurde klar, an welchen Punkten in der Rechtsetzung Interessengruppen wie die ECSA Einfluss nehmen. Dazu gehören u.a. Angebote an die Kommission, bei der Erstellung von Entwürfen Expertenwissen zur Verfügung zu stellen als auch die enge Zusammenarbeit mit Abgeordneten des EP. Daneben ergeben sich Möglichkeiten innerhalb des Wirtschafts- und Sozialausschusses und des Ausschusses der Regionen. Gegenüber kritischen Fragen verteidigte Herr *Guinier* sowohl die ablehnende Haltung der Reeder gegenüber den strafrechtlichen EU-Instrumenten zum Meeresumweltschutz als auch Aktivitäten der Schiffseigner zur Verringerung der Schiffsabgase.

Insgesamt hat die Seminarreise den Teilnehmern zum einen ein gutes und abgerundetes Bild über die an maritimen Politiken auf europäischer Ebene beteiligten Institutionen vermittelt. Die praktischen Entscheidungsprozesse in der Europäischen Union sind aus der Sicht der Beteiligten deutlich geworden, so dass die Studenten einen umfassenden Überblick über die Entwicklung von EU-Maßnahmen erhalten haben. Zum anderen konnten die in der Theorie erarbeiteten juristischen, politischen und naturwissenschaftlichen Kenntnisse mit der tatsächlichen Situation abgeglichen werden. Der fachübergreifende Ansatz des zuvor durchgeführten Seminars erwies sich dabei als äußerst sinnvoll für die Praxis. Die Teilnehmer stellten abschließend fest, dass maritime Politik tatsächlich nur unter Berücksichtigung zahlreicher verschiedener Blickwinkel und Interessen erfolgreich entwickelt werden kann.

Zum Abschluss des Seminars werden die Teilnehmer eine offizielle Stellungnahme zum Grünbuch für eine EU-Meerespolitik für die EU-Kommission formulieren, in der die durch die Seminarreise erlangten Erkenntnisse eine wichtige Rolle spielen sollen. Unter anderem wollen sich die Studenten dafür einsetzen, dass der holistische Ansatz des Grünbuches weitergeführt und eine größere Akzeptanz innerhalb der Europäischen Institutionen durchgesetzt wird. Zudem werden die Inhalte des Grünbuches auf Basis der geführten Diskussionen in den nächsten Wochen nochmals im Einzelnen untersucht.

Sowohl die Teilnehmer als auch die Gastgeber haben sich durchweg positiv über die Seminarreise geäußert. Insbesondere ist die gelungene Kommunikation beider Seiten gelobt worden – aus Sicht der Organisatoren eine außerordentlich positive Bilanz.

Statement on the Green Paper of the Commission of the European Communities

"Towards a future Maritime Policy for the Union: A European vision for the oceans and seas"

In the summer term 2006 the Law of the Sea and Maritime Law Institute at the Law Faculty of the University of Hamburg organised a seminar on "Law of the Sea and Maritime Policy of the EC". The seminar was chaired by Dr. Dr. h.c. *Peter Ehlers* and Dr. *Rainer Lagoni*, Professors of the Faculty of Law and members of the Law of the Sea and Maritime Law Institute at the Law Faculty of the University of Hamburg; participants were scholars of the International Max Planck Research School for Maritime Affairs at the University of Hamburg and doctoral students. During an excursion to Brussels in September 2006, the seminar discussed the Green Paper with Mr *Paul Nemitz* from the DG Fisheries and Maritime Affairs. At its final session in February 2007 the seminar agreed to submit the following statement relating to the Green Paper to the Commission.

All references relate to the chapters (ch.) and pages (p.) of the Green Paper, Brussels, 7 June 2006 COM(2006) 275 final (English version in internet).

The seminar considered several general aspects and some specific issues of the Green Paper:

A. General: Vision, aims and means

1. The Commission labelled the Green Paper as "a European vision for the oceans and seas" and the text calls for forging "a new vision for the management of our relations with the oceans" (p. 5). But instead of a vision, that means an idea or picture to think about or plan the future with some imagination, the Green Paper is mainly a compilation of various activities and relations of the EU and its Member States with regard to the sea. In its introduction and second chapter it mentions, however, certain aims and principles which could be elements of such a vision as, *e.g.*, the aim of an integrated maritime policy (p. 7) or the retaining of Europe's leadership in "sustainable maritime development" (ch. 2). But when the Commission explains that sustainable development means to ensure "mutual reinforcement of economic growth, social welfare and environmental protection" (p. 5) the underlying principles remain vague. The Green Paper states that it "seeks to strike the right balance between the economic, social and environmental dimensions of sustainable development" (p. 6). It would, however, have been helpful if the position on what sustainable development actually implies had been clarified by the Commission. For example, should the harvest rate be the crucial indicator for the use of resources? With the intention of launching a debate, the Green Paper needs to give a firm basis for discussion. Nevertheless, as the mentioned aims and principles are also underlying the Member States' policies, the EU could possibly add value to the existing national policies through a convincing vision of a maritime policy (p. 7).

2. Against this backdrop the seminar discussed possible aspects of a European vision for the oceans and seas. The participants agreed that it should be a vision of an economically and environmentally sustainable European maritime policy aiming at an equal participation in the regional and global use and the protection and preservation of the oceans and seas. Examples for such participation might be sea-bed mining of Member States in the Area; support and exploitation of deep sea genetic resources (p. 43); or by the EU the preservation of fish stocks in the European waters and on the high seas against illegal, unreported and unregulated fishing (p. 43). The participants of the seminar expressed the view of most NGOs that the fishing quotas of the EU have not been brought down adequately and that

the sustainability of fisheries is a leading principle of EU fisheries agreements with developing States.

3. Such a vision implies certain consequences which deserve further discussion. Several DGs and the European Maritime Safety Agency (EMSA) are competent with regard to different maritime aspects. The seminar considered (a) in the organisational field a need for a Directorate General for all maritime affairs including fisheries and the marine environment. And (b), with regard to the regulatory framework, the ratification of maritime treaties and conventions and those on the law of the sea as well as the improvement and consolidation of the existing EU-rules and regulations in maritime affairs were considered as necessary means in order to improve their transparency.

4. Albeit the Green Paper mentions the necessary regulatory framework to put the maritime policy of the EU into operation (ch. 2.7), it makes no reference to the existing legal framework in this respect. The EC Treaty regulates maritime affairs in several articles (Art. 32 on fisheries; Art. 80 sec. 2 on sea transport; Art. 6 and Art. 174 on the environment). On the other hand, the EU can develop its maritime policy only within the limits of the powers conferred upon it by the EC Treaty. For example, the competences to regulate and enforce (concerning the setting and implementation of regulations) with respect to sea transport and the protection of the marine environment are divided between the EU and the Member States. This gives rise to several questions as, *e.g.*, whether a consolidated maritime policy of the EU would require a review of the EC Treaty; and would it increase the EU bureaucracy? Would the Member States lose competence to regulate, enforce and to adjudicate in the field of maritime affairs? What is the role of the principle of subsidiarity (Art. 5 sec. 2 EC) in this context?

5. A principal question seems to be whether or not there could and should be a specific maritime policy which is different from the general policies of the Union. The seminar shares the view that the latter is the case because the uses of the sea differ considerably from those of the land territory. At sea the legal and jurisdictional situation is different and in maritime affairs the environmental aspects are of great relevance. Therefore the par-

ticipants consider it a timely step that the Commission points out the great importance of the oceans and seas for the economy, environment, climate and coastal protection in the European Union and for the well-being of its citizens (employment, health and recreation, culture). This relates equally to the internal matters of the EU as well as to its external relations.

6. The Commission rightly points to the interrelationships between the maritime sectors and displays the "cluster concept" (ch. 2.6). But the increasing use of the ocean space for different purposes (as, *e.g.*, shipping, fisheries, non-living resources and energy, cables and pipelines, protection of the marine environment) gives rise to conflicts which should be solved on the basis of general principles rather than on a case by case solution. In particular on the continental shelf and in the exclusive economic zones the law of spatial planning, as far as it applies there, is often taken over from the territory without taking the particular conditions of the sea into account. Considering almost every use of the sea in its holistic approach, the Green Paper paves the ground for legally sound and equitable solutions in the European maritime spaces. Therefore this approach should be welcomed, although it is only a first step on the way to the development of a European maritime policy.

7. Finally, in addition to these general considerations, the seminar points to the fact that, although individuals are the main operators on and in the sea, the Green Paper does not give much weight to this aspect. It makes no particular reference to human rights, although the freedom of action for EU citizens and the access to resources of the sea without discrimination are underlying principles for any maritime policy.

B. Specific topics

In addition to the general aspects, the seminar also discussed various other topics of a more specific nature.

1. *Optional EU register* (p. 24): Each seagoing vessel is registered in a public register in which the property of the ship and possible rights *in rem* relating to the ship (ship mortgages) are registered. The establishment of an EU register would presuppose a consolidation of the national property laws relating to sea-

going vessels. Such a step would have far reaching legal consequences for the maritime laws of the Member States without having obvious advantages. As it is already possible within the EU to move from one national register into another one, there appears to be no necessity to unitise the national registers. An "optional register" could merely be a uniform European additional registration. This would not be a proper ship's register in the mentioned sense, but an additional registration in a list which involves certain rights with respect to the seamen's wages and the application of social and labour laws on board the ship. As several Member States have already established their own "international" registers, there is no need for an additional EU register.

2. *Genuine link* (p. 43): Related to the registration of a ship is the requirement of a "genuine link", which is provided for in Art. 91 para. 1 of the United Nations Convention on the Law of the Sea of 1982 (UNCLOS). However, the International Tribunal for the Law of the Sea stated in the M/V "Saiga" (No. 2) Case that the "genuine link" is not a condition for the registration of a ship – as it is still envisaged in the 1986 UN Convention on Conditions for Registration of Ships – but a consequence of its registration. Accordingly the flag-State is obliged to exercise effectively its jurisdiction and control over ships flying its flag pursuant to Art. 94 UNCLOS. The International Maritime Organization has on its agenda a programme to improve flag State control over ships. As the mentioned 1986 Convention, which has not entered into force until now, is no longer in line with general international law, the EU should not press for a ratification of this Convention.

3. *EU coastguard service* (p. 41): The establishment of a EU coastguard service with the necessary powers and instruments to enforce maritime legislation gives rise to a number of crucial legal and practical difficulties. The general argument in favour of a European coastguard is that sea traffic as an international business calls for common coordinated concepts instead of national diversity. In detail, it is argued that conflicts of national coastguard services could be avoided and that the enforcement of maritime legislation could be improved. In defining the goals and tasks of an EU Coastguard the maximum concept would provide for a fully-fledged agency with a centralised commando structure with authority to intervene and carry out checks on ships in all European waters. The consequent loss of national sovereign powers of the EU Member States over their territorial waters raises legal concerns with regard to compliance with the principle of sub-

sidiarity, the role of the navy and the diversity of the domestic legal systems (police and environmental law) and administrative structures of the Member States. This leads to the question of the necessity of an autonomous European administrative law to provide a future EU coastguard with genuine powers. Practical concerns relate to the diversity of shipping and environmental risks in the Member States and give rise to doubts about the actual benefits of a centralised enforcement bureaucracy for them. The Commission itself highlights the important role of regional and local authorities in shaping and implementing the future maritime policy (p. 36); this should also be taken into consideration when discussing the issue of a European coastguard.

4. *Search and rescue at the EU sea borders*: The Green Paper mentions illegal immigration as one of the threats related to the use of the sea (sec. 3.2) and calls for a coordinated and common approach regarding the control of the sea borders (sec. 5.2). No reference, however, is made to the duty to rescue persons in distress at sea. This obligation is recognised in international law and deeply rooted in maritime traditions. It requires rendering assistance to anyone found in distress at sea. This also has to be complied with by border control units and agencies of the EU as regards immigrants and asylum seekers in distress. It goes without saying that international refugee law and human rights law in general have to be observed by these State agents. The EU should also see to it that the Member States facilitate the disembarkation of persons rescued at sea as foreseen in international maritime law, particularly the 2004 amendments to the SOLAS and the SAR Conventions.

5. *"Development of the legal system based on UNCLOS"* (p. 42): According to its Preamble, UNCLOS regulates "all issues relating to the law of the sea". The Convention is the result of nine years extensive diplomatic negotiations of almost all States in the Third United Nations Conference on the Law of the Sea. It embodies several packages of sensible compromises between conflicting interests, which form an important contribution to international peace, justice and progress for all peoples of the world as the Preamble rightly states. Nevertheless, new issues, no doubt, sometimes require new legal rules. But from a political perspective the development of the legal system based on UNCLOS could definitively not mean to review this Convention which has been characterised as a "Constitution for the Oceans". The legal system relating to the oceans and seas may be developed by new conventions which leave UNCLOS unaffected, as the

example of the 1995 Fish Stocks Agreement may show. Conflicts may arise if other conventions, especially with respect to the protection and preservation of the marine environment, are not "in furtherance of the general principles set forth in this Convention" (Art. 237 para. 1 UNCLOS). The relationship of the Biodiversity Convention (CBD) of 1992 and UNCLOS, however, is pursuant to Art. 22 para. 2 CBD clear (p. 42/43).

6. "*Strengthening of Coastal State rights*" (p. 42): In the exclusive economic zone ships enjoy the freedom of navigation under Art. 58 para. 2 and Art. 87 UNCLOS. This implies the freedom from coastal State jurisdiction. This constitutes an important international principle from which the EU itself benefits in its international trade. An extensive interference with this freedom by the coastal States could lead in the opposite direction and result in misuse. UNCLOS leaves adequate space for the EU Member States to develop further procedures and practises at the IMO level.

7. *EU in maritime fora* (p. 44): The views on this point were contested in the seminar: Some participants regretted the current situation in which the European Community has not become a member of the International Maritime Organization (IMO). They took the view that the European Community should speak with one voice within the IMO. This could increase the impact of all EU Member States in this international organization and at the same time harmonize a part of the EU maritime policy. The EC should therefore seek membership in IMO and ratify the IMO "acquis".
Contrary to this, other participants of the seminar asked whether co-ordinated actions of the EU Member States are really necessary in this respect. They took the view that these "unilateral" tendencies within maritime affairs especially considering the mentioning of the Community's exclusive competence could reflect not so much economic concerns or the needs caused by the individual structure of the Community as a possible attempt to present itself again in the world of maritime politics. To them the EC full membership in the IMO seems to be not only utopian for the foreseeable future, but also unpractical from the point of view of the IMO structure (one member – one voice). In addition they pointed to the fact that, as regards EC's aspiration to become an IMO member, the strongest opposition is coming from EU Member States.

8. *Ratification and application of IMO Conventions*: Since shipping is a global industry and maritime issues entail a worldwide dimension, the EU Maritime Policy should be consistent with the existing IMO Conventions. Because new regulations should preferably be developed within the IMO, it is suggested that externally there should be more specific efforts from the EU for the contributions to the IMO itself and the IMO Conventions. The EU is not a party to important international conventions elaborated by the IMO. These rules are of primary importance in order to improve maritime safety and decrease marine pollution. Because of the multitude of affected jurisdictions and because of the indivisibility of the ocean, no regional regulatory approach can substitute or even adequately complement most rules established by IMO. Environmental regulation going beyond IMO rules could therefore undermine the comprehensive multilateral system.
Moreover, the problems of ratification of the IMO Conventions by EU Member States have been ignored in the Green Paper, whereas the issues related to ratification of the ILO Conventions have at least been addressed (p. 20). It is important for the EU to encourage its Member States to ratify the existing IMO Conventions. The current status of Member States' ratification is not ideal. Merely 10 of the 56 IMO Conventions are ratified by all EU Member States.

9. *Environment*: The Green Paper deals in great detail with pollution from ships. Probably one reason is that numerous international and European regulations to eliminate this source of pollution already exist, so that it is quite easy to describe them and to elaborate further detailed measures in the light of the experience gained. However, other sources of marine pollution are not discussed in the paper in a comparable detailed manner. This could create the totally wrong impression that maritime shipping is the main source of pollution. To avoid such a conclusion a maritime policy should focus more on concrete measures to reduce and eliminate pollution from land based sources as well as from offshore activities and other uses of the seas.

10. *Marine scientific research*: An indispensable prerequisite for a sustainable maritime development is sufficient knowledge about the oceans and seas. The knowledge about the complex physical, chemical and biological processes taking place in the ocean, in the coastal waters and on the sea floor still is largely non-existent. It is also essential for an understanding of the influence which the oceans have on climate and climate changes. Therefore marine scientific re-

search has to be provided with adequate resources. Timely restricted research programmes or projects have to be supplemented by permanent oceanographic monitoring and observation systems. In order to identify trends, existing marine environmental monitoring systems will have to be optimised. That requires the use of remote sensing satellite systems, automated monitoring systems, drift buoys, and in-situ measurements taken from research vessels as well as the development of ecosystem simulation models. Because of the enormous quantity of data collected and stored for a wide variety of purposes at a multitude of institutions all over Europe, the establishment of a marine geospatial data infrastructure is of utmost importance. This could be done by linking national data bases to a European network. There is no need to establish a new European centre for this purpose, but what is needed is the establishment of European standards for such an infrastructure. Common standards are also needed for assessing and evaluating all data available as a basis for congruent decisions, in particular if a balance between economic and environmental interests has to be found.

11. *Support maritime education and heritage* (p. 48): The Green Paper rightly mentions maritime education. However, it does not refer to the education of young experts in the law of the sea and in maritime law, neither does it mention economists or political scientists with regard to an education in marine affairs and the respective law. This is a lacuna in the Green Paper which the participants of the seminar unanimously regret.

Participants of the seminar working group and authors of the "Statement on the Green Paper of the Commission of the European Communities":

Ekaterina Anyanova, Chen-Ju Chen, Jonathan Claas, Peter Ehlers, Meltem Deniz Güner-Özbek, Rainer Lagoni, Sicco Rah, Lydia Rudolph, Sara Vatankhah, Tilo Wallrabenstein, Philipp Wendel.

Hamburg, 15 February 2007

Contributors

Anyanova, Ekaterina;

PhD candidate; associate of the International Max Planck Research School for Maritime Affairs at the University of Hamburg.

Chen, Chen-Ju;

PhD candidate; scholar of the International Max Planck Research School for Maritime Affairs at the University of Hamburg.

Claas, Jonathan;

Student, University of Hamburg.

Ehlers, Peter;

PhD (University of Kiel), PhD h.c. (University of Rostock); president of the German Federal Maritime and Hydrographic Agency, Hamburg / Rostock; honorary professor, Law Faculty, Law of the Sea and Maritime Law Institute, University of Hamburg; director of the International Max Planck Research School for Maritime Affairs at the University of Hamburg.

Güner-Özbek, Meltem Deniz;

LL.M. (Istanbul), LL.M. (Tulane), PhD (University of Hamburg); scholar of the International Max Planck Research School for Maritime Affairs at the University of Hamburg.

Ingerowski, Jan Boris;

Dipl. Jur. (University of Hamburg); PhD candidate; research and teaching assistant, Law Faculty, University of Hamburg.

Janzen, Cornelius;

Ref. jur.

Lagoni, Rainer;

PhD (University of Kiel), LL.M. (Columbia); professor, Law Faculty, director of the Law of the Sea and Maritime Law Institute, University of Hamburg; director of the International Max Planck Research School for Maritime Affairs at the University of Hamburg.

Liu, Hongyan;

PhD candidate; scholar of the International Max Planck Research School for Maritime Affairs at the University of Hamburg.

Peters, Nina;

Ref. jur.

Rah, Sicco;

Ass. jur.; PhD candidate; research and teaching assistant, Law Faculty, Law of the Sea and Maritime Law Institute, University of Hamburg; associate of the International Max Planck Research School for Maritime Affairs at the University of Hamburg.

Rudolph, Lydia;

Dipl. Pol. (University of Hamburg).

Vatankhah, Sara;

Ass. jur.; LL.M. (Norwich); PhD candidate; associate of the International Max Planck Research School for Maritime Affairs at the University of Hamburg.

Wallrabenstein, Tilo;

Ass. jur.; LL.M. (Norwich); PhD candidate; research and teaching assistant, Law Faculty, Law of the Sea and Maritime Law Institute, University of Hamburg; associate of the International Max Planck Research School for Maritime Affairs at the University of Hamburg.

Wendel, Philipp;

PhD (University of Hamburg); scholar of the International Max Planck Research School for Maritime Affairs at the University of Hamburg.

Schriften zum See- und Hafenrecht

hrsg. von Rainer Lagoni
(Universität Hamburg)

Stefan Rindfleisch
Das Recht der Nacheile zur See
Bd. 6, 2001, 264 S., 40,90 €, br., ISBN 3-8258-5317-9

Rainer Lagoni (Hg.)
Beiträge zum deutschen und europäischen Seehafenrecht
Bd. 7, 2001, 176 S., 30,90 €, br., ISBN 3-8258-5596-1

Rainer Lagoni (Hg.)
Deutsche Seehäfen: Hafenwettbewerb – Hafensicherheit – Schiffsentsorgung
Bd. 8, 2004, 72 S., 9,90 €, br., ISBN 3-8258-7522-9

Marco Gowers
Schiffsabfallentladung im Lichte der Hafenauffanganlagen-Richtlinie 2000/59/EG
Bd. 9, 2004, 208 S., 19,90 €, br., ISBN 3-8258-7584-9

Alexander Geisler
Das Internationale Übereinkommen von 1990 über Vorsorge, Bekämpfung und Zusammenarbeit auf dem Gebiet der Ölverschmutzung (OPRC)
Bd. 10, 2005, 352 S., 24,90 €, br., ISBN 3-8258-8266-7

Rainer Lagoni; Wilfried Erbguth (Hg.)
Deutsche Seehäfen: Privatisierung und Gefahrenabwehr
Bd. 11, 2005, 208 S., 19,90 €, br., ISBN 3-8258-8838-x

Peter Ehlers; Rainer Lagoni
International Maritime Organisations and their Contribution towards a Sustainable Marine Development
Over the last decades, shipping, fisheries and other uses of the oceans have considerably increased. However, adverse impacts caused by man have also been threatening the marine environment and the living resources of the sea. Hence the various international maritime organisations involved in managing the oceans are facing new challenges which in particular may be met by the concept of sustainability. How they cope with the present and future needs is shown in this book compiling information about some of the most relevant organisations in light of a sustainable marine development.
Bd. 12, 2006, 320 S., 29,90 €, br., ISBN 3-8258-9296-4

Veröffentlichungen des Instituts für Seerecht und Seehandelsrecht der Universität Hamburg

hrsg. von Rolf Herber, Rainer Lagoni und Marian Paschke

Klaus Dimigen
Bareboatcharter und Bareboatregistrierung
Bd. 14, 2000, 312 S., 45,90 €, gb., ISBN 3-8258-4712-8

Heiko A. Giermann
Die Haftung des Verfrachters für Konnossementsangaben
Die Haager und Haager-Visby Regeln. Das Seefrachtrecht Deutschlands, des Vereinigten Königreichs und der Vereinigten Staaten
Bd. 15, 2000, 312 S., 45,90 €, br., ISBN 3-8258-5023-4

Miriam Rasched
Die Elbe im Völker- und Gemeinschaftsrecht
Schiffahrt und Gewässerschutz
Bd. 16, 2003, 296 S., 45,90 €, gb., ISBN 3-8258-6779-x

LIT Verlag Berlin – Hamburg – London – Münster – Wien – Zürich
Fresnostr. 2 48159 Münster
Tel.: 0251 / 620 32 22 – Fax: 0251 / 922 60 99
e-Mail: vertrieb@lit-verlag.de – http://www.lit-verlag.de

Achim Döser
Inkorporationsklauseln in Konnossementen
Bd. 17, 2005, 296 S., 29,90 €, br., ISBN 3-8258-8467-8

Liliane Kappet
Tankerunfälle und der Ersatz ökologischer Schäden
Bd. 18, 2006, 296 S., 29,90 €, br., ISBN 3-8258-9556-4

Wilm Steingröver
Die Mithaftung des ausführenden Verfrachters im Seerecht – de lege lata und de lege ferenda
Bd. 19, 2006, 256 S., 24,90 €, br., ISBN 3-8258-0264-7

Schriftenreihe zum Transportrecht
hrsg. von Prof. Dr. Rolf Herber (Hamburg)

Gregor Nöcker
Die beleglose Spedition
Bd. 24, 2002, 352 S., 65,90 €, br., ISBN 3-8258-5052-8

Ursel Brüning-Wildhagen
Pfandrechte und Zurückbehaltungsrechte im Transportrecht
Ein Vergleich zwischen altem und neuem Recht
Bd. 25, 2000, 224 S., 40,90 €, br., ISBN 3-8258-5085-4

Michael Hackert
Die Reichweite der Haftungsbegrenzung bei sonstigen Vermögensschäden gemäß § 433 HGB
Bd. 26, 2001, 184 S., 40,90 €, br., ISBN 3-8258-5240-7

Marco Wilhelm
Rechtsgrundlagen innovativer unterirdischer Verkehrsinfrastruktur am Beispiel von Underground-Capsule-Pipeline-Transportsystemen (UCPT-Systemen)
Bd. 27, 2002, 314 S., 45,90 €, br., ISBN 3-8258-5841-3

Michael Hoffmann
FIATA Multimodal Transport Bill of Lading und deutsches Recht
Bd. 28, 2002, 208 S., 40,90 €, br., ISBN 3-8258-5967-3

Thomas Braun
Das frachtrechtliche Leistungsstörungsrecht nach dem Transportrechtsreformgesetz
Eine Untersuchung der frachtrechtlichen Leistungsstörungstatbestände der §§407 ff HGB unter besonderer Berücksichtigung der Bezüge zum bürgerlichen Recht
Bd. 29, 2002, 352 S., 20,90 €, br., ISBN 3-8258-6183-x

Michael F. Kehl
Die Haftung des Unterfrachtführers im Straßengüterverkehr
Bd. 30, 2004, 136 S., 25,90 €, br., ISBN 3-8258-6747-1

Christoph Kopper
Der multimodale Ladeschein im internationalen Transportrecht
Bd. 31, 2007, 240 S., 24,90 €, br.,
ISBN 978-3-8258-0774-0

LIT Verlag Berlin – Hamburg – London – Münster – Wien – Zürich
Fresnostr. 2 48159 Münster
Tel.: 0251 / 620 32 22 – Fax: 0251 / 922 60 99
e-Mail: vertrieb@lit-verlag.de – http://www.lit-verlag.de

Schriften zum Europäischen Transport- und Verkehrsrecht

hrsg. von Prof. Dr. Karsten Otte (Universität Mannheim)

Heike Krapf
Verkehrslenkung durch Abgaben
Möglichkeiten und Grenzen einer Umsetzung des Road Pricing-Konzepts nach deutschem und europäischem Recht
Bd. 1, 2002, 376 S., 30,90 €, br., ISBN 3-8258-5821-9

Sabine Mast
Der multimodale Frachtvertrag nach deutschem Recht
Bd. 2, 2002, 360 S., 20,90 €, br., ISBN 3-8258-5991-6

Michael Winnes
Der Ordnungsrahmen im deutschen Nahverkehr
Eine Bestandsaufnahme nach Bahnreform und Regionalisierung
Bd. 3, 2005, 224 S., 24,90 €, br., ISBN 3-8258-8800-2

Jürgen Häbe
Unanbringliche Frachtgüter unter besonderer Berücksichtigung der Postbeförderung
Die vorliegende Arbeit befasst sich mit den rechtlichen Voraussetzungen und Folgen der sogenannten Unanbringlichkeit im neuen Transportrecht. Im Rahmen der notwendigen Definitionsfindung wird insbesondere untersucht, inwieweit die frachtrechtliche Leistungsstörungsregelung des § 419 HGB hierauf Anwendung findet. Im Anschluss hieran werden gesetzmäßig zulässige und praktikable Maßnahmen im Umgang mit unanbringlichen Frachtgütern näher dargestellt sowie auf ihren Regelungsbereich hin untersucht. In diesem Zusammenhang wird ein möglicher Eigentumserwerb an unanbringlichen Gütern ebenso wie die Verwertung solcher Güter problematisiert. Ein eigener umfassender Abschnitt ist dem Postbenutzungsverhältnis und den heutigen Allgemeinen Geschäftbedingungen der Deutschen Post AG gewidmet. Letztere enthalten detaillierte Regelungen hinsichtlich der Voraussetzungen und Rechtsfolgen unanbringlicher Postsendungen.
Bd. 4, 2007, 312 S., 29,90 €, br., ISBN 978-3-8258-9756-7

Markus Häußer
Subunternehmer beim Seetransport
Haftungsfragen nach deutschem und englischem Recht im Spiegel der UNCITRAL draft convention on the carriage of goods [wholly or partly][by sea]
Bd. 5, 2006, 344 S., 29,90 €, br., ISBN 3-8258-0037-7

Mark von Wietersheim
Schadensersatz nach erfolglosen Nachprüfungsverfahren im Vergaberecht
Waffengleichheit für Sektorenauftraggeber
Wer den Verlauf von Vergabe-Nachprüfungsverfahren schildert, kommt zwangsläufig auf das zu Gunsten des Bieters eintretende Zuschlagsverbot zu sprechen. Genau so zwangsläufig kommt die Frage auf, ob ein mit seinem Nachprüfungsantrag erfolgloser Bieter dem Auftraggeber den Schaden ersetzen muss, der durch die Verzögerung entsteht. Für diese widerstreitenden Interessen wird eine ausgeglichene Lösung gesucht.
Bd. 7, 2007, 168 S., 19,90 €, br., ISBN 978-3-8258-0935-5

LIT Verlag Berlin – Hamburg – London – Münster – Wien – Zürich
Fresnostr. 2 48159 Münster
Tel.: 0251 / 620 32 22 – Fax: 0251 / 922 60 99
e-Mail: vertrieb@lit-verlag.de – http://www.lit-verlag.de

Recht: Forschung und Wissenschaft

Karl Heinz Auer
Das Menschenbild als rechtsethische Dimension der Jurisprudenz
Bd. 2, 2005, 280 S., 29,90 €, br., ISBN 3-8258-7276-9

Georg Jochum
Die Steuervergünstigung
Vergünstigungen und vergleichbare Subventionsleistungen im deutschen und europäischen Steuer-, Finanz- und Abgabenrecht
Die Steuervergünstigung ist ein politischer Kampfbegriff. Was für die eine Seite ein unge- rechtfertigtes Steuergeschenk ist, ist für die andere Seite ein notwendiger und gerechter Aus- gleich für besondere Belastungen. Das Buch versucht den Begriff der Steuervergünstigung aus einer neutralen rechtswissenschaftlichen Sicht zu beleuchten und zeigt die verfassungs- rechtlichen und europarechtlichen Bedingungen für rechtmäßige Vergünstigungen auf. Dabei verfolgt die Untersuchung das Ziel, den Begriff, die rechtlichen Voraussetzungen und die Wirkungsweise von Steuervergünstigungen im deutschen Steuerrecht zu identifizieren.
Bd. 3, 2006, 520 S., 44,90 €, br., ISBN 3-8258-7738-8

Hans Herbert von Arnim; Martin Schurig
Die EU-Verordnung über die Parteienfinanzierung
Bd. 4, 2004, 144 S., 9,90 €, br., ISBN 3-8258-8096-6

Hans Herbert von Arnim; Martin Schurig
The European Party Financing Regulation
Bd. 5, 2004, 136 S., 9,90 €, br., ISBN 3-8258-8097-4

Otto Depenheuer (Hg.)
Recht und Lüge
Bd. 6, 2005, 120 S., 9,90 €, br., ISBN 3-8258-8614-x

Gustav Radbruch
Der Geist des Englischen Rechts und die Anglo-Amerikanische Jurisprudenz
Aufsätze. Herausgegeben und eingeführt von Heinrich Scholler
Der international bekannte Deutsche Rechtsphilosoph Gustav Radbruch ist nicht nur seit der Wiedervereinigung und der Mauerschützenprozesse wieder hoch aktuell geworden. Er hatte sich schon früher vor allem während seines Aufenthaltes in Oxford, aber auch nachdem zweiten Weltkrieg als rehabilitierter Professor der Rechtswissenschaften

LIT Verlag Berlin – Hamburg – London – Münster – Wien – Zürich
Fresnostr. 2 48159 Münster
Tel.: 0251 / 620 32 22 – Fax: 0251 / 922 60 99
e-Mail: vertrieb@lit-verlag.de – http://www.lit-verlag.de

und Rektor der Universität Heidelberg intensiv mit dem Englischen und Amerikanischen Recht befasst. Die von Ihm entwickelten Gedanken waren vor allem nachdem Krieg eine wichtige Anregung für ein neues Deutsche Rechtsdenken. Die hier abgedruckten Beiträge reichen von der bekannten Schrift „Der Geist des Englischen Rechtes“, bis zu den Artikeln, die aus der Oxforder Zeit stammen und hier auch in Englisch abgedruckt sind. Für den jüngeren Deutschen Rechtswissenschaftler ist es sicher von Vorteil, eine zentrale Darstellung wie die der „Anglo-American Jurisprudence through Continental Eyes“ in Englischer Sprache zu lesen. Da die Grundlage der Untersuchungen Radbruchs, der besondere Vergleich von Rechtskulturen ist, war es auch erforderlich, seine Studie über „Über die Methode der Rechtsvergleichung“ abzudrucken. Zum besseren Verständnis wurden die Aufsätze vom Herausgeber eingeleitet und kommentiert.

Bd. 7, 2006, 152 S., 19,90 €, br., ISBN 3-8258-9463-0

Zeitschrift für Rechtsphilosophie

Theoretische, methodische und politische Grundfragen des Rechts

hrsg. von Prof. Dr. Heinrich Wilms (Konstanz), geschäftsführender Herausgeber und Schriftleiter in Verbindung mit Prof. Dr. Dres. h.c. Otto Bachof (Tübingen), Prof. Dr. Winfried Brugger (Heidelberg), Prof. Dr. Elmar Bunt (Freiburg), Prof. Dr. Otto Depenheuer (Köln), Prof. Dr. Max-Emanuel Geis (Erlangen-Nürnberg), Prof. Dr. Martin Kriele (Köln), Prof. Dr. Dietrich Murswiek (Freiburg), Prof. Dr. Hans-Martin Pawlowski (Mannheim), Prof. Dr. Gerd Roellecke (Mannheim), Prof. Dr. Dres. h.c. Bernd Rüthers (Konstanz), Prof. Dr. Wolfgang Schild (Bielefeld), Prof. Dr. Kurt Seelmann (Basel), Prof. Dr. Andreas Voßkuhle (Freiburg)

Heft 1+2/2007

161 S., Erscheinungsweise halbjährlich; Abo: 32,50€ zzgl. 4,00€ Versandkosten; Einzelheft 17,50€ zzgl. 2,00€ Versandkosten €, br., ISSN 3-8258-9463-0

Rechtsphilosophie

Günther Kreuzbauer
Die Norm im Völkerrecht
Eine rechtsphilosophische und rechtstheoretische Untersuchung

Das Völkerrecht ist eine derjenigen juristischen Disziplinen, über deren Grundlagen die Wissenschaft noch relativ wenig weiß. Diese rechtsphilosophische und rechtstheoretische Untersuchung versteht sich deshalb als Beitrag dazu, diesem Mangel abzuhelfen. Sie bietet eine vollständige Analyse eines der wichtigsten Grundbegriffe des Völkerrechts, nämlich dem der Norm. Das Buch beginnt mit einem so genannten „quasi-analytischen Normbegriff“. Auf dem Weg zu einer allgemeinen Normtheorie des Völkerrechts werden grundlegende Themen, wie *Normen als Forderungen, das Sollen, der Staat im Völkerrecht*, und *Völkerrechtsnormen als Rechtsnormen* behandelt. Das Buch schließt mit einigen Gedanken zu einer *bestmöglichen zukünftigen Völkerrechtsordnung.*

Bd. 1, 2006, 304 S., 24,90 €, br., ISBN 3-8258-9548-3

LIT Verlag Berlin – Hamburg – London – Münster – Wien – Zürich
Fresnostr. 2 48159 Münster
Tel.: 0251 / 620 32 22 – Fax: 0251 / 922 60 99
e-Mail: vertrieb@lit-verlag.de – http://www.lit-verlag.de